ブラジル知的財産法概説

ヒサオ・アリタ
二宮　正人
著

大嶽達哉
［日本語訳監修］

信山社
Shinzansha Publisher
Tokyo, JAPAN
ブックス 8
8638-0

本書を謹んで恩師星野英一先生のご霊前に捧げます。

二宮正人

序　文

言うまでもなく，ブラジルとわが国は，100年以上前から深い関係で結ばれており，極めて多くの日系人がブラジルで大いに活躍している。そして今ではブラジルの経済発展には凄まじいものがあり，わが国からの投資も盛んとなっており，日・ブラジルの経済関係はますます緊密の度合いを深めている。このように両国の経済が密接になると，わが国の企業も，ブラジル進出にあたり，あるいはブラジルからの輸入に当たり，ブラジル法を知る必要に迫られる。知的財産法も必要とされる法の一つであり，ブラジル特許権を取得する場合のみならず，契約において知的財産権に言及することも多いであろうし，また知的財産権侵害で訴え・訴えられる場合も増えてくるであろう。

本書は，ブラジル知的財産法の現状を知る手掛かりとなりうる最良の書である。内容は，特許法・商標法・著作権法だけではなく，その他の知的財産法の全てを守備範囲としており，本書一冊でブラジル知的財産法が概観できる。日本とブラジルの密接な関係を考えると，我々日本人はブラジルのことを余りに知らなすぎる。それはポルトガル語が読める日本人が極めて少ないということに起因しているとも考えられるが，そのような中で，本書のように最新のブラジル知的財産法の状況が解る本は極めて貴重なものと言えよう。

ブラジルでは日系2世，3世が大活躍しており，ヒサオ・アリタ氏や二宮正人氏はその代表格である。二宮氏は長野県の生まれではあるが，サンパウロ大学卒業後，東京大学の大学院で修士号・博士号を取得した。その頃，私は東京大学法学部の助教授をしており，研究室で知己を得た。その後，二宮氏とは40年以上のお付き合いである。二宮氏には長い間，東京大学でイベロアメリカ法の講義をお願いし，現在では私が所属している明治大学でも客員教授として講義をお願いしている。二宮氏は，日本とブラジルの法学界を結ぶキーマンでもある。他の共同執筆者であるヒサオ・アリタ氏は日系人としては初めてのブラジル工業所有権院長を務められ，その退官後，二宮氏の法律事務所のシニアパートナーとなって，ブラジルの知的財産法界で最も活躍されている方である。このような優れたお二人の日系ブラジル人により執筆された本書が，一人でも多くのブラジルと関係のある日本人に読まれることを切に願ってやまない。

2015年8月吉日

明治大学特任教授・東京大学名誉教授

中山信弘

序　　文（2013 年版）

知的財産権は，工業，科学・学術，文学および美術の分野における，あらゆる種類の創造物を包摂する権利である。これをどのような権利とするかは，現実的で，最も重要な課題の一つであり，その保護は，技術，経済，社会および文化の発展を促進する上で必要不可欠な条件である。

本書は，ブラジルにおける知的財産権に関する主要な制度と手続について解説したものとしては，完成版といってよいであろう。法律と経済に関する豊富な知識だけでなく，知的財産権に関する実務上問題になるポイントに関しても知識を有する専門家が，解説・考察をしたものある。

筆者であるヒサオ・アリタ氏と二宮正人氏は，本書において，1990 年代以降に全面的に見直しがなされ，法典として統一が図られたブラジルの知的財産権法について，客観的かつ明白に分析し，工業所有権法，著作権法及びコンピューター・プログラム保護法に分けて解説している。

本書は，系統立てて考察を述べるために，5 つに分けられている。

著者らは，その序では憲法およびブラジルが加盟している国際条約との関わりについて説明している。

第 1 節では，ブラジルにおける工業所有権を取り上げ，1996 年法律第 9279 号による法改正について述べている。発明特許については，特許が可能な製品，特許の有効期間およびその消滅について述べ，意匠については，現行の登録手続に関する一般的な説明を行い，出願手続における手順を述べている。商標権に関しても，その登録の可能性および標章を取り上げ，商標権の付与，保護，有効期間およびその消滅，さらに，著名商標と周知商標について述べている。

他の解説書との大きな違いは，本書には手続のフローチャートが付されている点である。フローチャートは，特許出願の審査，意匠登録，商標登録の審査などにおいて起こり得る状況とその対応方法を例に挙げ，INPI（国家工業所有権院）で行なわれる手続を説明している。

著者らは，工業所有権者の技術移転についての解説も忘れてはいない。第１章第５節では，工業所有権のライセンスまたは譲渡の際に必要となる種々の契約について説明している。海外に本社を置く企業または海外居住者との間で，技術または工業所有権のライセンス・譲渡契約を結ぶ，またはそれらの権利を取得する際の負担についても詳細に述べている。

引き続く第２章では，筆者らは，制度についての豊富な知識を基に，著作権について述べ，著作権法の概念の重要な点およびこの法律によって保護される商標と著作物について説明する。これに続いて，現在，ますます重要性が増している，インターネットにおける著作権を取り上げている。

第３章では，コンピューター・プログラムの保護を取り上げ，1998 年法律第 9609 号が定めた新しいポイントについて述べている。

さらに，第４章では関連法律の重要なポイントに関する考察を行ない，特に社名，ドメイン名，植物新品種の保護および集積回路の知的財産権を取り上げることで，本書は一層充実したものになった。このほか，営業秘密およびトレード・ドレスの法的保護など，新しく重要な保護の概念を取り入れた点が興味深い。

著者らの専門家としての広範な経験の果実である本書が，その丹念な記述により，ブラジルにおける知的財産権の現況に関する貴重な参考書となることを確信する。

日本語の読者にとって貴重な解説書である本書を著した両著者にお祝いを申し上げる。

ブラジリアにて，2012 年 11 月吉日

ブラジル連邦共和国会計検査院首席法務官
ブラジリア大学行政法教授

ルーカス・ホッシャ・フルタード

序　　文（2013年版）

ブラジルにおいて　工業所有権に関する権利義務関係を定める工業所有権法は，ブラジルの社会的利益と経済・技術の発展を考慮し，発明特許権・実用新案権の付与，商標登録，虚偽の地理的表示の防止および不正競争の防止を通じて，工業所有権を保護しようとする法律である。

いうまでもなく，工業は，国の維持・発展のために，農業や商業とともに，営業の自由に基づき，広く生産活動を担い，現実の社会・経済生産の最も重要なリソースの一つである。

技術の発展は，工業所有権法が公布された1996年当時，すでに絶え間ない変革の時期にあったが，現在（2012年）において，それは予想を超える著しい進歩を遂げ，工業所有権法に関する知識は一層必要となっており，特に，裁判所や仲裁における同法の適用・解釈は，際立って重要となっている。

このたび，ブラジルと日本の法律を熟知するのみならず，ポルトガル語・日本語双方に精通し，法学博士で弁護士でもある二宮教授は，ヒサオ・アリタ弁護士と共に，ブラジル及び日本の法律に携わる人々に役立てるために，入念な研究の成果として本書を出版した。本書は，二宮教授の著書の数を単に増やしたものではなく，ブラジル日本双方の企業間の交流を増大させる面から見て時宜を得たものである。伯日比較法学会の設立に関わった我々にとって，地球の対蹠の地にある両国間の法律関係の発展は，いつも変らない関心事である。また，両国の法制度を相互に適切に理解することは，100年を超える両国の堅固な友好関係をより一層強固にすることができるであろう。これは，両国共通の目標でもある。

この著作は，理論の面のみならず実用の面からも貴重であり，ブラジルの知的財産権に関する法律について情報を得たい各位に役立つものである。

本書の序文をしたためる機会をいただいたことは私にとって非常な光栄

である。

ブラジリアにて，2012 年 11 月 22 日

連邦司法高等裁判所判事　サンパウロ大学法学博士

マサミ・ウエダ

序　　文（1996年版）

このたび，私が連邦上院において担当し，国会において可決された工業所有権法が，日本語に翻訳され，出版されることは大きな喜びである。

このような試みは，日伯両国の経済を結ぶ強い絆の存在を明らかにするとともに，私たちのパートナーである日本の方々にブラジルの現実をより良く知っていただく良い機会を提供するものとなるであろう。

先日，ブラジル全国工業連盟（CNI）と経団連との間で開催された第6回日伯経済合同委員会において，日本から参加された企業経営者の方々がこのテーマに大きな関心を抱いておられたことが鮮明に記憶に残っている。また，その際に上院本会議においてこの法案が議決されることになり，日本代表団との大切な会合に出席できなくなったときにも，大変温かく理解いただいたことは忘れることができない。

工業所有権法の公布は，ブラジル国の制度の近代化にとって重要なステップであったといえよう。私の視点から，主要なポイントを二点あげてみたい。

まずは公布された法律が，発明者に対して適切な保護を規定していることは，ブラジルの技術発展にとって最良の選択であり，外国からの投資の流入と技術移転の確立に必要なことであったと思われる。

それは，従来採用されていたモデルを決定的に放棄するものであった。そのモデルは，他の幾つかの国々においても実施していたものであったが，発明活動の保護に制限をおくことを経済発展の見地から肯定的にとらえるものであった。我々は，国内のものを含めたすべての才能が保護されるべきであると考えている。そして，すべての分野における発明行為が促進され，対価の対象となり得なければならないと考えている。これが新法の基礎となる基本的な原則である。

第二のポイントに，このたび公布された法律が，ブラジルが今日まで締結した多国間条約・協定における約束事をすべて確認していることである。この指針は，国際経済の統合を促進するルールの確立において，ブラジルが多数国間組織の重要性を認識していることを意味するものである。同時に，ブラジルが国際経済の統合への参入に強い希望を寄せていることを意味している。

最後に，本書は，長年の協力と理解の豊かな歴史を有する日伯両国をますます結び付けていくものと確信している。そのような企画を発意された二宮正人博士教授及び矢谷通朗氏の労を多とし，敬意を表する。

1996年5月吉日

ブラジル連邦共和国上院議員
ブラジル全国工業連盟（CNI）会長

フェルナンド・ベゼーラ

目　次

序　文 …… *iii*
中山信弘 …… *iii*
ルーカス・ホッシャ・フルタード …… *v*
マサミ・ウエダ …… *vii*
フェルナンド・ベゼーラ …… *ix*
凡　例 …… *xiv*

序　章 —— *3*
1 － はじめに …… *5*
2 － 知的財産権の法的根拠 …… *6*
3 － ブラジルにおける知的財産権の歴史的経緯 …… *7*

第1章　工業所有権法 —— *11*

第1節　現行法（LPI）制定の経緯 …… *13*

第2節　特許権 …… *19*
1 － 特許権者の資格および特許権付与の要件 …… *19*
2 － 権利の保護，存続期間および消滅 …… *20*
3 － 手続全プロセスのフローチャート …… *22*

第3節　意　匠 …… *39*
1 － 一般的考察および現行の登録制度 …… *39*
2 － 意匠登録手続のフローチャート …… *42*

第4節　商　標 …… *49*
1 － 商標として登録可能な標章の要件 …… *49*
2 － 商標登録を出願するための要件 …… *52*
3 － 著名商標および周知商標 …… *54*
4 － 登録の権利，保護，存続期間および消滅 …… *56*

5 － フローチャート …… 60

第５節　技術移転その他 …… 71
1 － 概　　説 …… 71
2 － 技術移転－現行法の内容 …… 71
3 － 契約の種類 …… 74
4 － 国外所在企業への支払いの制限 …… 76
5 － 技術輸入－税務および為替取引 …… 78

第６節　権利の消尽／並行輸入 …… 85

第２章　著作権法 —— 89
1 － 概　　略 …… 91
2 － 商標と，著作権によって保護される作品 …… 97
3 － インターネットにおける著作権 …… 98
4 － 著作権法改正法案 …… 99

第３章　コンピュータ・プログラム保護法 —— 103
1 －制作者の権利の保護および登録 …… 105
2 －使用許諾，販売，技術移転 …… 107
3 －ユーザーの保護 …… 108
4 －その他の保護 …… 108

第４章　関連する法令および権利義務 —— 111

第１節　企業名（商号） …… 113

第２節　インターネット上の権利義務 …… 117
1 －インターネット一般指標法の制定 …… 117
2 －ドメイン名の保護 …… 118

第３節　育成種保護法 …… 123

第４節　集積回路配置保護法 …… 127

第5節　営業秘密 131
第6節　トレード・ドレスの法的保護 137

資　　料〈条文訳文〉
工業所有権法 143
著作権法 185
コンピュータ・プログラム保護法 210
用語例索引 215
あとがき 277
索　　引 279

凡　例

(1) 法 令 略 語

〈本文中略語〉	〈法令番号〉
現行法（LPI）	1996 年 5 月 14 日付法律第 9279 号
現行著作権法	1998 年 2 月 19 日付法律第 9610 号
現行プログラム保護法	1998 年 2 月 19 日付法律第 9609 号
インターネット一般指標法	2014 年 4 月 23 日法律第 12965 号
育成種保護法	1997 年 4 月 25 日付法律第 9456 号
集積回路配置保護法	2007 年 5 月 31 日付法律第 11484 号
連邦憲法	1988 年 10 月 5 日付ブラジル連邦共和国憲法
1971 年旧法	1971 年 12 月 21 日付法律第 5772 号（旧工業所有権法）
2002 年民法	2002 年 1 月 10 日付法律第 10406 号
統合労働法（CLT）	1943 年 5 月 1 日付大統領令第 5452 号
刑法典	1940 年 12 月 7 日付大統領令第 2848 号
旧民訴法	1973 年 1 月 11 日付法律第 5869 号
新民訴法	2015 年 3 月 16 日付法律第 13105 号（新民訴法は 2016 年 3 月 17 日施行予定。）

(2) 条 約 略 語

〈本文中略語〉	〈条約名〉
パリ条約	工業所有権の保護に関するパリ条約
ベルヌ条約	文学的及び美術的著作物の保護に関するベルヌ条約
TRIPs 協定	知的所有権の貿易関連の側面に関する協定

PCT	特許協力条約
UPOV 条約	植物の新品種の保護に関する国際条約

(3) **用　　語**

INPI	国家工業所有権院［Instituto Nacional da Propriedade Industrial］
RPI	工業所有権誌［Revista da Propriedade Industrial］
PAN	無効の行政審判［Processo Administrativo de Nulidade］
WIPO	世界知的所有権機関［Organização Mundial de Propriedade Intelectual（OMPI）］
CGI.br	ブラジル・インターネット管理委員会［Comitê Gestor da Internet no Brasil］
SACI-Adm	インターネット紛争管理システム［Sistema Administrativo de Conflitos de Internet］

※［propriedade industrial］（industrial property：英）の日本語訳として，いかなる用語を使うべきかについては議論があり，日本国政府が従来の「工業所有権」という訳語を改め，「産業財産権」という訳語の使用を推進していることは周知であるが，本書においては，従来の慣例に従い，ひとまず「工業所有権」との訳語を用いることとする。上記訳語の議論としては，中山信弘『特許権法（第２版）』４ページ，内閣知的財産戦略会議 http://www.kantei.go.jp/jp/singi/titeki/kettei/020703taikou.html#3-4-2-1 を参照のこと。

ブラジル知的財産法概説

序　　章

1 はじめに

知的財産権の関連法規の制定に関しては，ブラジルには長い歴史があり，主要な国際条約を批准してきているのみならず，近年においては，国際条約上の原則および重要事項のすべてをブラジルの関連法規に適用し，反映させてきた。以下に記述するとおり，1990年代以降，知的財産権に関するブラジルの法規は，すべてが見直し，または整理統合の対象となってきた。

上記の主要な国際条約としては，工業所有権の保護に関するパリ条約（パリ条約。1967年にストックホルムで改正されたもの。），文学的および美術的著作物の保護に関するベルヌ条約（ベルヌ条約。1971年にパリで改正されたもの。）および知的財産権の貿易関連側面に関する協定（TRIPs協定。GATTのウルグアイ・ラウンドの結果を実現するための1994年最終決議の一つ。）が挙げられる。

以下本書では，工業所有権分野における手続に重点を置き，すべての論点の検討には及ばないものの，1971年旧法〔1971年12月21日付法律第5772号〕時代の制度に対して，現行法（LPI）〔1996年5月14日付法律第9279号〕によって導入された事項や，ブラジル法上，特に問題となっている課題などについて，いくつかの考察を述べたい。

また，注釈については，本書の構成として，工業所有権法，著作権法およびコンピュータ・プログラム保護法に重点を置き，さらに，技術移転契約および関連契約，特に，海外に本拠を置く支配会社とその従属会社の間で締結される契約に関していくつかの考察を行う。

本書の記述順序は，現行法（LPI）の条項順，すなわち，特許，意匠，商標の順に従った。その後の部分は，重要と思われるその他の事項に充てたが，取扱った事項がそれぞれ重なり合っているため，記載する順序を論理的に定めることができなかったので，その記述順序は必ずしも論理的な順序にはなっていない。解説書として本書を利用される方々には，目次を通して，最も必要とする事項を見つけて下さるよう，お願いする。

❷ 知的財産権の法的根拠

◆ 基本的人権としての知的財産権

ブラジルにおける知的財産権の保護に関する基本的な事項は，1988 年の連邦憲法に定められている。その第 2 編「基本的権利及び保障について」では，知的財産権について，以下のように定めている。

第 5 条 － 何人も，いかなる性質の差別もなく法の下に平等であり，ブラジル人及びブラジルに居住する外国人に対して，以下の規定に基づき，生命，自由，平等，安全及び財産に関する権利が不可侵であることを保障する。

27 － 作品の使用，公表又は複製に関する排他的権利は，その著作者に帰属し，この権利は，法律の定める期間において，相続人が承継することができる。

28 － 法律に基づき，以下について保障する。

a）スポーツ活動に関するものを含め，共同作品における個人の参加及び人間の肖像と音声の複製に対する保護。

b）創作者及び翻案家並びにこれに関連する組合及び団体が創作し，又はそれに参加してできる創作物の利用に関する監督の権利。

29 － 法律により，国の社会的利益並びに技術的及び経済的発展を考慮して，工業発明の権利者に対し，その使用の期限に定めのある特権，又は工業的創作物，商標権，企業の名称その他標章の保護を保障する。

◆ 現行法（LPI）における定め

現行法（LPI）は，その 2 条において，以下のとおり，工業所有権の保護を定めている。

①発明特許権及び実用新案権の付与（1 号）。
②意匠の登録（2 号）。
③商標の登録（3 号）。
④虚偽の地理的表示の防止（4 号）。
⑤不正競争の防止（5 号）。

現行法（LPI）の制定によって導入された新しい事項としては，工業用ひな型［Modelo industrial］と意匠［Desenho industrial］の区別を排除して，「意匠」［Desenho Industrial］として統合し，その上で，工業用ひな型を特許制度の対象から外し，意匠登録の対象として取り扱うこととなったことが挙げられる。ただし，商標の場合と同様に，意匠を財産権として取得できる制度は維持されている。

さらに，現行法（LPI）は，地理的表示の保護を重視し，また，1971年旧法と同様に，経済行為の当事者間での競争の原則を優先し，その誠実な実行に反するあらゆる行為を防止しようとしている。地理的表示については，同法182条が定めているように，現行法（LPI）では登録の対象となり，その保護範囲が拡大された。

現行法（LPI）は，さらに，その総則において，工業所有権の保護につき，ブラジル人と外国人の間の内外人平等の原則を明確に定めている。これは，実際に，ブラジルが工業所有権の分野で国際社会に参入するに当たり，その憲法の定める原則を具体化し，加盟国としての国際条約の誠実な遵守を表明するものにほかならない。

最後に，ブラジルにおいてすでに確立されている通説的な解釈に従い，1971年旧法同様，工業所有権は，「動産とみなす。」（5条）と定めている。

ちなみに，同じく知的財産権に関する法律である現行著作権法〔1998年法律第9610号〕も，著作権を「動産」と定めている（3条）。しかし，この点については，ソフトウェアの所有権および販売権を規定する現行プログラム保護法〔1998年法律第9609号〕とともに，その定めに照らして，改めて考察の対象としたい（本書第三章参照）。

③ ブラジルにおける知的財産権の歴史的経緯

◆ 先住民部族の文化

アメリカ大陸の中で，現在，ブラジル連邦共和国の領土となっている地域には，1500年まで，多くの先住民部族が居住しており，そこには，伝承的，文化的かつ美術的な蓄積があった。しかし，不幸にして，ポルトガル人による植民の際に，それらは失われてしまった。

現在，このような先住民部族の子孫や，他の伝統的コミュニティ（世界的に構成された社会から孤立した文化を今日も保持している，アフリカ奴隷や被植民者グループの子孫で形成されたコミュニティ）により伝承された知識は，限られた場合において，知的財産の広範な領域で，権利として認識され，かつ，保護される無体財産とみなされる。

こうした権利は，現在も効力を持つ2001年8月23日付暫定措置令第2186-16号を嚆矢として，国内遺伝子資源へのアクセス，およびそれを伝えてきたことにより，その利益を受けるべき地域コミュニティや先住民部族の伝統的知識へのアクセスと保護のため，産業，特に医薬品および化粧品の分野に対する規制により保護されている。

そのため，国内遺伝子資源も，また伝統的知識も，そのアクセスには，連邦行政機関の許可を必要とする。

本書で扱うブラジルという国は歴史の浅い国であるが，今日その領土となっている地域には，常に，多くの先住民部族が異なる「クニ」に分かれて居住していた。これらは，アメリカ大陸の他の地域に居住していた，かの有名なマヤ，アステカおよびインカの部族が築いた帝国よりは，未発展の段階に留まってはいたが，それぞれが独自の知的および文化的産物を有していたことは明言しておく必要があろう。

◆ ポルトガル王国による保護

ポルトガルとの文化的衝突，そしてポルトガル王国が権力を確立してから三世紀が経過した後，ブラジルにおいては，1809年4月28日付ポルトガル王の認可状によって，最初の特許権保護に関する成文法が制定された。

後述するように，ブラジルが独立したのは1822年であり，したがって，当時はまだ植民地であった。

上記の認可状は，新規な機械のみならず，初めてブラジルに導入された機械に関しても，14年間にわたる独占的な特許実施権を保障するものであった。

しかし，この保護法は，必ずしも，工業所有権の保護に配慮した結果ではなく，大英帝国とポルトガル王国との間で結ばれた協定に従う必要があったために制定されたものであった。

ポルトガル王室は，当時，フランスのナポレオン・ボナパルトの領土拡張政策による国土侵略の脅威から逃れるために，その王座を一時ブラジルに移すことを決定し，その際に，ポルトガル船団の護送と引き換えに，機械の特許実施権を含む商事特権を大英帝国に供与した。

◆ ブラジルの独立

1822年の独立に伴い，発明者の一時的所有権を保障する欽定憲法が1824年に公布され，その実施は1830年8月28日付法律によって具体化されたが，商標権および他の工業所有権に関する規定は定められなかった。

ブラジルにおける商標権の保護は，事前登録を義務付ける，1875年10月23日付法律第22682号によって実現した。これは，それまで不正競争に対抗するための有効な法律がなかったために，損害を被っていた商工業界からの圧力により，立法府が制定したものである。

著作権の分野における最初の法律は，ブラジルにおける法科大学の設置を定めた，1827年8月11日付勅令によるものである。これによって，法学者が執筆した著書に対して，10年間の排他的な保護が実現した。

刑事法の分野では，1830年12月16日付帝国刑事法典が，ブラジル国民が編纂し，作成し，または翻訳したあらゆる書物または版画は，作者が存命中の期間，および相続人がいる場合には，死後10年間にわたって，その権利が保障され，それらを無断で印刷し，版刻し，石版印刷し，または引用する行為は，これを罰する，と定めていた。

◆ 近代的法制度の確立

その後，さらなる商工業の発展に伴い，制度上の整備が必要となり，工業的発明又は発見をした者に対する特許の付与に関する法律〔1882年10月14日付法律第3129号〕が公布された。この法律は，後年にはその欠陥の補正を必要としたが，当時，立法担当者が1880年にパリで開催された国際会議の内容に通暁し，その結果を忠実に制度化したことから，比較法的に見ても，当時の最も整備された法規の一つであった，とされている。

ブラジルは，1883年にパリ条約が締結された知的財産に関する国際会議に参加した。同条約については，国内手続に従って批准された後，1884

年6月28日付政令第9233号によって公布された。

上記の規定を皮切りに，工業所有権については，ブラジル社会の発展とそれに伴って生じた必要に応じて，時代を追って，1923年12月19日付法律第16254号，1934年6月29日付法律第24507号，1945年8月27日付法律第7903号，1969年10月21日付法律第1005号，また，ブラジルにおける工業所有権の登録等の諸手続および業務を担当する連邦独立行政機関である，ブラジル工業所有権院［Instituto Nacional de Propriedade Industrial］（INPI）の設立を定めた1970年12月11日付法律第5648号，さらに，1971年法律第5772号（1971年旧法），そして，1997年5月15日に施行され，その後，2001年2月14日付法律第10196号により一部改正された，現行法（LPI）〔1996年5月14日付法律第9279号〕といった，重要な関連諸法規が制定されてきた。

すでに冒頭において述べたように，ブラジルは，1994年政令第1355号によりTRIPs協定に加盟したが，他にも，例えば，現行プログラム保護法〔1998年法律9609号〕，現行著作権法〔1998年法律第9610号〕，育成種保護法〔1997年法律第9456号〕，バイオセキュリティ法〔1995年法律第8974号〕，集積回路配置保護法〔2007年法律第11484号〕等，知的財産権を保護するために様々な法律を制定しているが，これらについては，順次，それぞれの項目において考察する。

第１章　工業所有権法

第1節　現行法（LPI）制定の経緯

現行法（LPI）は，最初の法案が国会に提出されてから5年以上の審議期間を要し，1996年5月15日付連邦官報に法律第9279号として公布された。

1971年旧法を全面改正して制定された現行法（LPI）は，ブラジル国内法として最初の統一法典である1945年工業所有権法典（大統領令第7903号）から数えて4度の大きな改正を経て制定された法典である。

◆ 立法化作業前の国内及び国際的動向

1990年代において，工業所有権法が全面的に改正され，現行法（LPI）が制定された背景を要約すると，次のような点が指摘できよう。

ブラジルは，80年代に軍事政権から民主制への移行を果たし，90年代以降，保護主義から経済自由化へとその開発政策を大きく転換することとなった。その中で，同国の競争政策，自由化への対策として，産業技術開発政策の法・制度的枠組の改革を重要な課題としてとり上げた。同時に，ブラジルが従来から積極的に参加してきた国際特許制度の調和とルール化が，多数国間の協議の場であるWIPOやTRIPs協定の締結において議論され，自国の技術発展政策を工業所有権保護の国際的動向に合わせて調整する必要性が生じていた。

既に，ラテンアメリカ諸国においては，メキシコ，チリが1991年に，アルゼンチンが1995年に，先進国の制度に近い特許法の改正を行い，またベネズエラも特許法の改正審議を進めていたことから，特許制度の国際的調和の動きは，この地域の特許法の展開において，時代の趨勢でもあった。

◆ 米国の圧力とブラジル国内の対立

このように，ブラジルが経済開放を図りつつ，国際競争力のある産業を育成するために，高度な新技術を導入しようとしたのに対し，先進国は，WIPOやTRIPs協定の締結の場において，工業所有権の保護を強化する政策を主張した。特に，米国は，ブラジルに対し，二国間レベルにおいて，通商報復措置を実施し，これは，ブラジルの政府と産業界の間に，工業所有権をめぐる大きな政治的対立をもたらすことになった。

既に，米国は，現行法（LPI）の法案審議以前の1988年の時点で，情報産業部門の市場開放とソフトウェアの著作権保護の要求とともに，米国医薬品製造協会（PMA）の医薬品の特許侵害の申立てと，1974年米国包括通商法301条の調査の一環として，報復関税措置をとっていた。ブラジル政府は医療品産業を外国からの競争に開放し，知的所有権と医療特許を保護する法律を制定することを強く要求されたのである。この背景には，ブラジルは1945年以来，医薬品及び食品の特許付与を認めておらず，また1971年旧法がこれらの製法をもその保護から排除していたことがあった。特に研究開発が核となる医療産業ではその投資回収において特許が重要な役割を果たす。当時，米国及びその他の多国籍企業にとってブラジルでの医薬品特許のコピー流用と医薬特許の欠如による損失利益は無視できないものとなっていた。PMAによれば，損失利益は9380万USドルと概算されていた。

現行法（LPI）の法案審議以前，ブラジル政府は米国の上記の要求に基づく報復措置をGATT違反として断固これに反対していた。しかし，1990年以降，開放経済体制化で自主技術開発研究や外国技術の導入における特許制度の役割が重要視されるに従い，工業所有権政策をめぐる議論は，一方でこれを推進し，またウルグアイ・ラウンドを通じて先進国並の特許保護の強化により国際通商摩擦を回避しようとする政府と，薬品，科学，食品，バイオへの外国の特許を認めることを時期尚早であるとして反対する国内の産業界との対立へと進展していった。

この議論はその後の国会の上下両院における現行法（LPI）法案をめぐる審議にも当然波及することになった。

◆ 法案審議時の争点

現行法（LPI）の国会審議における争点は，先進国との国際的特許制度の調整の観点から，大きく次の4つの点を挙げることができる。

a)　特許対象の範囲，遺伝子組換微生物の製法の特許及びパイプライン

具体的には，医療，化学物質および食品に対する特許の対象の範囲の拡大，遺伝子組換微生物に対する特許の付与，さらにいかなる国にもいまだ認められていない，また取引されていない試験開発の段階（「パイプライン」と称される）にあたる医療，化学物質，食品等の製品の開発および製造のために，外国で既に付与された特許の容認をめぐって議論が対立した。

b)　特許発明の不実施に対する制裁措置の緩和

特許発明の実施においては，従来，その実施義務の緩和がパリ条約の改正における大きな焦点とされ，1971年旧法は，特許発明の不実施に対する強制実施権との関係で，輸入行為は実施を構成しないとの立場を採ってきた。そのため特許発明の実施要件の緩和をめぐって，特許権者の排他的権利と第三者の輸入行為の取り扱いが議論された。

c)　特許権の存続期間

1971年旧法では特許権の存続期間は出願日から起算して15年，実用新案権では10年であったが，特に，その存続期間はTRIPs協定に規定するものより短期間であるために，保護が不十分であると批判されてきた。

他方，前記a）のパイプラインとの関係で，特許対象に応じた存続期間の延長の適否が争われた。

d)　法律施行に係るグレース・ピリオド（猶予期間）

TRIPs協定は5～10年のグレース・ピリオドを認めており，さらに米国及び多国籍企業は従来からその期間の短縮を要求してきた。他方，アルゼンチンのように10年間の期間が採られている国もあり，その期間の認定をめぐって議論が対立した。

◆ 法案審議の曲折

現行法（LPI）の法案は，まず1991年4月，工業所有権に関する政府法案第824号として，連邦下院に上程された。この法案については，下院の特別委員会の審議を通じて修正案が取りまとめられた。

1993年には，INPIが中心となって，国家工業所有権弁理協会（ABAPI），ブラジル工業所有権協会（ABPI），サンパウロ工業所有権協会（ASPI）が共同で，法案の検討を行った。さらに，政府により上記修正案の見直しが行われ，新修正案（1993年下院法案第115号）が改めて下院に上程された。この新修正案の報告を担当したのは，リオ・グランデ・ド・ノルチ州選出のネイ・ロペス議員（自由戦線党（PFL）所属）であった。

この法案は，1994年，連邦上院の読会のために回付され，審議が継続された。上院の経済委員会において報告を担当したのは，リオ・グランデ・ド・ノルチ州選出のフェルナンド・ベゼーラ議員（ブラジル民主運動党（PMDB）所属）であった。

その後，1996年2月29日に開催された連邦上院本会議において，上述のベゼーラ議員による法案と，上院司法委員会のネイ・スアスナ議員（パライバ州選出，ブラジル民主運動党（PMDB）所属）による法案が対立した。下院段階での法案と，上院でのスアスナ議員の法案及びベゼーラ議員の法案における，先述した4つの主要争点に関する定めの内容は，下表のとおりである。

工業所有権法案の主要争点

		パイプライン	遺伝子組換微生物	グレース・ピリオド	特許発明の実施
下院		専ら，特許を与えられない物資に認める	工業的製法にのみ特許付与	法律公布後1年	発明実施の要求
上院	スアスナ法案	反対	工業的製法にのみ特許付与	5年	発明実施の要求
上院	ベゼーラ法案	賛成	制限を付さず	法律公布後5年	経済的に採算が取れないときの輸入を許可

（出典）『Gazeta Mercantil』，1996年2月29日付

上記スアスナ法案とベゼーラ法案のうち，最終的には，ベゼーラ法案（1996年第83号法案）が可決承認された。このように，連邦上院により修正を受けた法案は，再び下院に回付され，同年4月10日に可決され，追加案が承認された。

その後，大統領の裁可を受け，先述のとおり1996年5月15日に法律第9279号として公布され，制定された。

◆ 制定後の改正

現行法（LPI）は，1996年の制定から現在に至るまで，制定時の条文の形を維持しており，大きな改正は行われていない。

行われた条文の改正としては，2001年2月14日付法律第10196号によるものが唯一である。この改正により，特許の及ばない第三者の行為が1種類（43条7号），追加されたほか，現行法（LPI）制定に前後して出願された一定の特許につき法的効力を定める経過規定（229条本文及び同条補項，229条のA，229条のB並びに229条のC）が整備された。

第２節　特許権

1 特許権者の資格および特許権付与の要件

◆ 特許権者の資格

現行法（LPI）は，まず，「発明又は実用新案の創作者は，その権利を確保するために，この法律の定めに従い，特許を受けることができる。」（6条本文）と規定し，特許権者の資格を定義している。

注意しなければならないのは，現行法（LPI）が「2名以上の者が，別個に，同一の発明又は実用新案の創作をした場合，発明又は創作の日にかかわらず，最先の出願を証明する者が特許を受けることができる。」（7条本文）と規定している点である。これにより，例えば，米国が採用している，発明の日付を優先する先発明主義［first-to-invent］とは異なり，ブラジルにおいては先願主義［first-to-file］の原則が適用されることになる。

◆ 特許権付与の要件

特許権付与の要件に関して，1971年旧法が，「化学，薬学及び食品分野の製品は特許を受けることができない。」と規定していたため，いくつかの国の反対，特に米国の強い反発があったことから，現行法（LPI）の制定に伴い，これらの製品に対しても，特許権は，当然付与されるものと考えられるようになった。ただ，発明においては，その要件である新規性，進歩性および産業上の利用性が存在する場合（8条），また，実用新案については，使用または製造における機能の改良につながる進歩性により，新規の形状または構造を有し，産業上利用可能な実用物またはその部分を形成する場合（9条）に限られている。

しかし，以上の改正にもかかわらず，現行法（LPI）において，コンピュータ・プログラムは，「特許を受けることができない。」と明文で規定している（10条5号。ただし，INPIは，ソフトウェアの内蔵を必要とする装置および処理方法の特許出願を認めている。）。このほか特許を受けられない事項としては，従前からの事項，すなわち，道徳，善良の風俗，治安，公の秩序及び公衆衛生に反するもの，原子核の変換に起因する物理化学的性質の変更，遺伝子組換微生物を除くすべての生物等が挙げられる（18条本文各号）。しかし，特許権付与の要件に関する規定は，それが政治，哲学，宗教上などの見解など，各分野の有力な潮流に伴って変化する可能性があることから，これを最終的な，または不変なものと見るべきではない。

2 権利の保護，存続期間および消滅

◆ 特許権保護の範囲

出願につき特許をすべき旨の査定がされ，かつ，所定の特許料がINPIに納付されると，特許証が交付され，特許権は，特許査定の公告の日に付与されたものとみなされる（38条）。

現行法（LPI）41条が「特許権の保護の範囲は，明細書及び図面に基づいて判断される請求の範囲の内容により画定する。」と規定するのは，当然のことと言える。同時に，第三者が特許権者の承諾を得ずに，特許の対象物もしくは特許を受けた方法，またはそれにより得られる製品を，製造し，使用し，展示し，販売し，または輸入することを禁じる権利が特許権者に付与される（42条本文）。

現行法（LPI）は，さらに「占有者又は所有者は，裁判所の特別の決定を通じて，自己の製品が，特許で保護されているものとは異なる製法で得られたことを証明しない場合」には，方法の発明に関する特許権を侵害すると規定している（42条補項2）。

この規定により挙証責任が転換しているが，学説においては，特許権者にとって，特許により保護された製法による製品であることの証明が実際には不可能であることから，このような場合には挙証責任の転換は正当である，と理解するものがある。

ここで，特許権の保護における権利の消尽（並行輸入）について述べるべきであるが，節を改めて説明する（→本章第6節）。ここでは，TRIPs協

定が「……この協定のいかなる規定も，知的財産権の消尽に関する問題を取り扱うために用いてはならない。」(同協定6条) と規定し，権利の消尽に関する項目をその合意内容から明示的に排除していることを指摘するだけに留める。

◆ 特許権の存続期間

現行法 (LPI) は，「発明特許権については20年，実用新案権については15年，いずれも出願の日から，効力を有する。」と定め，特許権の存続期間を延長したが (40条本文)，これはTRIPs協定に従ったものである。

1971年旧法は，発明特許権および実用新案権に対して，それぞれ，15年および10年の存続期間を保障していた。

現行法 (LPI) は，存続期間を定めるに当たり，改正項目として，特許権付与の日から起算される存続期間の下限を導入した (40条補項)。これにより，出願の日にかかわらず，特許権付与の日から一定の存続期間が保障されることになったため，INPIの実体審査に著しい遅滞が生じたとしても，特許権者が損害を受けることが避けられることになった。具体的には，「存続期間は，特許権付与の日から，発明特許権については10年，実用新案権については7年を下回らないものとし，訴訟係属中である旨が確認されたこと，又は不可抗力によって，INPIが実体審査の手続を停止している場合は，この限りでない。」と定められている (同条補項)。

現行法 (LPI) は，さらに，特許の先使用者の権利を「特許の出願の日前，又は優先権の主張の日前に，ブラジル国内において特許の対象を実施していた善意の者は，従前どおりの条件において，負担を伴わずに，引き続きそれを実施することができる。」(45条) と規定している。こうした権利については諸説ありうるが，実際に発生する機会の少ない事項であり，詳述は省略する。

◆ 特許権の消滅

特許権の消滅については，78条本文各号にその要件が定められている。

(1)　存続期間の満了により，特許権は消滅する (同条本文1号)。

この要件は，1971年旧法の規定となんら異なるところはない。ただし，特許の無効の場合は出願の日に遡ってその効力を失うのに対し（48条），存続期間満了による消滅の場合においては，その満了の日に特許の効力が失われる点に注意が必要である。

⑵　特許権者がその権利を放棄した場合，特許権は消滅する。ただし，第三者の権利を害さないときに限られる（78条本文２号）。

権利の放棄は，法律において禁止されておらず，かつ，第三者の権利を損わない限り，あらゆる権利者に認められた権利である（79条）。したがって，例えば，実施の許諾を得たライセンシーである第三者は，法の定めに基づいて，特許権者の権利放棄の却下をINPIに請求することができる。

⑶　特許が取り消された場合，特許権は消滅する（78条本文３号）。

特許の取消事由は，法の定めに従って特許権が実施されていない場合，または正当な理由に基づいた特許の不実施が証明された場合とされている（80条本文　補項1）。注意すべきは，失効の審決が，失効申立ての日または職権による失効手続開始の公告日に遡って効力を生じる点である（83条）。

⑷　年間特許料の未納により，特許権は消滅する（78条本文４号，86条）。

本条項の新しい点は，現行法（LPI）によって導入された，年間特許料の納付と特許権消滅との関係である。年間特許料の納付を証明しない場合，補正命令として，INPIは，出願人または特許権者に，納付の証明を行うよう通知する。しかし，納付の証明を行わず，出願書類が保管処分に付されたとき，または特許権が消滅したとき，その通知の日から３か月以内に特別特許料を追納して請求すれば，これを回復することができる（87条）。

⑸　217条の規定に違反する場合，特許権は消滅する（78条本文５号）。

特許権，意匠権および商標権の消滅に共通であるこの要件は，適法な資格を備え，ブラジルに住所を有し，呼出しを受ける権限を付与された代理人を選任する義務を定めている（217条。本件に関しては，商標を述べる際に，より詳細に説明する。→59ページ）。

❸ 手続全プロセスのフローチャート

◆ フローチャートの趣旨

本書は，ブラジル国外，特に日本に本社または住所を有する読者を想定している。したがって，手続プロセスの説明は，原初の特許出願がブラジルにおいて行われていないことを前提としている。しかし，これから説明するフローチャートについては，手続の各ステップと，その各ステップにおいて判断すべき要件が明確になっているため，直接ブラジルで出願が行われる場合も含め，プロセスを全体として理解するのに役立つであろう。

なお，WIPOにより国際調査機関［International Search Authority － ISA］としてブラジルが承認されていることから，特許協力条約［Patent Cooperation Treaty － PCT］の出願制度により，直接INPIから各国への出願を行うことができる。しかし，本書では，単に国内における出願手続のみを説明の対象とする。PCTの出願制度については，それ以外の手続が同様であるとして，PCTの規定を満たしているかどうかを考えれば足りるからである。

以下においては，次ページの「手続全プロセスのフローチャート」に従って説明する。このフローチャートは，内部使用を目的としてINPI特許局によって作成されたものであるが，非常にわかりやすくできており，特許出願の審査中に発生する可能性のある，行政手続上のあらゆるケースに利用できることから，ここではこれを利用して説明することにした。

◆ フローチャートの構造

フローチャートの各ステップには，それを示すために丸囲みの番号が付してある。フローチャートだけでは明確にならない内容は，それを補完し，理解しやすくするために本文で説明する。

以下のように，「手続全プロセスのフローチャート」は，大きく四つの部分に分けることができる。

(Ⅰ)　共通部分＝出願から実体審査まで。

(Ⅱ)　仮 定 A ＝特許すべき旨の査定（付随的な手続なし）のケース。

(Ⅲ)　仮 定 B ＝補正命令が出されたケース。

(Ⅳ)　仮 定 C ＝拒絶すべき旨の査定のケース。

「(Ⅱ)仮定A」から「(Ⅳ)仮定C」までの各フローチャートにおいて共通する内容は，「(Ⅰ)共通部分」の項で説明し，それぞれのフローチャートではこの部分の説明を省略する。

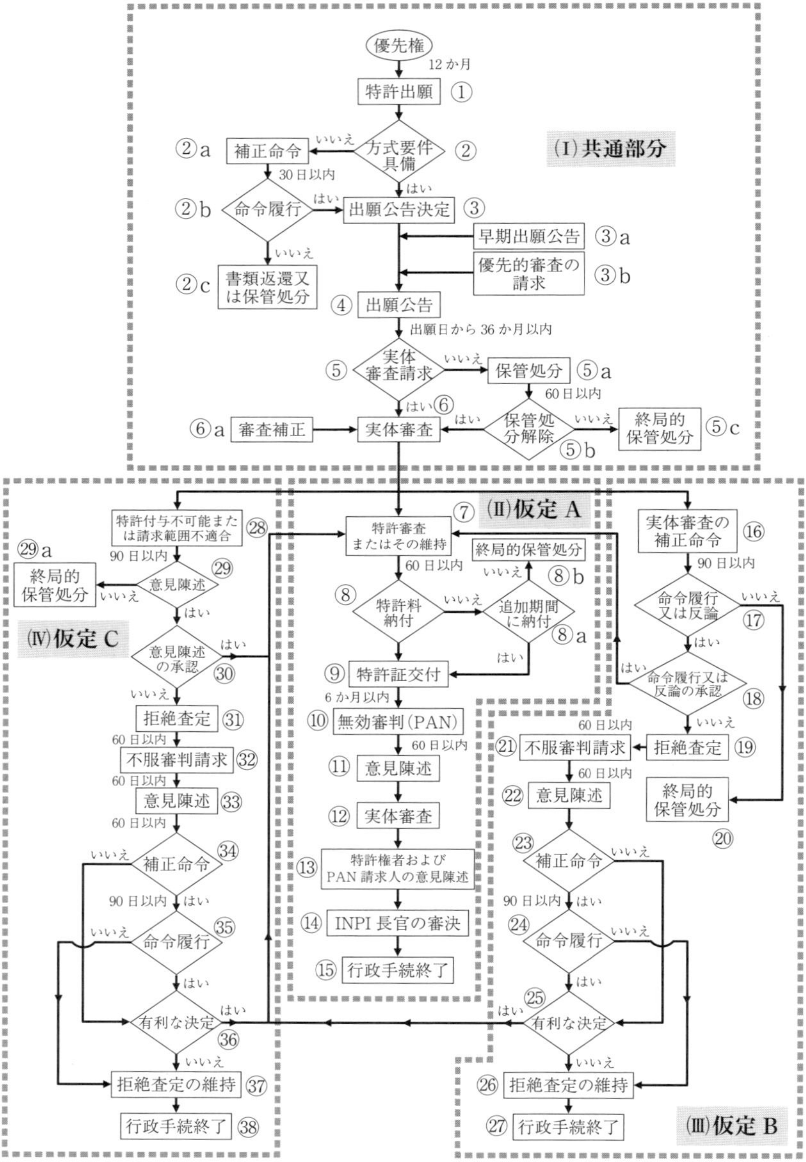

(I)共通部分
優先権
12か月
特許出願 ①
方式要件具備 ②
いいえ
②a 補正命令
30日以内
②b 命令履行
はい
出願公告決定 ③
いいえ
②c 書類返還又は保管処分
早期出願公告 ③a
優先的審査の請求 ③b
④ 出願公告
出願日から36か月以内
⑤ 実体審査請求
保管処分 ⑤a
60日以内
はい⑥
⑥a 審査補正
実体審査
保管処分解除 ⑤b
終局的保管処分 ⑤c
(II)仮定A
特許審査またはその維持 ⑦
60日以内
⑧ 特許料納付
追加期間に納付 ⑧a
終局的保管処分
⑧b
⑨ 特許証交付
6か月以内
⑩ 無効審判(PAN)
60日以内
⑪ 意見陳述
⑫ 実体審査
⑬ 特許権者およびPAN請求人の意見陳述
⑭ INPI長官の審決
⑮ 行政手続終了
実体審査の補正命令 ⑯
90日以内
命令履行又は反論 ⑰
命令履行又は反論の承認 ⑱
拒絶査定 ⑲
終局的保管処分 ⑳
(III)仮定B
㉑ 不服審判請求
60日以内
㉒ 意見陳述
㉓ 補正命令
90日以内
㉔ 命令履行
㉕ 有利な決定
㉖ 拒絶査定の維持
㉗ 行政手続終了
(IV)仮定C
特許付与不可能または請求範囲不適合 ㉘
㉙a 終局的保管処分
90日以内
意見陳述 ㉙
意見陳述の承認 ㉚
拒絶査定 ㉛
60日以内
不服審判請求 ㉜
意見陳述 ㉝
補正命令 ㉞
命令履行 ㉟
有利な決定 ㊱
拒絶査定の維持 ㊲
行政手続終了 ㊳
はい
いいえ

フローチャート１　手続全プロセス

(I)　共通部分（出願から実体審査まで）

フローチャートのこの部分は，すべての特許出願において共通し，ブラジル国外または直接ブラジルで行われる出願において経なければならない，願書提出から実体審査までのすべての段階を含んでいる。

すでに述べたように，フローチャート内の丸囲みの番号の順に各ステップについて説明する。

①　願書の提出（特許出願）

特許の出願には，19条各号所定の書面等をINPIに提出しなければならない。さらに，外国での特許に基づき，12か月の期限内に優先権の主張を伴ってブラジルにおいて特許出願を行う場合においては，以下の書類を願書に添付し，または添付していなかったときは各期限までに，提出する必要がある。

a）（出願時）──優先権の主張を伴った出願の場合，出願書類の翻訳文書。

b）（60日以内）──委任状。

c）（180日以内）──優先権を証明する書類の認証謄本（または原出願国の特許庁が発行した出願書類の謄本）。

d）（180日以内）──優先権を証明する書類の翻訳文書，または，ブラジルにおいて行われる特許出願の内容が優先権証明書のそれに忠実である旨の宣言書。

e）（180日以内）──ブラジルにおける特許出願の権利が譲渡された場合，譲渡に関する書類。

②　出願は方式の要件を充たしているか？（方式の先決審査）

出願人が提出した書類が，発明の特許出願，実用新案の登録出願およびPCTを通じた出願の国内手続を定める規則，決議および省令に従っているか否かの確認が行われる（20条。方式の先決審査［exame formal preliminar］）。

審査される書類は，出願人，発明者，場合によっては代理人の全データを記載した願書，明細書，請求の範囲，出願様式の充足（頁番号，行番号，適切に作成された図面，発明または考案の名称等）および出願料の納付証明書である。

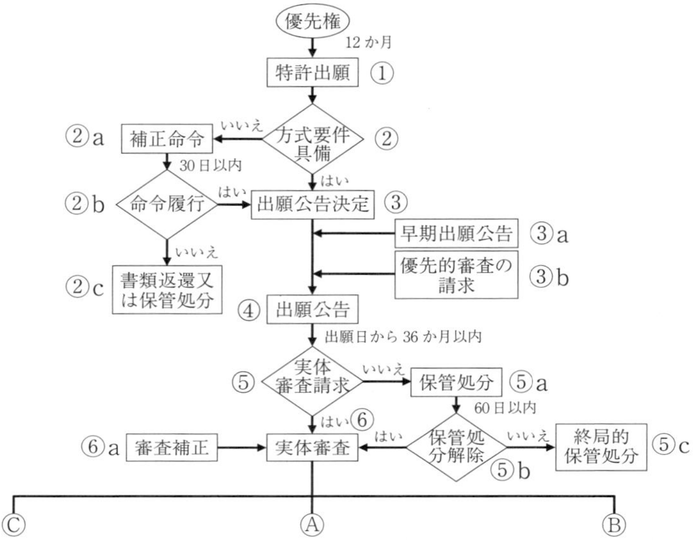

フローチャート１−(I)　共通部分（出願から実体審査まで）

②ａ　補正命令が出されたか？（方式に関する補正）

願書が上記の要件を充たしていない場合においても，特許の対象，出願人および発明者に関するデータが記載されていれば，出願日が記載された受理証と引換えに暫定的に受理される（21条本文）。その場合，INPIが命じる補正は30日以内に履行しなければならない。

②ｂ　出願書類は補正されたか？（補正命令の履行）

はい→この場合，出願は，願書提出日，すなわち，上記受理証に記載
　　された日付を出願日として正式に受理される−③へ進む。

いいえ→出願書類が返還または保管処分に付される−②ｃへ進む。

②ｃ　出願書類の返還または保管処分

方式に関する補正命令が30日以内に履行されない場合，出願は却下され，出願書類は出願人の請求に応じて返還される（21条本文）。受理されなかった当該出願は，いかなる法的効力も生じず，公告もされない。つまり，先願としての地位を取得しない。

③　出願公告の決定

この行政行為は，特許出願が受理され，その手続が正式に開始する旨を周知させることを目的としている。公告には，出願番号，出願日，出願人，場合によっては代理人の氏名が掲載される。もっとも，要約書の内容は公告されず，出願書類の謄本申請もこの段階においては認められない。この公告は，願書が方式の先決審査に通った後，または補正命令が履行された後に行なわれる。

③ａ　早期出願公告

出願公告決定の後，出願人は，その判断により，早期出願公告を請求することができる（30条補項1）。その場合，特許出願を18か月の法定期間において秘密とすることができる権利を放棄することになる。また，当該公告には，特許出願の証明資料が添付されなければならず，かつ，明細書，請求の範囲，要約書および図面のそれぞれの謄本が，INPIにおいて一般の閲覧に供される（30条補項2）。

③ｂ　出願の優先的審査の請求

優先的審査は，出願人または第三者が請求することができる。この審査は，特許出願の認容または却下をより迅速に決定するために，専門家の判定が優先的に行われるものであり，以下のいずれかの場合に適用される。

ａ）　出願人が60歳以上の場合。

ｂ）　出願人の許可を得ていない第三者によって，出願の対象物が製造されている場合。

ｃ）　特許権の付与が，特許の対象または特許された方法の実施において必要となる，国内の産業振興機関または公的信用機関による助成金，貸付金，出資金の調達またはミューチュアル・ファンドからの資金調達を可能にするための条件である場合。

ｄ）　出願人の許可を得ずに特許出願の対象物を製造しているとして，出願人により告発されている第三者によって，証拠に基づき，請求された場合。

④　出願の公告

出願日または優先権請求日から18か月が経過した後，出願が公告される（30条本文）。いずれの利害関係人にも，それ以降，出願書類の謄本の請求，さらには，必要な場合，実体審査のための補正書類の提出が認められる。特許出願の方式に関する異議申立ての制度は，廃止された。

a）　ブラジルにおける出願日またはPCTを通じた外国における出願日から起算した第３年の始期から（すなわち，24か月後に），第３年度の年間特許料を支払うための３か月の期間が始まる（85条，84条本文）。この期間の経過後に納付することもできるが，その場合は，それに続く６か月間に，割増料を追納することになる。なお，第１年度および第２年度の年間特許料を支払う義務はない。

b）　出願人には，実体審査の請求までに，出願内容の変更のための書類提出が認められる（32条）。ただし，新規事項を追加しない場合に限られる。

⑤　実体審査の請求－36か月の期限内に審査請求がなされたか？

はい→⑥へ進む。

いいえ→⑤ａへ進む。

⑤ａ　出願書類の保管処分

出願日から起算して36か月以内に実体審査が請求されない場合，必要な審査請求を欠くものとして，出願書類の保管処分が公告される（33条本文）。

⑤ｂ　保管処分の解除が請求されたか？

はい→⑥へ進む。

いいえ→⑤ｃへ進む。

⑤ｃ　出願書類の終局的保管処分

保管処分の公告日から起算して60日以内に保管処分の解除が請求されない場合，出願書類は，終局的保管処分に付され，出願の対象物はいずれの者にも属さないものとなる（33条補項）。

⑥　実体審査

実体審査は，ブラジルにおける出願日（または，PCT を通じた外国における出願日）から起算して36か月以内に請求しなければならない（33条本文）。これに反した場合，出願書類は保管処分に付される（⑤および⑤a参照）。

出願書類が保管処分に付された場合（⑤a）においても，その解除が請求されたとき（⑤b）は，実体審査が行われ，手続は通常の手順に従って進む。

実体審査の結果として，以下の3とおりの状況が発生しうる。

a）　特許すべき旨の査定－仮定A⑦へ進む。

b）　技術上の補正命令－仮定B⑯へ進む。

c）　意見書による特許不可能または請求の範囲不適合の結論（拒絶の査定）の通知－仮定C㉘へ進む。

⑥a　実体審査の補正

出願公告（④）の後，利害関係人には，実体審査を補正するための書類および報告書の提出が認められる（31条本文）。実体審査の確定までに提出された場合，これらの書類は審査官により考慮される。

さらに，審査官は，この段階において先願特許を調査するのみならず，他国で行なわれた先願確定調査の報告書の提出を命じることもある。報告書提出の期限は60日に定められているが，命令に応じない場合，出願書類は保管処分に付される（34条参照）。

出願書類の保管処分に対しては，60日以内の異議申立て，さらには，特別特許料を追納して3か月以内に回復請求を行うことができる（87条）。

(II)　仮定A（特許すべき旨の査定のケース）

⑦　特許査定またはその維持

技術の新規性，進歩性および産業上の利用性に関する審査または利害関係人の補正書類により，特許を妨げる先行物（特許権または特許出願）の不存在が確認された場合，審査官は，特許をすべき旨の査定［deferimento do pedido de patente］をし，その意見書を発行する。

特許査定は，INPI 公報誌（RPI）に掲載して，公告される。特許証の交

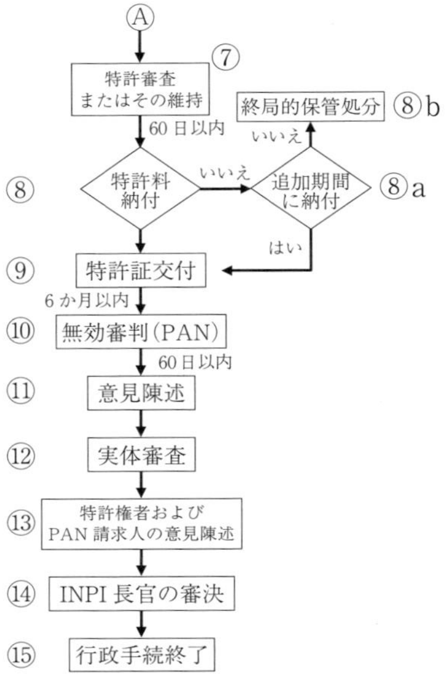

フローチャート1-(Ⅱ)　仮定A

付のための特許料の納付およびその証明は，当該公告日から起算して60日以内に行わなければならない（38条本文，補項1)。しかし，同条補項2は，上記規定の期間が経過した場合に，通知にかかわりなく，割増料の納付により　特許証の交付のための，特許料の納付および証明が行えるよう，30日の追加期間を規定している。ただし，これに反した場合，出願書類は終局的保管処分に付される。

なお，特許査定に対しては不服申立てが認められないため（212条補項2)，行政段階における手段としては，後述する無効の行政審判（PAN）のみが可能であることに注意が必要である。

⑧　特許証の交付のための特許料を納付したか？

はい→⑨ へ進む。

いいえ→⑧ a へ進む。

⑧a　特許証の交付のための特許料を追加期間に納付したか？

はい→⑨へ進む。

いいえ→⑧bへ進む。

⑧b　出願書類の終局的保管処分

特許証の交付のための特許料が納付されない場合，出願書類は終局的な保管処分に付され，出願の対象物はいずれの者にも属さないものとなる（38条補項2）。

⑨　特許証の交付

特許証の交付のための特許料が，納付期間，追加納付期間または出願書類の回復請求の後に納付され，かつ，それが証明された場合，INPIは，特許証交付の決定を公告し，特許証［carta-patente］を交付する（38条本文）。なお，この決定公告の日が特許権付与の日となることに注意が必要である（38条補項3）。

さらに，上記の公告には，付与された特許権の存続期間も掲載される。これは，先述したように現行法（LPI）においては，発明特許の場合には10年，実用新案の場合には7年という特許権付与の日から起算する特許権の存続期間の最低限度が定められており（40条補項），出願の日からは当該特許の存続期間が必ずしも明らかにならないため，これを公示する必要があることによる。

⑩　無効の行政審判（PAN）

無効の行政審判［Processo Adiministrativo de Nulidade］（PAN）は，特許証交付の公告の日から起算して6か月以内に請求することができる（51条）。

PANは，INPIの職権により，または適法な利害関係を有する者の申立てによって，開始する。

⑪　意見陳述

特許権者は，PANの開始の公告日から起算して60日以内に意見陳述を行うことができる（52条参照）。この意見陳述は，特許権者が，その特許権を防御するために，無効の申立てに対して行う反論であるが，義務ではない。

⑫　実体審査

付与された特許権の内容，並びに特許権者およびPANを申し立てた者によってなされた意見陳述の内容が審査される。審査の後，特許権の維持または無効について述べた意見書が発行される（53条）。

⑬　両当事者の意見陳述

特許権者およびPANを申し立てた者は，上記意見書について閲覧し，意見を陳述するよう通知を受け，希望する場合は，両当事者に共通の60日以内に意見陳述を行う（53条）。この期間が経過した後，INPI長官は，当該PANにつき，審決を行う（54条）。

⑭　INPI長官による審決

INPI長官の審決に対して，不服申立てを行うことはできない。

⑮　行政手続の終了

INPI長官が下した特許権の維持または無効の審決が公告された後，行政手続は終了する（54条）。そのため，それ以後の特許無効の訴えは連邦裁判所においてのみ審理されることになる。

(Ⅲ)　**仮定B**（補正命令が出されたケース）

このケースは，実体審査の開始時に補正命令が出されたことを前提としており，その点が基本的に仮定Aと異なる。

⑯　実体審査における補正命令

a）　特許権付与の要件を充たしていないことが実体審査において確認された場合，審査官は技術上の補正命令を出す。

b）　出願人は，90日以内に，願書に記載した請求の範囲を遵守した上で補正命令を履行し，種々の事項，例えば，請求の範囲との整合性，明細書の不備，印字上の間違い等の訂正を行うか，または，その他特許権付与の要件を満たすために適切な方法で反論を行う（36条本文参照）。

⑰　補正命令を履行したか，反論したか？

はい→⑱へ進む。

いいえ→⑳へ進む。

⑱　命令の履行または反論は承認されたか？

はい→⑦へ進む。

いいえ→⑲へ進む。

なお，審査官は，上記補正命令が完全に履行されたか否かを審査し，完全に履行されている場合，特許をすべき旨の査定の意見書を発行する。また，出願は，ブラジルの関連法に従っている場合にも特許査定を受ける。特許証交付のための特許料の納付の期間（60日）は特許査定の公告日から始まるが，前述したように，行政段階においては，これ以後，特許査定に対する不服申立ては認められない。

⑲　拒絶の査定

補正命令が完全に履行されていない，またはその他反論に根拠が乏しい，と審査官が結論を下した場合，当該出願について拒絶すべき旨の査定がなされ，意見書にその理由が記載される。拒絶査定の公告後，これに不服がある出願人は，60日以内に，INPI長官に対し不服の審判請求をすることができる（212条本文）。

⑳　出願書類の終局的保管処分

90日以内に補正命令に応じなかった場合，出願書類は終局的保管処分に付され，この決定に対する不服申立ては認められない。

㉑　不服の審判請求

出願人は，拒絶査定の公告の日から60日以内に，これに対して不服の審判請求をすることができる（212条本文）。利害関係を有する第三者は，当該不服の審判請求に対して，その公告の日から起算して60日以内に意見を陳述することができる（213条参照）。

㉒　不服の審判請求に対する意見陳述

意見陳述を行う第三者は，正当な利害関係を有することを立証する必要があり，これに反する場合，その意見は受理されない。

㉓　補正命令が出されたか？

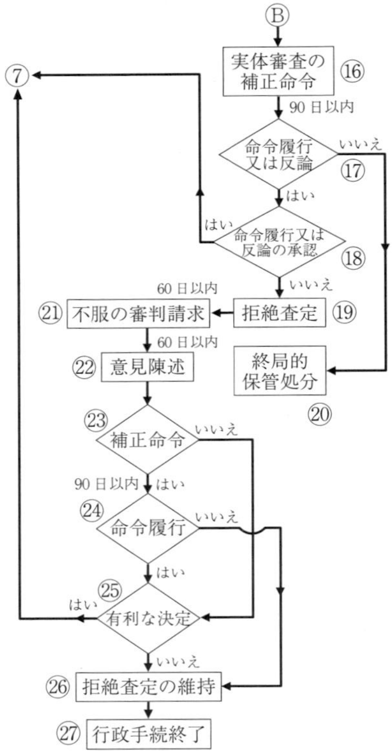

フローチャート 1 - (Ⅲ)　仮定 B

不服の審判請求がなされた場合，出願内容について，出願人の不服の理由および利害関係人の意見に照らして，改めて審査が行われる。この審査によって，出願は特許をすべきであるが訂正を要する，との結論が出された場合，しかるべき技術上の補正命令が出される（214 条本文）。しかし，訂正の必要なし，または拒絶すべきであるとの結論に審査官が至る場合もある。したがって，手続は以下のように分かれる。

はい→出願は特許をすべきであるが訂正を要する場合→㉔へ進む。

いいえ→出願に訂正の必要なし，または拒絶すべきであるとの結論に至った場合→㉕へ進む。

㉔　補正命令を履行したか？

はい→㉖へ進む。
いいえ→㉘へ進む。

㉕　出願人に有利な決定がなされたか？
はい→不服の審判請求の段階において出された技術上の補正命令が完全に履行された場合，特許すべき旨の査定がなされる→⑦へ進む。
いいえ→㉖へ進む。

㉖　拒絶査定の維持
出願人が補正命令に応じなかった場合，または補正命令に応じたが，意見書の要請事項を充たさなかった場合，拒絶査定は維持される。

㉗　行政段階の終了
不服の審判請求に対するINPI長官の審決は，現行法（LPI）215条が規定するとおり，行政段階における最終かつ反論不能の決定であり，これにより行政手続においては審理が尽くされたといえる段階に達する。再度の審理は，裁判所においてのみ行うことができる。

ⅳ　仮定C（拒絶すべき旨の査定のケース）
このフローチャートは，審査官の意見書により，特許権付与の可能性がないこと，または出願内容と請求の範囲との非整合性が指摘された場合，さらに，何らかの補正を命じられた場合を前提としている。

㉘　特許権付与の可能性の不存在，請求の範囲との非整合性
審査官は，調査の結果および審査を補正するために提出された書類をもとに，技術の新規性，進歩性および産業上の利用性を審査した上で，特許権付与の可能性についての意見書を作成する。意見書は，出願を拒絶すべきものであることを指摘することもあれば，出願内容と請求の範囲が整合しないことを指摘することもある。
出願人は，意見書作成の公告の日から起算して90日以内に，意見陳述を行うことができる（36条本文）。

㉙　意見陳述を行ったか？

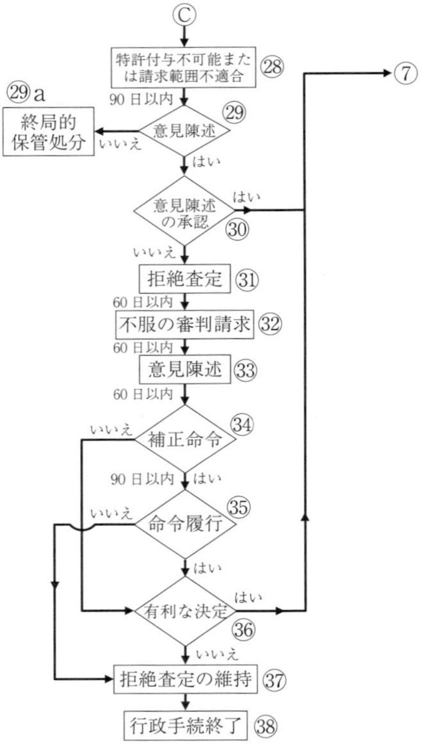

フローチャート1-(Ⅳ)　仮定C

はい→㉚へ進む。

いいえ→㉙ a へ進む。

㉙ a　出願書類の終局的保管処分

意見陳述を行わない場合，出願書類は終局的な保管処分に付され，この決定に対する不服申立ては認められない（212条補項2）。

㉚　意見陳述の内容は認められたか？

はい→陳述した意見に根拠ありと判断された場合，特許すべき旨の査定がなされる。⑦へ進む。

いいえ→㉛へ進む。

㉛　拒絶すべき旨の査定

意見陳述において主張した理由に根拠なしと判断された場合，拒絶すべき旨の査定がなされる。

㉜　不服の審判請求

出願人は，拒絶査定の公告の日から起算して 60 日以内に，当該査定に対して不服の審判請求をすることができる（212 条本文）。

利害関係を有する第三者は，当該不服の審判請求に対して，その公告の日から起算して 60 日以内に意見を陳述することができる（213 条参照）。

㉝　不服の審判請求に対する意見陳述

意見を陳述する第三者は，正当な利害関係を有することを立証する必要があり，これに反する場合，その意見は受理されない。

㉞　補正命令が出されたか？

不服申立てがなされた場合，出願内容は，出願人の不服申立ての理由および利害関係人の意見に照らして，改めて審査される。この審査によって，出願は特許をすべきであるが訂正を要するとの結論に至った場合，しかるべき技術上の補正命令が出される。しかし，訂正の必要なし，または特許を拒絶すべきであるとの結論に，審査官が至る場合もある。

したがって，手続は以下のように分かれる。

はい→出願は特許をすべきであるが訂正を要する場合，㉟へ進む。

いいえ→出願に訂正の必要なし，または特許を拒絶すべきであるとの結論に至った場合，㊱へ進む。

㉟　補正命令を履行したか？

はい→㊱へ進む。

いいえ→㊲へ進む。

㊱　出願人に有利な決定がなされたか？

はい→不服申立ての段階において出された技術上の補正命令が完全に履行された場合，特許をすべき旨の査定がなされる。⑦へ進む。

いいえ→㊲へ進む。

㊲　拒絶査定の維持

出願人が補正命令に応じなかった場合，または補正命令に応じたが，意見書の要請事項を充たさなかった場合，さらには，補正方式に対する反論が根拠なしと判断された場合，拒絶査定が維持される。

㊳　行政手続の終了

不服の審判請求に対するINPI長官の審決によって行政手続は終了する(212条補項3，215条)。したがって，再度の審理は裁判所においてのみ行うことができる。

第3節　意　　匠

1 一般的考察および現行の登録制度

◆ 意匠独自の登録制度の創設

意匠［Desenho Industrial］は，現行法（LPI）が制定されるまで，特許の一種として取り扱われ，その権利設定の手続は，特許権と同じであった。しかし，意匠は，本質的に早期保護がより強く要請されることから，特許分野において権利を付与する諸規定では，迅速な権利処理を期待することができず，意匠の早期保護に必要な迅速性に適合するものではなかった。

現行法（LPI）は，1971年旧法が定めていた工業用ひな型［Modelo Industrial］および意匠［Desenho Industrial］の特許手続を統一し，独立した別個の意匠登録制度を創設した。

現行制度において，意匠権の設定は，直裁な手続で行われる。すなわち，所定の登録拒絶事由に該当せず，かつ，方式に関するINPIの規則を遵守している出願は，直ちに登録され，それと同時に公告も行われる。

1971年旧法に定められていた工業用ひな型および意匠の特許出願手続について，現行法（LPI）は，下記の4項目にわたる重要な改正を行った。

a）　登録を受けるまでの登録出願の秘密の保護。

b）　意匠登録を受けるための新規性および創作性に関する事前調査並びに必要的審査の廃止。ただし，出願対象が，技術または機能を確保するために不可欠な形状のみからなるか否か，および公序良俗に反するか否か（これらは，絶対的禁止事由と呼ばれる。100条参照。）に関する審査は，従前どおりである。

c）　審査中の第三者による妨害の排除。

d）　二次元および三次元の芸術的創作物の同一分類での保護制度の新

設。

したがって，意匠登録の基本的な要件であるにもかかわらず，現行法（LPI）においては，登録を受けるための新規性および創作性の事前審査は行われなくなった。

◆ 方式の審査

もっとも，出願が認められるためには，従来どおり，方式審査を経なければならない。

登録出願の際には，以下の書面を提出する必要がある。

①願書（所定の書式に従い，以下を記入する）。
- a）　出願人の情報。
- b）　意匠の名称。
- c）　適用分野。
- c）　主張しようとする場合，優先権の主張。
- e）　願書提出日から180日間意匠を秘密にすることの請求。
- f）　意匠創作者の情報および，必要であれば，その氏名の非公開の請求。
- g）　優先権がある場合は，優先権の宣言。
- h）　登録出願前のグレース・ピリオド（6か月）に公開する旨の宣言。
- i）　代理人の情報。
- j）　添付書類の目録。
- k）　申告する情報が真実に反しない旨の宣言。

②必要とする場合，明細書。
③必要とする場合，請求の範囲。
④図案または写真。
⑤対象物の適用分野。
⑥出願に係る登録料納付証明書。

後述のフローチャートで示すとおり，方式審査を行って，出願は受理され，「直ちに公告し，同時に登録し，登録証を交付する」（106条本文）。ただし，180日間にわたって秘密にすることを出願人が申請した場合，登録手続はその後に行われる（同条補項1）。

また，登録は，「出願日から起算して10年の存続期間において効力を有し，引き続き5年ずつ3期にわたって更新する」ことができる（108条本文）。

◈ 実体審査の請求

前述したように，現行法（LPI）においては，新規性および創作性は登録を受けるための審査の対象ではなくなっているが，出願人は，必要と判断する場合，登録の有効期間を通じて随時実体審査を請求することができる（111条本文）。審査により，少なくとも要件の一つが不足していると査定した場合，INPIは，職権によりPANの手続を開始する（111条補項）。この手続は出願の日に遡って登録を無効とする効力を生じる（112条補項1）。

判例・実務においては，多くの裁判官が法律の文言に忠実に解釈しており，一旦なされた登録は，実体審査を行わずになされたものも含め，当該意匠権の無効を主張する者が新規性および創作性の要件が充たされていないことを証明するまで，その有効性が認められるべきである，というのが確立した判例となっている。しかし，実体審査を欠くことから，当該登録が単なる形式的なものに過ぎないとして，意匠権を主張する者がその真正を立証できない場合に差止請求を認めない，司法の判断が増えている。

他方，登録意匠の侵害に関する訴訟において，裁判所の解釈は二とおりに分かれているという説もある。ある傾向は，前述のごとく，文言に忠実な法解釈をし，一旦なされた登録は，実体審査の有無にかかわらず有効である，としつつ，訴訟後の差止請求も認める。他方は，法の趣旨に照らして解釈し，差止請求を認めるには，事前の実体審査による新規性および創作性の確認を要する，というものである。

以上により，少なくとも，競業者による複製のリスクが明白である製品の場合，実体審査を申請することが望ましい。

◈ 無効の行政審判（PAN）

後述のフローチャートには示されていないが，PANは，登録を受けた日から起算して５年以内に，正当な利害関係を有する第三者の請求により，またはINPIの職権により，開始することができる（113条補項1）。

なお，登録を受けた日から60日以内にPANの開始が請求された場合，またはPAN開始の公告がなされた場合，審決の内容（登録の無効または維持）のいかんにかかわらず，INPI長官による審決の確定まで，登録の効力は，直ちに中断する（113条補項2）。この規定は，実体審査を行わずに登録する制度を採用した結果として，現行法（LPI）において導入されたものである。

PANの手続は，以下のとおり，要約できる。

a）　PANの開始が公告され，意匠権者は，この日から60日以内に意見を申し出ることができる（114条）。

b）　INPIは，意見書を作成し，両当事者（請求人および意匠権者）に対して，60日以内に意見陳述を行うよう，通知する（115条）。

c）　INPIは，提出された両当事者の意見を審査し，INPI長官は，最終的に，登録の無効または維持について審決し，これにより行政審判は終了する（116条）。

d）　INPI長官による審決の効力が登録出願日まで遡及することから，登録がすでに消滅している場合であっても，当該審判は続行することに，注意が必要である（117条）。これは，すでに無効となった登録により生じる責任，例えば損害賠償の範囲に影響するため，重要である。

❷ 意匠登録手続のフローチャート

意匠登録の手続について，フローチャートに従って説明する。特許のところと同様に，外国ですでに出願された商標をブラジルにおいて出願する場合を想定する。

①　優先権

優先権は，原出願国における出願日から起算して180日以内に，ブラジルにおいて出願する場合に限り，当該出願人にその主張が認められる（96条補項3，12条各号）。

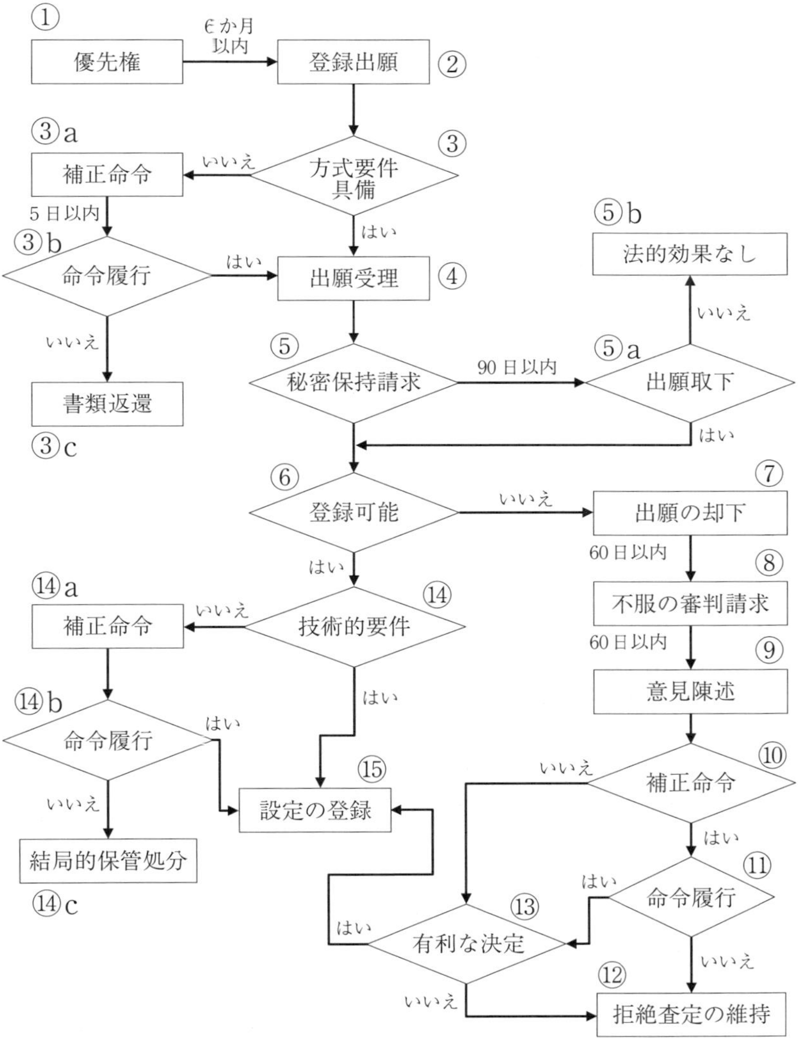
①
優先権
6か月以内
登録出願
②
③a
補正命令
いいえ
方式要件具備
③
5日以内
はい
③b
命令履行
はい
出願受理
④
⑤b
法的効果なし
いいえ
いいえ
書類返還
③c
⑤
秘密保持請求
90日以内
⑤a
出願取下
はい
⑥
登録可能
いいえ
⑦
出願の却下
60日以内
はい
⑧
不服の審判請求
⑭a
補正命令
いいえ
技術的要件
⑭
60日以内
⑨
意見陳述
はい
⑭b
命令履行
はい
⑮
設定の登録
いいえ
補正命令
⑩
いいえ
結局的保管処分
⑭c
はい
⑪
命令履行
はい
⑬
有利な決定
はい
いいえ
⑫
いいえ
拒絶査定の維持

フローチャート2　意匠登録手続

②　願書の提出（登録出願）

以下の書類を提出する（101 条本文）。

ａ）（出願時）－優先権の主張を伴った出願の場合，原出願国の特許庁が発行した出願書類の翻訳文書。

ｂ）（60 日以内）－ 委任状。

ｃ）（90 日以内）－優先権を証明する書類の認証謄本，または原出願国の知財担当官公署が発行した出願書類の謄本。

ｄ）（90 日以内）－優先権を証明する書類の翻訳文書，またはブラジルにおいて行なわれる登録出願の内容が優先権証明書のそれに忠実である旨の宣言書。

ｅ）（180 日以内）－ブラジルにおける登録出願の権利が譲渡された場合，譲渡に関する書類。

③　出願は方式審査の要件を充たしているか？

出願人が提出した書類が，意匠登録出願に必要な内容を定めているINPIの規則，決議および長官令に従っているか否かがINPIにより審査される（102 条）。

この段階で審査される書類は，出願人，創作者，場合によっては代理人の全データを記載した願書，明細書，請求の範囲，出願様式の要約（頁番号，行番号，適切に作成された図案，意匠に係る物品の名称等）および登録料の納付証明書である。

③ａ　補正命令が出されたか？（方式に関する補正）

上記の要件を充たしていない場合でも，登録の対象物，出願人および創作者に関するデータが記載されていれば，当該書類の提出日が記載された受理証と引換えに，出願は，暫定的に受理される。その場合，INPIは，5日間を補正の期限として補正命令を出す（103 条本文）。

③ｂ　書類は訂正されたか？（補正命令の履行）

はい→④へ進む。

いいえ→③ｃへ進む。

③c　出願書類の返還

方式に関する補正命令に応じて5日以内に補正がなされない場合，出願は無効となり，出願書類は出願人の請求により返還される（103条本文）。受理されなかった当該出願は，いかなる法的効力も生じず，公告もされない。つまり，先願意匠としての地位を取得しない。

④　出願受理

出願書類が方式の要件を充たしている場合，または補正命令に応じて補正がされた場合，出願は正式に受理される。

⑤　秘密保持が請求されたか？

意匠の登録出願においては，通常，180日の経過以前に登録がなされ，公告が行われるため，出願人は，出願後の手続を180日間停止させることができる（106条補項1）。

秘密保持の手続は，パリ条約の非加盟国において同一の出願を行う必要が生じた場合に有効な手法であるが，それは，ブラジルにおける登録の公告によって，非加盟国における以後の出願が無効になりうるからである。

⑤a　出願が取り下げられたか？

はい→出願に際してその秘密保持を請求した場合にのみ，出願人は，出願日から起算して90日以内に，出願を取り下げることができる（105条本文）。⑤bへ進む。

いいえ→⑥へ進む。

⑤b　出願の取下げ

取り下げられた出願は，公告の対象にならないため，以後，当該出願によるいかなる法的効力も生じない（105条補項）。

⑥　登録は可能か？

はい→⑭へ進む。

いいえ→登録の対象物が下記の登録拒絶事由の少なくとも一つに該当する場合，意匠として登録を受けることはできない（100条）。

a）「道徳及び善良な風俗に反するもの，個人の名誉もしくは肖像を侵害するもの，又は良心，信条，信仰もしくは思想の自由及び尊敬尊厳に値する感情を侵害するもの」。

b）　登録の「対象物の通常もしくは一般的に備える必然的な形状，又は技術もしくは機能を確保するために不可欠な形状」のみからなるもの。

「必然的な形状」とは，不可欠な形状または登録の対象物に義務付けられている形状をいう。

「通常もしくは一般的」な形状とは，他の周知の対象物と識別可能になるような，独自の特徴を持たない形状をいう。

「技術もしくは機能を確保する」については，視覚的または美的な効果を生じさせることが意匠の目的であることから，単に技術的効果を排他的に支配する目的を有するだけの形状は，意匠として登録することはできないと解される。技術もしくは機能を確保するために不可欠な形状のみからなる場合，発明または実用新案の特許による保護の可能性を検討する必要がある。もっとも，新しい技術による効果を与える，または機能面に進歩性があるだけでなく，新規性および創作性を有する視覚的効果をもたらす場合，特許によっても，また意匠登録によっても，その保護が可能である。

⑦　出願の却下

意匠登録の対象物が上記の現行法（LPI）の登録拒絶事由（100条各号）に該当すると審査官が判断した場合，登録出願について却下する（106条補項4）。ただし，審査官は，却下の前に，その専門意見書に対して，60日以内に不服申立てまたは意見の申し出を行う機会を出願人に与える。しかし，大多数のケースにおいて，初回の判断が維持され，出願が却下されることに注意すべきである。

⑧　不服の審判請求

出願人は，INPI長官に対し，再審査を目的として，却下の公告の日から起算して60日以内に，出願の却下に対する不服の審判請求をすることができる（212条本文）。

⑨　不服の審判請求に対する意見陳述

出願人が不服の審判請求をした場合，その事実がRPIに掲載され，正当な利害関係を有する者は，当該公告の日から起算して60日以内に，出願の却下を維持する目的で，意見を述べることができる（213条参照）。

⑩　補正命令が出されたか？

はい→不服の審判請求において，訂正・補足が行われれば登録が受けられる可能性がある，と判断された場合，補正命令が出される（214条本文）。－⑪へ進む。

いいえ→⑬へ進む。

⑪　補正命令に応じたか？

はい→補正命令に応じた場合，または補正命令に対して反論した場合，改めて審査が行われる。－⑬へ進む。

いいえ→⑫へ進む。

⑫　却下の維持（行政手続の終了）

補正命令に応じなかった場合，または反論が認められなかった場合，出願の却下が維持され，これによって行政手続は終了する（212条補項3参照）。

⑬　出願人に有利な決定か？

はい→不服の審判請求の後，出願内容変更の補正命令が出されず，かつ，出願人の主張が認められた場合，登録をすべき旨の決定をする。または，補正命令に応じ，要件を充たした場合も，登録をすべき旨の決定をする。－⑮ へ進む。

いいえ→補正命令に応じたが，要件を充たさなかった場合，出願の却下が維持される。－⑫へ進む。

⑭　技術的要件を充たしているか？

はい→登録可能と判断され（上記の登録拒絶事由（100条各号）のいずれにも該当しないため），かつ，現行法（LPI）およびINPIの規則に従っている場合，出願は登録をすべきものとなる（106条本文）。－⑮へ進む。

いいえ→⑭ａへ進む。

⑭ａ　補正命令

登録を受けられる可能性はあるが，現行法（LPI）およびINPIの規則に従っていない場合，審査官は意見書を作成し，出願内容の補正を命じる（106条補項3）。

⑭ｂ　補正命令が履行されたか？

はい→⑮へ進む。

いいえ→⑭ｃへ進む。

⑭ｃ　終局的保管処分

補正命令に応じなかった場合，または反論が認められなかった場合，出願書類は終局的に保管処分に付され，これによって行政手続は終了する（106条補項3）。

⑮　意匠権設定の登録

第4節　商　　標

❶ 商標として登録可能な標章の要件

◆ 視覚的識別性

現行法（LPI）は，(i)同法の商標不登録事由に当たらず，かつ，(ii)視覚的に識別性を備える，すべての標章は，商標として登録が受けられると定めている（122条）。

そのため，立体商標の登録は可能であるが，嗅覚，味覚，聴覚および触覚で識別される標章の商標登録はできない。学説によれば，この種の標章を商標登録するのに，技術上および手続上，困難であるために，このような立法が選択されたとのことである。

しかし，現行法（LPI）の立法において，ブラジルの立法府が，「加盟国は，標識を視覚によって認識することができることを登録の条件として要求することができる」と規定するTRIPs協定15条1項第三文の規定に沿った内容の立法選択を行い，これにまったく準拠しようとするものとした点は注目すべきである。

◆ 証明商標・団体商標

現行法（LPI）においては，新たに「証明商標」および「団体商標」の規定が導入されたが，これらは，それぞれ，「専ら品質，特性，使用材料及び使用方法について，商品又は役務が特定の規準もしくは技術的仕様を満たしていることを証明するために用いられる商標」および「特定団体の成員に属する商品又は役務と識別するために用いられる商標」と規定されている（123条2号および3号）。

◆ 他の商標を連想させる標章

また，現行法（LPI）は，商標として登録を受けることができない標章を定める124条において，以下のような注目すべき新しい概念を導入した。

第一に，重要な改正条項として，「第三者の営業所もしくは会社の，独自性を有する呼称の複製又は模倣で，これらが表示する標章と混同させ，又は連想させるもの」（5号），及び「混同又は連想を生じるおそれがある，同一，類似又は同種の商品又は役務を識別し，又は証明するために登録された，他の商標の全部もしくは一部又はこれに変更を加えたものの模倣又は複製」（19号）を，それぞれ商標登録できない標章として定めたことである。

これらの条文により，「連想」［associação］という，より現実に即した文言を追加し，商標間において「誤謬または混同」が発生しうる範囲を拡大したが，これにより，市場において頻繁に発生している，第三者の会社名または商標の知名度を利用した利得行為の抑止が可能であると考えられる。

上記19号が，行政および司法の場において，新規商標登録の可能性に関し，より熾烈な論争を発生させることは確かであろう。そのため，この規定は，商標の希薄化（商標名が普通名詞として用いられるようになる場合），商標間の距離（登録商標との類似性の差）および二次的意義［secondary meaning］（普通名詞・形容詞などを商標名にした場合，商標名が元の意味と同等またはそれより普遍的な意味を持つようになる場合）の学説に関する論争の活発化に与すると思われる。これらの学説は，米国およびフランスの法曹実務家による［tout indivisible］の理論（後行の標章が第三者の先行商標においてすでに使用されている表現によって構成されている場合の「商標の衝突」を分析するための理論）に基づいて立論されたものである。

◆ 単に宣伝広告の手段として用いられる表示・標語

第二に，同条には７号も追加されたが，これは「単に宣伝広告の手段として用いられる表示又は標語」を不登録事由として定めている。実際には，この条項の追加は，INPIによる「宣伝広告の手段として用いられる表示又は標語」の登録廃止を明示するだけという結果になった。宣伝・広告の表示・標語に創作性が充分に備わっている場合は，知的創作として著作権法により保護されている。

ただし，これまで，INPIは，「単なる宣伝・広告の手段」であると解して，正当性を欠くと判断し，出願を却下してきているために，今後，実務面においては困難が生じると思われる。すなわち，「単なる宣伝・広告の手段」であるはずの記号または表現が，当該商品の上に表記され，商標としての役割を果たしているとき，それが登録できないものかどうかを区別する規準がないために，難しい判断が要求されることになる。商標の専門家には，INPIがこの7号について，商標が「長い」とき，つまり「商標のサイズ」をもとに，出願の却下を決定している，という見解がある。結局のところ，これは，長期間にわたり困難な議論を通じて，多数の関係者によって受け容れられる判例が出されるに至ったときに初めて解決される論点であろう。

◆ 著作物の保護

第三に，同条17号にも「連想」[associação] という文言が付け加えられた。この条項は，著作権者の明示の許可がある場合を除き，著作権によって保護されている知的創作を商標として登録することを禁止している。これによって，より広い範囲で禁止規定を適用することができ，著作者には，商標にかかわる場面でも，著作者に専属的な権利，著作者人格権および著作財産権が保護されることになる。

周知のとおり，どのような著作物であっても，商業的な訴求力を持ちうることがあり，それ故に，著作物が剽窃（模倣・複製・変造等）の的となることがあるが，こうした剽窃は，著作権の主張によって抑止することができる。しかし，著作権法上剽窃に当たるいかなる行為も，これまでに論じてきたところから明らかなとおり，工業所有権法の規定を適用することによっても，これを抑止することができる。

以上の他に，この項目に関する重要事項として，登録出願に対する異議申立ての権利，または著作権侵害という禁止規定に反してなされた商標登録の無効確認を請求する権利がある。これらの場合，著作権（著作者人格権および著作財産権）の侵害を理由に，登録出願の却下または登録の無効を請求するための正当な権利を有するのは，著作者自身または適法に使用許諾権を付与されたライセンシーのみである。

◆ 同一業種の関連商標

第四に，商標権取得に関する，最も重要で実効的な法改正は，同条23号に導入されている。具体的には，同号は，「他の商標との混同又は連想を生じさせるおそれがある，同一，類似又は同種の商品又は役務を識別するものであって，その商標権者が，ブラジル国内，又はブラジル国が条約を締結し，もしくは互恵待遇を保障する外国に，本拠地又は住所を有し，出願人がその事業活動において当然に知り得る商標の，全部又は一部を模倣し，又は複製した標章」については，商標として登録できないとしている。

この条文から，TRIPs協定が周知商標および著名商標の保護に留まっているのに対し，現行法（LPI）は，この範囲を超えて商標を保護するものとなっていることが判る。すなわち，現行法（LPI）は，不正行為をより効果的かつ実効的に抑止するため，立証責任の転換を定めるが，これは，同一業種の市場で活動する事業者が関連商標の存在を知らずにいることはありえない，という前提に立っている。とりわけ，ブラジルの制度は，利害関係人（この場合，当該分野の事業者）によって，あたり前のように，瞬時のうちに，生み出され，そして知られることになる情報が，リアル・タイムで流通する近代的な通信手段に，より良く適応しているためといえよう。

2 商標登録を出願するための要件

◆ 出願人となることができる者

現行法（LPI）は，その128条本文において，「自然人又は公法上もしくは私法上の法人は，商標登録を出願することができる。」とし，さらに同条補項１で「私法上の法人は，自ら，又は直接もしくは間接的に支配権を有している会社を通じて，実効的かつ適法に実施している事業活動に係る商標登録のみを出願することができ，この要件については，願書に記載しなければならなず，これに反する場合，法律上の制裁を課す。」と定めている。

ブラジルにおける商標登録の要件であるこの条項を遵守しない場合，行政手続のみならず司法手続においても，出願書類の保管処分または登録の無効という法的効果が生じる。

この条項に関しては，次の2点について注意すべきである。

a） 支配権を有する会社または「持株会社」は，直接または間接的に支配している会社を介して経済活動を行っている場合を含め，ブラジルにおいて商標権者となることができる。これにより，特定の経済グループに属する企業が使用または戦略的に利用する知的財産権が，その経済グループの持株会社の無体財産の一部を形成する。そしてそれは，ブラジルの立法者が，被支配会社（子会社）に対する実効的支配権を行使し，かつ，維持するための追加的手段を，その支配会社や持株会社に付与することを認めたことを意味する。

b） 長年の議論の対象となってきた自然人を商標権者とするか否かの問題が，これを肯定することで解決された点である。

加えて，同条が定める登録要件に関して，以下の2点について述べておく。

a）「証明商標の登録は，証明される商品又は役務において直接の商業的又は工業的利害をもたない者のみが出願することができる」ことを要件とする定めがあり（補項3），これによって，証明の対象となる商品または役務に利害を有する会社に対する当該商標の効力が保証されている。

b） 優先権の主張の場合であっても，商標登録出願の諸規定が適用される（補項4），とする点である。

◆ 外国居住出願人

128条補項1に戻ると，同項は，外国に居住する出願人の書類または宣誓書の提出を一つの要件としている。同項に定められている「実効的かつ適法に実施している経済活動」とは，当該出願人がその経済活動を実施するための資格を有する者でなければならないことを意味する。すなわち，定款の事業目的の条項において，登録出願の対象である商品の生産・販売または役務の提供を目的として，当該出願人が設立された旨が記載されていなくてはならない。

現行法（LPI）が要件とする出願の方式は，外国居住出願人である企業の宣誓供述書（ここでは，公証役場および総領事館の認証を必要としない宣誓供述書［affidavit］をいう。）または商業登記所もしくはこれに代わる機関に登録された設立行為証書の謄本の添付によって，適法にそれを満たすことができる。そのため，出願する企業は，商業登記所またはこれに代わる機関に登録されている証書どおりの事業目的を願書に記載しなければならない。

3 著名商標および周知商標

◆ 著名商標

現行法（LPI）が，あらゆる事業分野にわたって商標を保護していることから，著名商標に特別な保護はしないとの原則は改正されていない。ただし，それまで使用されていた，「有名商標」［Marca Notória］（1971 年旧法 67 条）という文言は，誤解を招きやすいとして，国際的に承認されている「著名商標」［Marca de Alto Renome］（現行法（LPI）125 条）という文言に改められた。

他方，手続の点では，現行法（LPI）は，登録手続の際に要求されていた，INPI による著名商標であることの事前の確認およびその旨の表明の手続を廃止した。この手続は，例えば，第三者の登録出願に対する異議申立て（158 条），または商標登録に対する PAN の請求（168 条）の際にのみ，付随的に行うものとし，独立の手続としては，著名商標であることの確認を求めるためだけとして，このような請求をすることは禁止された。もっとも，司法手続においては，いつでも確認を求めることができるが，そのための適切な機会としては，例えば，INPI が正規に行った登録に対する無効確認の訴えを提起するときが挙げられる。

著名商標の確認は，客観的なものであるようにも見えるが，その審査においては内在する主観的な要素を排除することは不可能である。そのため，INPI は，３名の技術専門官で構成される特別委員会を設置し，著名商標の確認の申立てにおいて，様々な審査条件をより客観的なものとすることを必要とした。

なお，商標が著名であると認められた場合，INPIは，その旨および著名商標としての5年の有効期間を記録し，商標権者には，この期間中の新たな証明が免除される。

商標の著名性の否認についても，同様の手続により，すなわち，付随的に行なわれる。例えば，著名登録であることの援用を基礎とした，第三者の登録出願に対する異議申立て，または商標登録に対するPANの請求がなされた場合，著名商標であると認められることを求めている商標権者の原登録によって保護される，商品または役務とまったく類似性がない商品または役務に対しても，これは，他の商標登録にとって妨害要素であるとは判断されない。この場合，異議申立てまたはPANは，本案とはならない。これは，申し立てられた商標の障害事由の表明または法的無効の正当化による著名商標確認の申立てを却下することに相当する。

現行法（LPI）は，その196条において，1971年旧法の規定を踏襲し，商標偽造に対する罰則として，「変造，複製又は模倣された商標が，著名，周知，証明又は団体商標である場合」，その刑の三分の一ないし半分が加重される，と定めている。

◆ 周知商標

以上，著名商標について述べたが，パリ条約6条の2(1)が定める「周知商標」［Marca Notoriamente Conhecida］に関しても，ここで，いくつかの点について述べておきたい。

現行法（LPI）は，周知商標を規定するに当たり，特別に権利保護の範囲を拡張している。これは，ブラジルがパリ条約およびTRIPs協定の加盟国であり，これらの国際法がすでに国内法に組み入れられ，かつ，公布されていることを考慮して，パリ条約6条の2(1)がもともと定めている条項内容を含めて，国内法化しているからである。

事実，現行法（LPI）は，「当該事業分野において周知されている商標は，工業所有権の保護に関するパリ条約第6条の2(1)の規定に基づき，ブラジル国において事前に出願又は登録されているか否かにかかわらず，特別の保護を受ける。」と定めている（126条）。

立法者は，明らかに，国内法として明文化して受け容れることによって，ブラジルにおけるパリ条約の国内法上の効力に関する，長年の議論を終結させせようとしていた。

手続面においては，周知商標の場合も，先述の著名商標の場合と同様の規定が適用される。すなわち，その審査は，周知商標の明白な侵害に対する異議申立て，またはPANの請求の場合にのみ，付随的に行なわれる。

4 登録の権利，保護，存続期間および消滅

◆ 登録主義

現行法（LPI）129条は，「商標権は，本法の規定に従い，有効になされた登録に基づいて取得し，商標権者には，国内全域においてその排他的使用権を保障」すると定めている。この規定により，ブラジルにおける商標権取得制度が，例えば，米国その他の数か国で採用されている使用主義とは異なり　登録主義を採っていることは明らかである。

一部の学説には，ブラジルの商標権取得制度は，混成主義を採っていると言うべきである，という「誤った」見解がある。これは，129条補項1が「優先権の主張の日又は出願の日に，ブラジル国内において少なくとも6か月間にわたって，同一，類似又は同種の商品又は役務を識別し，又は証明するために，同一又は類似の商標を使用していた，すべての善意の者は，先使用者として優先的に登録を出願することができる。」と規定していることを根拠にしている。その効果として，この「先使用権」により，正規の登録出願に先立って商標が使用されていたことが認められた場合，ある特定の条件の下では，当該出願に対する異議を主張する根拠となり得ることを保証している。したがって，先使用者に対するものを含め，いかなる標章の場合についても登録主義は排除されておらず，先使用者の商標権も，適法に登録出願を行ったときにのみ保護される。加えて，先使用を理由とした権利主張が適法と認められるのは同時出願の場合のみである，との理解が通説となっている。

◆ 商標権の内容

また，130条は，商標権の内容として，「商標登録又は登録出願移転。」

(1号),「使用の許諾。」(2号),「商標の物理的一体性又は信用の保持。」(3号）という三つの権利を列挙している。

興味深いことに，1971年旧法は，出願人の権利についてなんら配慮しておらず，商標の物理的な全体的形状または信用を保持しようとする商標権者または出願人の法律上の権利を想定していなかった。INPIにおける登録手続は平均的に非常に長い期間を要してきたが，登録されるかどうかは単なる「期待権」を表象するもの，つまり，なんの権利でもない，という理由から，残念ながら，商標登録出願人は，この長い期間になにも措置を講じることができなかった。幸い，こうした法の欠缺は改正され，出願人が権利を取得する前も含め，出願中の商標を希薄化する作用から，商標登録出願を保護する範囲を拡張する立法がなされた。

上記現行法（LPI）130条の規定により，商標権者は，その商標権を譲渡し，またはその使用を許諾することができる。もっとも，135条は，「移転は，同一，類似又は同種の商品又は役務に関し，譲渡人名義において登録又は出願された同一又は類似の商標のすべてを包含しなければならず，これに反する場合，移転されなかった商標は，登録が取り消され，又はその出願書類が保管処分に付される」と定める。この規定は，同一の事業に携わる二名の異なる商標権者の間において，同一商標の共存が不可能であることを反映したものである。なぜなら，共存が認められた場合，商品または役務の出所に関し，消費者を混同させ，判断を誤らせ，その正しい識別を不可能にするだけでなく，不正競争を助長する，と考えられるからである。

また，商標権者または出願人は，無償または有償で，商標の使用を許諾することができる。しかし，この点については，技術移転契約，特許実施許諾契約および商標使用許諾契約の検討と，ロイヤリティの名目で行われる支払への課税の問題を取り上げる際に述べたい。

同様に，商標権者に付与される諸権利に関して，その消尽（並行輸入）の問題も，ここで取り上げるべきであるが，特許の場合の問題と併せて別に説明する（→本章第6節）。

◆ 存 続 期 間

存続期間については，ブラジルにおける商標登録は，商標権が付与された日から10年の期間で有効であり，同一期間での更新の登録を繰返すことが可能である（133条本文）。更新登録の申請は，当該登録の存続期間の最終年に行う必要がある。ただし，パリ条約５条の２は，割増登録料の納付により，存続期間経過後の６か月間に更新登録の申請を行うことができる，と定めている。INPIは，この割増分を50％に定めている。

更新登録の申請における方式の要件は，商標権の設定の登録出願のものと同じである。商標権者は，商標権の設定の登録で指定した商品または役務に関する経済活動を行うための資格を，実効的かつ適法に維持していなければならない。すなわち，更新手続の当事者である企業が，商標登録によって保護された商品の生産または役務の提供をその事業目的から削除した場合，登録で指定した商品または役務のために当該商標を使用するための適格性を失い，更新登録の申請をすることができなくなる。この要件の具備を証明する書類は，外国企業が商標権設定の登録を出願する場合の要件に関して説明したように，会社の「事業目的」を記載した公式文書または同等の書類である（→53ページ）。更新登録の申請が支配会社または持株会社によって行われる場合にもこの規定が適用される。

◆ 登録の消滅

更新登録を行わないことは，商標権の消滅事由の一つとなっていることに注意が必要である。その他の消滅事由としては，商標によって識別される商品または役務の一部または全部に関する権利の放棄，登録の取消しおよび同法217条の規定に反する場合がある（142条）。

権利の放棄（同条２号）についてはコメントの必要はないと思われるが，工業所有権者は，一方的かつ理由の表明なしに，当該権利を放棄することができる。INPIは，ただ単に，手続の適法性，特に行為者の権利に関するそれが遵守されたか否かを確認し，消滅の登録を行う。

他方，取消しによる商標権の消滅（同条３号）は，原則として，次の三つの場合に生じる（143条本文）。

a）　商標権付与後の5年間に，商標の使用が開始されなかった場合。

b）　商標の使用が5年以上にわたって中断されている場合。

c）　商標権付与後の5年間に，登録証明書に記載された本来の識別性を変更する改変を伴って商標が使用された場合。

1971年旧法は，商標不使用の事由として，「不可抗力」[força maior] と立証される事実の発生のみを認めていた。この「不可抗力」は，ブラジルにおいては，民法典によって規定されており，通常，「神の仕業」[Atos de Deus] と呼ばれる，やむを得ない事情を指す。現行法（LPI）の立法担当者は，これに関して，法的な例外規定として狭きに失するものと考え，パリ条約5条に着想を得て，商標不使用を「正当な事由」[razões legítmas] によって立証される範囲にまで拡大した（143条補項1）。これにより，商標不使用の概念が現実の商取引の世界とよく調和するものとなり，商標使用の証明，ひいては登録維持のための，技巧的な策が弄されなくなることが期待される。

取消しの場合，いつ商標権が消滅するかという問題に関して学説の見解は一致していないが，私見としては，公式かつ最終的にそれが宣言された日に商標権が消滅すると考える。すなわち，不使用による商標権の消滅には遡及的効力はなく，商標権がその存在と有効性を失った日に消滅する，という解釈をとる。いずれの解釈をとるかによって，例えば，損害賠償請求訴訟の審理において大きく影響することになる。

商標登録の根拠となった当該標章の識別上の特徴が守られずに商標が使用されるケース（143条本文1号後段）については，例えば，混合表示における標章上の特徴とは何か，という論点について考察を行うべきであろうが，短い本書で記載するのは適切ではないと考える。加えて，学説に基づいた考察は，現実に発生している，より重要なケースの説明には十分ではない。すなわち，商標の特徴およびその実際の使用形態に照らして，ケースごとに審査しなければならないと考える。

◆ 外国居住者が代理人選任を欠く場合

最後の要件である「217条の違反」の場合の登録の消滅（142条4号）に

ついてであるが，217条は，「外国に住所を有する者は，適格性を有し，ブラジル国内に住所を有する者を，呼出しを受ける場合を含め，行政及び訴訟において代理する者として選任していなければならない。」と定めている。

上記の規定はすでに1971年旧法に含まれていたが，現行法（LPI）も，呼出状の受理を含め，ブラジルの行政府および裁判所において，外国に住所を有する商標権者を代理するための権限が付与され，適格性を有し，かつ，ブラジルに住所をもつ代理人の選任を義務付けている。この場合の呼出状は，当然，工業所有権に関連した訴えに関するもののみを指している。

上記217条の規定は，被告となるべき者が外国に住所を有する場合の，複雑かつ緩慢な，嘱託書を通じた呼出手続を回避することを趣旨としている。

敷衍すると，ブラジルに住所をもつ代理人の選任は任意的なものではない。したがって，すべての行為が，直接，工業所有権者によって行われた場合においても，当事者には，上記217条の規定に従って，代理人を選任する義務があり，これに反する場合，商標権の放棄を表明した，とみなされる。また，呼出状の受理を含む，工業所有権に関する諸権限の不存在を確認した場合，INPIは，職権により登録の消滅を宣言する。また，上記権限の不存在が設定の登録前に，すなわち，登録出願もしくは出願手続中に確認された場合も，第三者の異議を必要とせず，INPIは，職権により出願書類を保管処分に付す。

5 フローチャート

商標登録の手続については，次の５通りのフローチャートを示し，それに従って簡単に説明することとする。それらの５通りのフローチャートには，登録手続において発生しうるあらゆるケースが反映されている。(I)から(IV)までのフローチャートでは，ケースごとに要請される事項の詳細を述べたが，最後のフロー・チャート(V)はそれらを要約したものである。

なお，本文の丸囲みの数字は，フローチャート内の丸囲みの数字に対応している。

◆ フローチャート(I)－手続上の支障が発生しない場合の登録手続

①　手続の第一歩は，INPI（本部または各州支部）において，願書を提出することである。願書とともに，以下の書類を提出する（155条）。

a）　願書－INPIの記載要領に従って記入する。

b）　図面－混合商標，図形商標または立体商標の場合に必要である。

c）　出願料の納付証明書。

②　出願があったときは，まず，方式の先決審査［exame formal preliminar］を行う（156条）。このケースは，方式に関する審査において何らの不備も見出されない，出願の要件を適法に充たしている場合であるから，方式審査後，出願の公告が行われる。

③　利害関係人すべての周知のために登録出願が公告され，この公告の日から，正当な利害関係を有する第三者による異議申立てのための60日の期間が始まる（158条本文）。

④　第三者の異議申立てがなく，出願商標が登録のための要件を充たし，かつ，絶対的もしくは相対的な不登録事由（先に出願された，またはすで

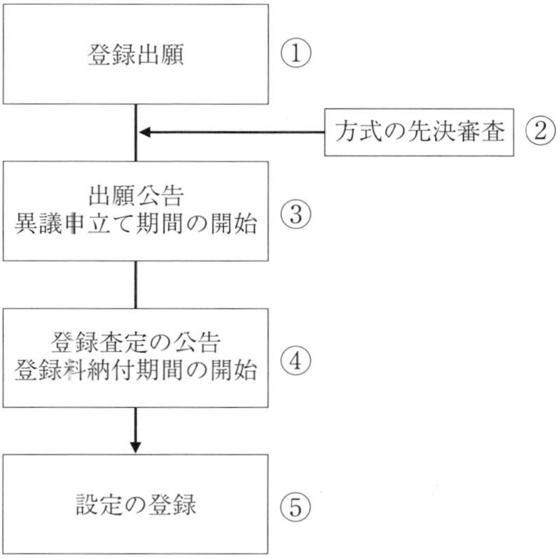

フローチャート3－(I)　手続上の支障が発生しない場合

に登録された商標との衝突）に該当していない場合，出願につき，登録すべき旨の査定がされ（160条），その旨の公告が行われる。

なお，この公告の日から60日以内に，第１期10か年の保護および登録証明書交付のための登録料を納付する必要がある（162条本文）。現行法（LPI）は，通常の納付期間の後に，30日の追加期間を認めているが，その場合，割増登録料を納付しなければならない（162条補項）。INPIは，その割増分を50％と規定している。

⑤　登録料の納付が確認された後，設定の登録が公告される。この公告日から，PANの請求のための180日の期間，および無効確認の訴えのための５年の期間が起算される（169条，174条）。この期間に，行政手続および司法手続を通じて登録の無効を主張することができる。司法手続の管轄は連邦裁判所である。

◈ フローチャート(Ⅱ)－補正命令を伴った手続

このフローチャートは，出願が方式審査を通過し，その旨の公告がされ，これに対し，第三者が異議申立てを行うケースを想定している。第三者による異議申立ての期間が経過した場合，または，第三者の異議申立てがなされたが，これに対する出願人の意見陳述の期間が経過した場合においては，出願の実体審査に移り，技術面の審査が行なわれる。

①　実体審査の結果，何らかの訂正または追加情報の提出が指摘されることがある。これは補正命令の形で出される。

②　現行法（LPI）159条本文の規定に従い，出願人は，補正命令の公告日から60日以内に，これを履行するか，または補正命令の方式に反論することができる。

補正命令の履行または方式への反論によって，２通りの結果となり得る。

③　出願人が，60日以内に，補正命令を履行せず，反論もしない場合，出願書類は，終局的保管処分に付され，行政手続は終了する（159条補項１）。

④　補正命令に応じた場合，または受け入れられる，もしくは説得的な

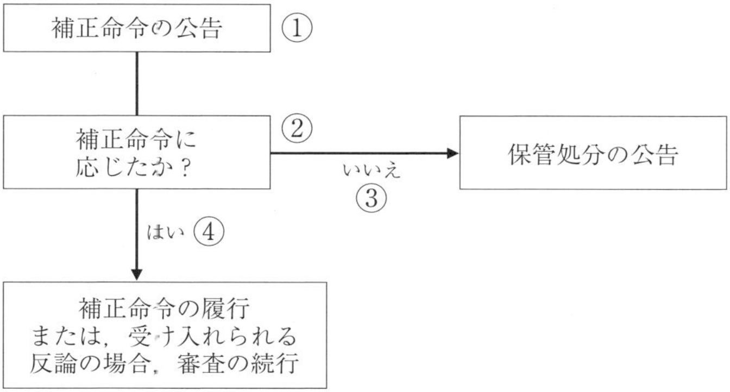

フローチャート3－(Ⅱ)　補正命令を伴う場合

方法で反論した場合，審査は続行され，審査官は実体審査，すなわち，標章が商標として登録可能か否かの審査に移る（159条補項2）。この段階においては，相対的不登録事由である先願の有無，および絶対的不登録事由である公序良俗違反の有無を調査した後，出願につき，登録すべき旨又は拒絶すべき旨の査定をする（160条）。

◆ フローチャート(Ⅲ)－異議申立てを伴った手続

①　このフローチャートは，出願が公告された後，それに対する異議申立て（場合によっては複数の異議申立て）があったケースを想定している。INPIは，この場合，異議申立ての公告を行う（158条本文）。

①a　出願人は，158条補項1に基づき，上記公告の日から60日以内に，意見を申し出ることができる。

②　フローチャート(Ⅱ)で説明したように，必要であれば，審査官はこの段階で補正命令を出す（159条本文）。補正命令に応じた場合でも，または反論した場合でも，審査は続行する（159条補項2）。審査官は，異議申立てに根拠が有るか否かを表明する義務を有する。

③　異議申立てに根拠ありと結論した場合，審査官には2通りの選択肢がある。

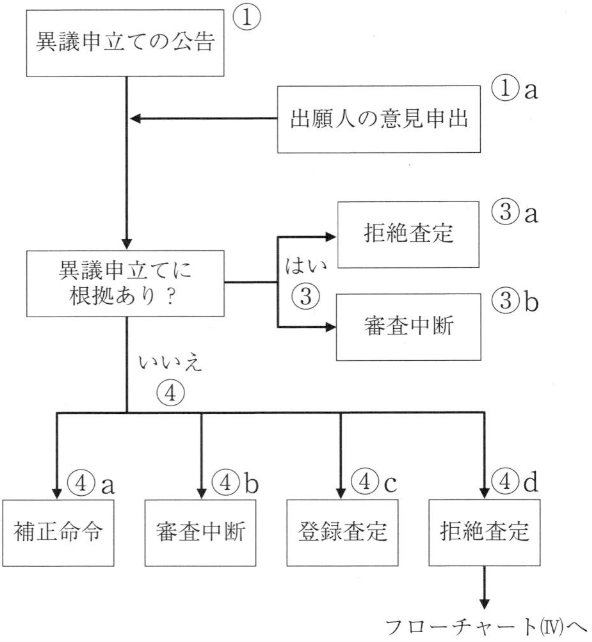

フローチャート３－(Ⅲ)　異議申立てを伴う場合

③a　異議申立人によって提示された理由，または出願を拒絶すべき他の法的理由に基づいて，登録出願について拒絶すべき旨の査定をする。

③b　競合する先行手続が，先願であっても，いまだ審査中であり，登録がなされていない場合，またはPANが係属し，もしくは，実効的使用の調査対象（失効請求手続）となり，まだ終局的な結論が出されていない場合においては，審査は中断する。同様に，出願または登録の有効性が，直接または間接的に関連し，審査中の商標の登録の障害となる事由が司法手続きにおいて争われている場合も，必要的に審査は中断する。

④　他の一つは，異議申立てに根拠なし，と審査官が判断する場合である。

その場合，決定は，通常，以下のいずれかになる。

④a　必要な場合，補正命令。

④b　上記理由のいずれかに該当する場合，審査の中断。

④c　出願について登録すべき旨の査定。この場合，公告の日から60日以内に，第1期10か年の権利保護および登録証明書交付のための登録料を納付する（フロー・チャート(I)で述べたように30日の追加期間がある。)。

④d　もっとも，他にも発生しうる（しかもそれほど稀ではない）ケースがある。すなわち，上記の異議申立てにおいて主張された理由以外の理由に基づいて，審査官が出願について拒絶の査定をする場合である。その場合，拒絶の査定に対して不服申立てをした場合の，次のフローチャート(IV)の流れに従って手続きが進むことになる。

◆ フローチャート(IV)－拒絶の査定・INPI長官に対する審判請求

本フローチャートは，INPI商標局によって，出願に対して拒絶すべき旨の査定がされた場合の手順を示している。

①　拒絶の査定を不服とする出願当事者は，登録可否の審査につき最終決定権を有するINPI長官に対し，不服申立てとして審判請求をすることができる（212条本文，補項3)。

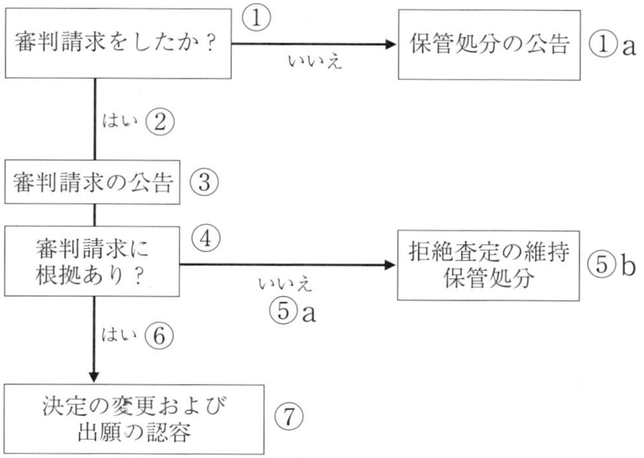

フローチャート3－(IV)　拒絶の査定・審判請求

①a　すでに説明したのと同様に，不服申立てをしない場合，出願書類は，終局的保管処分に付され，行政手続はこの段階で終了する。

②　本フローチャートは，第一次段階での査定に不服があるとして，再度審査を請求する目的で，出願人が審判請求をしたケースを想定している。この審判請求が完全な停止的効力および移審的効力を伴って受理されることに注意が必要である（212条補項1）。すなわち，審判請求により，その対象である第一次段階での査定に効力は発生せず，審判請求を明示的に取り下げる場合を除き，出願人が司法手段に訴えることはできなくなる。

③　審判請求が公告される。これは，(i)当該審判請求を周知させる，と同時に，(ii)公告の日から60日以内に，当該審判請求に対し反論が行えることを，利害関係人に告知すること（213条参照）を目的としている。

④　適法かつ方式に従って手続がとられた後，審判請求の妥当性に関して，INPI長官が審決を下す（212条補項3）。

⑤aおよび⑤b

審判請求に根拠なし，と判断された場合，第二次段階における第一次段階の査定（INPI商標局の査定）の追認，つまり，拒絶の査定が維持される。

この場合，INPI長官の審決に対する不服申立てが認められないことから，手続は，保管処分に付され，行政手続は終了する（212条補項3，215条）。そのため，なおも争う場合，拒絶の査定をされた出願人は，司法手段を通じて，改めて問題解決を図ることになる。

⑥　しかし，INPI長官が審判請求に根拠あり，すなわち，商標局の査定に誤りがあった，と審決することもある。

⑦　その場合，第一次段階の査定が見直され，商標登録をすべき旨の審決をする（審決前に，審判請求担当の審査官が補正命令を出すことは理論的にはあり得るが，稀にしか行われない。）。当該審決の公告の日から60日以内に，第1期10か年の権利保護および登録証明書交付のための登録料を納付する。なお，通常の納付期間の後に，通常より高額の割増登録料納付のために，30日の追加期間が自動的に付与されることに注意すべきである。

もっとも，権利を制限または限定して登録すべき旨の査定がされた場合（例えば，商標の一部における専用権の排除），この商標登録の査定が，実質上，一部の拒絶に相当することから，これに対する審判請求が認められている。この種の査定は，混合商標において発生することが多く，商標の文字部分または図形部分の一部または全体が制限または限定されて商標登録の査定がされることがある。しかし，この種の制限または限定の排除は，INPI 長官に対する審判請求において審査され，審決がなされる。これは，一部の拒絶の再審査または確認により，本案事項となり，具体的な争点について，行政上の最終的かつ確定的解釈を示すものである。

◆ フローチャート(V)－商標登録・PAN の請求

フローチャート(V)は，現行法（LPI）に従って行われる商標登録の全手順をまとめて記述したものである。しかし，登録に至るまでのあらゆるケースがすでに(I)から(IV)までのフローチャートで説明されていることから，ここでは，商標局による登録までの手続に関しては簡単な説明に留め，無効の行政審判（PAN）が請求された場合（後述⑦）の手続について詳

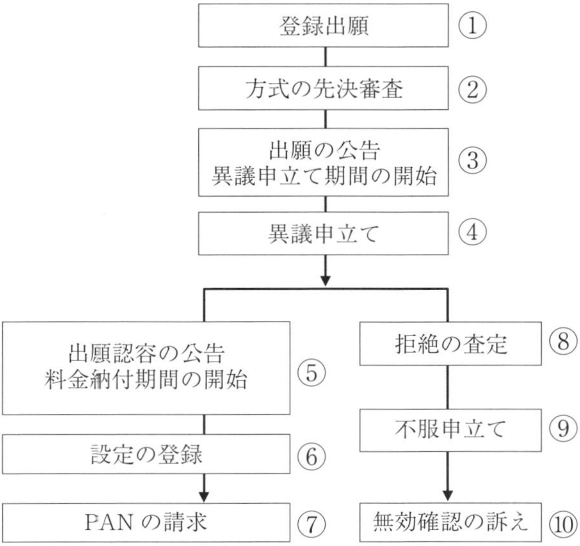

フローチャート3－(V)　商標登録・PAN の請求

述する。

①　商標登録の手続が願書の提出で始まることを示している（155条参照）。

②　INPI本部または各州支部において願書の提出があると，直ちに方式の先決審査が行われ，必要書類の不足または書類上の誤り等が指摘されることがある（156条）。その場合，補正期間として5日間が与えられるが，この期間において当該出願が優先されることは，受理証によって保証される（157条本文）。そのため，方式審査において指摘された不備を補正し，要件を充たした書類を改めて提出した時に出願が正式に受理され，方式上の誤り（書類の不足，署名漏れ，登録料納付における金額の間違い等）が指摘された時に交付された上記受理証に記載されている日時で，最終的な手続番号が付される。

③　出願に対する異議申立ての期間が開始することを正当な利害関係を有する第三者に知らせるために，出願の公告が行なわれる（158条本文）。

④　異議申立てをすることができる（フローチャート(Ⅲ)参照）。

⑤　登録すべき旨の査定およびそれに伴う登録料納付のための期間の開始を知らせる公告が行われる（162条本文参照）。

⑥　登録料が適正に納付された場合，登録がなされ，その旨が公告される（163条参照）。

⑦　登録の公告日から起算される180日間は，PANの請求が可能である（169条）。これまで，(Ⅰ)から(Ⅳ)までのフローチャートで，商標局における手続について説明してきたが，INPI長官が判断を行う手続であるPANについては，次の諸点の説明が必要であろう。

a）　拒絶の査定に対する審査請求は認められているが，第三者の登録出願が登録すべきものとされた場合の不服申立てに，この手段を用いることは認められない（212条補項2）。

b）　しかし，現行法（LPI）は，二審級による査定を可能にするために，上記の期間にPANを請求し，それによって，正当な利害関係を有する第三者が，第二次段階の審査として，登録の査定に対する不服申立てを行うことができる旨を規定している（169条）。

c） 商標権者および正当な利害関係を有する第三者は，PAN請求の公告後60日以内に，意見の申出を通じて反論することができる（170条参照）。

d） この60日の期間が経過した後，登録すべきか否かは，INPI長官の判断に委ねられる。その審決は以下のいずれかになる。

1－登録すべき旨の査定が維持され，その法的効力が継続する。

2－登録すべき旨の査定の全部または一部の無効が宣言される。

INPI長官により言渡された審決に対しては，その内容のいかんを問わず，不服申立ては認められず，この段階で行政手続は終了する（171条参照）。利害関係を有する第三者には，登録すべき旨の査定の公告日から5年以内に，連邦裁判所において，行政段階の決定の正当性を問う権利がある（174条参照）。

なお，PANの対象となった登録が何らかの理由ですでに消除された場合も，当該PAN手続は続行する（172条）が，それは，登録までの全決定にその効力が波及し，そのことが賠償その他登録の無効によって生じる結果に影響するためである。

⑧ 拒絶の査定のケースについては，すでにフローチャート(Ⅳ)で説明した。

⑨ INPI長官への不服の審判請求より，商標局の拒絶の査定に対し登録出願人は，不服申立てができる（212条）。その手続の説明はフローチャート(Ⅳ)で行った。

第５節　技術移転その他

1 概　　説

知的財産権は，法律の明文によって禁止されている権利を除き，原則として，自由に使用することができる。知的財産権の自由な使用を認める一般原則の例外としては，「著作者人格権は，譲渡及び放棄をすることができない。」と定める現行著作権法27条が挙げられる。

そして，工業所有権は，通常，その自由な使用が権利者に認められ，それゆえ，上記の制約を受けず，あらゆる名目の使用許諾，譲渡等の対象になる。

以下の各項では，有償による使用または実施の許諾および譲渡に関して，ブラジルの法律によって認められている一般的な方式について述べる。なお，無償による使用等の許諾または譲渡，すなわち，譲受人または被許諾者との支配関係または資本参加の有無にかかわらず，ブラジルに本拠を置く企業から外国に本拠を置く企業への支払を生じないものについては，自由に行うことができる。

しかし，取引は，通常，その両当事者にコストを負担させるものである。そこで，次項以下では，知的財産権の使用等の許諾または譲渡に関する有償取引に生じる，納税を含む法的諸問題に関して検討する。

2 技術移転 ― 現行法の内容

◆ 外国の会社へのロイヤリティの支払い等の解禁と損金算入

これは本書が第一に目的とするところではないが，技術移転その他の知的財産権の使用許諾および譲渡の形をとる取引について，近年ブラジルが現に実施してきた法制度の中で，もっとも重要な画期となる改正については述べておかなければならないであろう。この法改正は，いまだフェルナンド・コロル大統領任期中であった，1991年末に，まさに行われた。当時，ブラジルでは，経済開放を促進することが，最も重要で達成すべきことであるとされていた。工業，商業，そしてサービスといった，すべての産業分野で開放が進み，工業所有権の領域，なかでも技術移転の分野において開放を達成した。

実際，コロル大統領主導の下で可決された 1991 年 12 月 30 日付法律第 8383 号は，以下のように定めている。

第 50 条 － 1964 年 11 月 30 日付法律第 4506 号第 52 条補項-b 号及び同法第 71 条補項-e 号 2 項に定める費用は，1991 年 12 月 31 日経過後に締結され，かつ，INPI 及びブラジル中央銀行における登録がされた契約から生じる場合，現行法令で定める上限及び要件の範囲内で，実質利益の計算において，損金として算入できる。

補項 － 1962 年 9 月 3 日付法律第 4131 号第 14 条の禁止規定は，本条に規定する損金算入可能な費用には適用しない。

上記条文の立法趣旨を「解読」し，かつ，理解するために，INPI 技術移転局（現在の INPI 契約地理表示登録局）へ提出された，ある照会に対する公式回答を以下に引用する。

1.1 － 1991 年法律第 8383 号の公布に伴い，ブラジルの子会社から，それを直接または間接的に支配する外国の会社に支払われる，特許の実施及び商標の使用に対するロイヤリティ並びに技術的科学的支援に対する報酬は，それぞれの契約が 1991 年 12 月 31 日経過後に締結され，かつ，INPI において登録されている場合に限り，現行法令で定める限度内で，実質利益に損金算入することが可能となった。

1.2 － 1991 年法律第 8383 号第 50 条補項は，損金とみなされた支払金額には，1962 年法律第 4131 号第 14 条の禁止規定が適用しない，と定め，当該第 14 条の禁止規定の一部を無効とした。

したがって，1991 年法律第 8383 号の公布後，子会社・親会社間の技術移転に関する送金が許可されることになったが，その損金算入は，定められた限度内においてのみ認められる。他方，税控除額は，1958 年大蔵省省令第 436 号が定め，1962 年法律第 4131 号第 12 条が立法化した上限までとする。

> なお，INPIにおける契約の登録またはこれに関する付記登録は，以下の目的，すなわち，第三者に対する効力を生じさせるため（1996年法律第9279号），外国送金を適法に行うため（1962年法律第4131号並びにブラジル中央銀行の1998年回状第2816号および1998年回状第2795号），および技術移転に伴う諸費用の税控除を許可するため（1964年法律第4506号，1991年法律第8383号，1999年大統領令第3000号および2000年税制統括局決定第9号）に必要である。

もっとも，この1991年改正以前の旧法が定めていた支払の制限は，本社から在外支店に技術が直接提供される場合においては，従前どおり適用される。ただし，ブラジルにおいて，このような本社・在外支店という企業形態は，実務上採用されておらず，現在では，子会社または従属会社の設置という方法が採られていることから，もっぱら1991年改正法が適用されると考えてよい。

◈ 現行法（LPI）における技術移転契約等の登録

現行法（LPI）は，「INPIは，第三者に対する効力を生じさせるために，技術移転を含む契約，フランチャイズ契約，その他同種の契約につき，その登録を行う。」と定めている（211条）。

この規定により，技術移転を規制するINPIの権限は制限された。技術移転の便宜性および適時性に関して，契約に介入する特権をINPIから剥奪する結果となったのである。しかし，契約の登録またはこれに関する付記登録によって，連邦国税庁（税務），ブラジル中央銀行（為替）およびその他すべての利害関係者を含む第三者に対し，INPIの公式メディアであるRPIに掲載されることになるから，これら第三者は，当該契約について不知という主張はできないことになる。このもう一つの重要な権限は，依然としてINPIに残されているのである。

以上を要約すれば，技術移転契約並びに他の知的財産権の譲渡もしくは使用許諾に関する契約の分野においては，1992年以降，契約当事者の自由意思を尊重するという原則が優先されている，ということができる。

❸ 契約の種類

◆ 現行法（LPI）における技術移転等の契約

INPIは，技術移転に係る契約の登録またはこれに関する付記登録を行うが，現行法（LPI）が規定している関連契約としては以下のものがある。

ａ） 特許実施許諾契約［Contratos de Licença de Exploração de Patente-LEP］（61条）

ｂ） 意匠実施許諾契約［Contratos de Licença de Exploração de Desenho Industrial-LEDI］（121条，61条）

ｃ） 商標使用許諾契約［Contratos de Licença de Uso de Marca-LUM］（139条）

ｄ） 技術提供契約［Contratos de Fornecimento de Tecnologia-FT］（211条）

ｅ） 技術・科学支援役務提供契約［Contratos de Prestação de Serviços de Assistência Técnica-SAT］（211条）

ｆ） フランチャイズ契約［Contratos de Franquia-CF］（211条）

これらのうち，d)技術提供契約（FT）が，特許のない技術，すなわち，ノウハウや商工業上の秘密と呼ばれるような一般的に利用される技術の知識に関係するものであるということが重要である。この種の技術的な知識は，e）技術・科学支援役務提供契約（SAT）を通じて取得することもできるが，両契約の基本的な相違は報酬方式にあり，後者の場合，契約に定める業務において，現に行われ，かつ，立証された技術者の人員数および就労時間に基づいて報酬の計算が行われることを前提としている。

◆ INPIにおける登録

もっとも，上記の契約は，すべて，INPIにおける登録を必要とするが，これは，現行の税法および外国為替管理法に基づき，契約において指定された支払金額（この金額を控除した実質利益に，所得税および社会保障負担金が課せられる）の国外送金を可能にするためであることに注意が必要である。

INPIが契約内容へ介入する際に，いかなる有効で実質的な権限を有するかという議論については，いまだ決定的な結論を見ていないところであるが，これとは別に，INPIは，技術移転，またはこれに類する，もしくは関連した案件を，直接または間接的に取扱う契約につき，そのすべてを登録する権限および義務を有することは明らかである（211条本文）。

INPI契約地理表示登録局（従前の技術移転局［DIRTEC］）は技術移転を含まないことから登録不要としている契約を明らかにしている。それによれば，登録不要な契約は，以下に列挙する分野のうち，少なくとも一つを目的とするものである。

a）　運送業務を含む，購買代理業務。

b）　製品加工。

c）　品質の承認および証明。

d）　金融，商事　法律，競売，経済予測，マーケティングにおけるコンサルタント業務。

e）　技術者の来伯なしに，ヘルプデスクを通じて行う，ソフトウェアの保守サービス。

f）　ソースコードに関する提供がなく，ソフトウェアのシングルコピー方式によることがなく，かつ，ソフトウェアの供給がない，ソフトウェアの使用許諾。

しかし，INPIに登録する必要がないこの種の契約も，実際には，登録できないこと，または登録の必要がないことについてINPIが公式に意見を出すことになっているために，INPIの審査に供される。INPIの回答は，通常，以下のような文言で出される。

> ＿＿年＿＿月＿＿日に本院に提出された問合せに関して，＿＿＿と締結した＿＿契約は，1996年法律第9279号第211条が規定する技術移転を含まないため　本院における登録を必要としない旨を通知する。

このような回答に基づき，役務の譲受人であるブラジルの企業は，外国為替公認銀行において，INPIが交付した回答書に基づいて，中央銀行が許可した，契約書またはインボイスに記載されている金額を送金する。

さらに，以上の他に，著作権の譲渡・使用許諾やソフトウェアの使用許諾の契約締結の可能性に関する考察が必要であるが，それについては，それぞれの項でコメントする。

4 国外所在企業への支払いの制限

◆ 1958年大蔵省令第436号

すでに述べたように，1992年以降，知的財産権の権利者には，種類を問わず，その権利の使用許諾または譲渡に対する対価を得ることが認められているが，その場合，技術の取得者または権利の被許諾者もしくは譲受人が，国外に本拠を置く企業の従属会社であるか否かは問わない。上記旧法において規定されていた禁止条項は，すでに述べたように，本社に対して支社の関係にある企業の場合にのみ，その法的効力を有する。

しかし，ブラジルの法律は，あらゆる性質のロイヤリティの支払から生じる費用を，損金として計上できる上限の定めを維持するとともに，国外送金目的に応じた同様の上限を定めた。

これは，1958年大蔵省令第436号によって定められたが，それは当時施行されていた法律に基づき上限を5%とし，その上で，ブラジル経済における各分野の重要度または優先度に従って，上限を1%まで軽減させる旨を規定した。これによって最も大きな恩恵を受けたのは，1950年代の経済政策により優先された，インフラ整備，必要不可欠な原料の生産および輸入代替に関連した部門である。

その後，上記省令第436号で改正された重要な点は，情報産業部門における技術移転に適用される数値を，1994年2月1日付省令第60号により，5%に定めたことである。これは，1950年代末期という時代を考えれば当然であるが，「情報，オートメーションおよび機械関連の産業」に関する規定が欠けていたのを補うためであった。

また，商標使用許諾契約（LUM）の対価につき，認められた割合を，技術関連契約の対価に加算してはならない，と上記省令第436号が規定しており，これは現在においても有効である。上記割合は，いずれに対しても，同じ商品または役務による実際利益の1%を限度としている。

◆ フランチャイズ契約

さらに，ブラジルにおいて急増しているフランチャイズ契約の登録も

INPIの管轄である。

最近の統計によれば，ブラジルのフランチャイズ契約の数は，米国および日本に次いで，世界第3位である。ブラジルのフランチャイズ法〔1994年法律第8955号〕は，「フランチャイズは，フランチャイザーがフランチャイジーに対し，その商品又は役務の独占的もしくは半独占的な販売権，さらに場合によっては，自社が開発した，または保有する，営業システムもしくはオペレーション・システムの導入及び管理に関する技術の使用権と併せて，商標使用権又は特許実施権を与え，それに対して，雇用関係を形成することなく，直接又は間接的に報酬が支払われるシステムである」と定めている（2条）。

フランチャイジーが支払う金額の損金計上率の上限については，活発な議論があるが，これについては，2002年2月，連邦国税局が解釈的宣言行為（ADI/SRF）第2号を通じて意見表明を行った。これによれば，この種の契約の場合，それによって各ロイヤリティとして認められている損金算入上限額を，5%を超えない限り，法人所得税の課税標準を算定する際に控除することが可能である，と認められた。この上限は，1979年大統領令第1730号6条の定めにより，商工業製品の販売の総収益について計算されなければならないものとされている。

◆ 小　括

ここでは，先述したように，ブラジル企業が，税法（法人所得税の規定）により損金算入可能と認められている価額までの金員に相当する金額を，国外関連企業へ送金することができる点に注意が必要である。

もっとも，以上の規定は，いかなる結合関係もなく，5%と定められた法定の上限を超える対価を支払うことができる，ブラジル企業間の支払には適用されない。法定の上限を超える金額を支払った企業は，その結果として，その総額を損金算入することはできず，法人税および社会負担金の賦課基準の計算において，損金に当たらない費用に分類される金額として，加算しなければならないことになる。

5 技術輸入──税務および為替取引

ここでは，最近施行された，いくつかの租税等の負担に関する立法について説明する。これらは，基本的に，国外に本拠を置くまたは所在する企業と，技術または知的財産権に関する契約を締結した当事者または買い手に課せられる負担に関するものである。

◆ CIDE-TECNOLOGIA

まず，［CIDE-TECNOLOGIA］として知られるようになった「経済領域参画分担金」（以下，「CIDE」という。）の理解から始めたい。これは，2000年に制定され，2001年以降，拡大している負担金である。

この新しい負担金は，2000年法律第11168号によって導入され，2001年法律第10332号，続いて2007年法律第11452号によって改正された。現在は，以下のような規定となっている。

第1条 － 技術革新を支援するための“産学協同推進計画”を制定する。その主たる目的は，大学，研究センター及び産業界の協力による，技術・科学研究プロジェクトを通じた，ブラジルにおける技術開発の推進である。

第2条 － 前条の計画を遂行するために，経済領域への参画に関する分担金を制定する。分担金は，外国に居所又は住所を有する者との間で，使用許諾もしくは技術情報を得た法人，及び技術移転を包含する契約を締結した法人が負担する。

補項1 － 本法において，特許実施又は商標使用の許諾に関する契約，技術提供契約及び技術支援契約は，技術移転契約とみなす。

補項1のA － 本条の分担金は，コンピュータ・プログラムの使用権，販売権又は頒布権のライセンスの対価には課せられない。ただし，技術移転を伴う場合はこの限りでない。（2007年2月27日付法律第11452号により追加）

補項2 － 本条本文の分担金は，2002年1月1日以降，外国に居所又は住所を有する者により提供される，技術サービス及び管理支援等を目的とする契約を締結した法人，及び外国に居所又は住所を有する権利者に対し，名目を問わず，支払，信用供与，引渡，融資又はロイヤリティ

の送金を行った法人も負担する。(2001年12月19日付法律第10332号により改正)

補項3－ 分担金は，本条本文及び補項2に定める契約において支払義務のある対価として，外国に居所又は住所を有する者に対し，毎月，支払，信用供与，引渡，融資又は送金する金額に賦課される。(2001年12月19日付法律第10332号により改正)

補項4－ 負担率は10%とする。(2001年12月19日付法律第10332号により改正)

補項5－ 分担金の納付は，賦課事由発生の翌月の第15営業日までに行う。(2001年12月19日付法律第10332号により追加)

第2条のA－ 管理支援等の対価として，外国に，支払，信用供与，引渡，融資又は送金する金額に課せられる源泉所得税の税率は，2002年1月1日以降，15%に軽減する。(2001年12月19日付法律第10332号により追加)

政府が，CIDE施行以前に，法律の整備を用意周到に行ったことは興味深い。すなわち，暫定措置令により源泉所得税の税率を25%に引き上げた後，CIDEを公布すると，同じ公布で，当該税率を15%に戻す旨を明らかにした。CIDEの負担率は，ここで述べたように，源泉所得税がそれまで引き上げられていた10%と，正に同じである。

CIDEの施行を通じて，連邦政府は，所得税のように，徴収額の一部を州および市・郡に交付する必要のない10%の負担を，技術取得者に課したことになる。

◆ PIS/PASEP-Importação と COFINS-Importação

最近制定されたもう一つの負担は，商品および役務の輸入について，PIS/PASEP（社会統合計画および公務員財形計画）およびCOFINS（社会保険融資負担金）に支払われる社会保障金である。これらは，それぞれPIS/PASEP-Importação，COFINS-Importaçãoと呼ばれる。

政府が明らかにした基本的な考え方は，国内市場で得られた財および役務に関する商取引については，常に租税の賦課がなされてきたにもかかわらず，国外に居住する譲渡人または役務提供者から輸入された場合には，それと同様の負担が賦課されてこなかったことから，このような賦課について同等の取扱いをすべきである，というものである。

以上の考え方に沿って可決された2004年4月30日付法律第10865号は，以下のように定めている。

第1条 ― 連邦憲法第149条補項2第2号及び第195条第4号に基づき，かつ，第195条補項6の定めに従い，外国の商品及び役務の輸入に課す社会統合計画（PIS）及び公務員財形計画（PASEP）の負担金（PIS/PASEP-Importação），並びに外国財及び外国の役務の輸入者により負担される社会保険融資負担金（COFINS-Importação）を定める。

補項1 ― 本条本文がいう役務とは，外国に住所を有する自然人または本拠を置く法人により提供され，かつ，次の各号のいずれかにあたるものをいう。

Ⅰ ― 国内において実行されるもの。

Ⅱ ― 外国において実行され，その結果が国内において生じるもの。

……

第3条 ― 以下のいずれかの行為に，負担金を課す。

Ⅰ ― 外国財の国内への搬送。

Ⅱ ― 役務提供の対価として行われる，外国に居所又は住所を有する者に対する支払，信用供与，引渡，融資又は送金。

補項1 ― 本条本文第1号においては，輸入された旨が明示され，かつ，紛失した場合には税関によってその旨の取り扱いがなされる財を，国内搬送済みとみなす。

第4条 ― 負担金の算定においては，以下の時に賦課事由が生じたものとみなす。

Ⅰ ― 消費の目的に供される財の輸入申告の登録の日。　……

Ⅳ ― 本法第3条本文第2号の支払，信用供与，引渡，融資又は送金の日。

第5条 ― 以下を負担金納付義務者とする。

Ⅰ ― 外国財の国内への搬送を行う，自然人又は法人の輸入当事者。

Ⅱ ― 外国に居所又は住所を有する者と役務提供契約を結んだ自然人又は法人。

Ⅲ ― 役務提供者が外国に居所又は住所を有する場合の，外国に居所又は住所を有する役務被提供者。　……

第7条 − 本法において，負担金の賦課基準は，以下とする。

Ⅰ − 本法第3条本文第1号の場合，輸入税の課税標準として使用される，もしくは使用されるべき金額である関税申告額に，通関手続の際に課せられる，商品流通に関するオペレーション，州，市・郡間の輸送及び通信に課される税金（ICMS）及び負担金を加算した金額。

Ⅱ − 本法第3条本文第2号の場合，所得税の源泉徴収の前に，外国に，支払，信用供与，引渡，融資又は送金した金額に，一般役務税（ISS）及び負担金を加算した金額。

第8条 − 負担金は，本法第7条が規定する賦課基準に，以下の賦課率をかけて算定する。

Ⅰ − PIS/PASEP–Importação の場合，1.65％

Ⅱ − COFINS–Importação の場合，7.6％。

◆ ISS

上記の商品および役務の輸入に課されるPIS/PASEPおよびCOFINSの負担金を定めたのと同一の論理に基づき，2003年7月31日付補足法第116号は，一般役務税（ISS）を制定した。同法は，以下のように定めている。

第1条 − 一般役務税は，市・郡及び連邦区の管轄であり，役務提供者の主要活動でないものを含め，別表一覧に記載の役務の提供を課税対象とする。

補項1 − 一般役務税は，外国から提供される役務又は外国において提供が開始された役務にも課せられる。

第3条 − 役務が提供されたと認められる場合，役務提供者の営業地，それがない場合は役務提供者が住所を有する場所において課税される。ただし，以下の第1号から第22号の場合は，例外とし，それぞれ当該各号に定める場所において課税される。

Ⅰ − 本法第1条補項1の場合，役務被提供者又は仲介者の営業地，それがない場合はこれらが住所を有する場所。

第5条 − 納税義務者は，役務提供者とする。

第６条－ 市・郡及び連邦区は，その条例により，各課税の対象の発生に関与した第三者に対し，明文により，納税義務を課すことができる。その場合，過料および追徴金を含め，納税義務者に対し，その納税義務を免除し，又は税額の全部もしくは一部の支払を補う責任を課すことができる。

補項２－ 本条本文の規定にかかわらず，以下を義務者とする。

Ⅰ－外国から提供される役務又は外国において提供が開始された役務の被提供者又は仲介者。

第７条－ 課税標準は，役務の価額とする。

第８条－ 一般役務税の制限税率は，以下のとおりとする。

Ⅱ－その他の役務の場合，5％。

◈ 小　括

所得税および諸負担金に関する以上の法律を要約することは困難であるため，広義の技術移転契約に基づき，外国に居所または住所を有する者に支払われたロイヤリティに対する課税について，列挙すれば，以下のとおりである。

a）　源泉所得税（IRFON）

IRFON の税率は 15％に定められている。

b）　為替取引における金融取引税（IOF）

為替取引における IOF が，徴税ではなく規制を目的とし，しかも，投資の誘引または抑止の必要に応じて，行政府命令によってしばしば変更されるため，その税率は予測不可能である。

c）　経済領域への参画に関する分担金（CIDE）

CIDE は，技術の取得者，ライセンシーまたは譲受人の負担金として明白に規定されており，その税率は 10％である。

d）PIS/PASEP-Importação および COFINS-Importação の負担金

PIS/PASEP-Importação および COFINS-Importação の負担金は，当該法規により，これらの名目で行われる支払に対する相殺が可能であるが，いずれにしても，それぞれ，1.65%および7.6%の負担となる。

e）　一般役務税（ISS）

ISSは，技術のライセンシーまたは取得者の負担金である。ISSを制定した補足法が役務被提供者を代替納税義務者とすることを定めているが，これは外国に居所または住所を有する者がブラジルにおいて納税当事者にはなれないためである。この税率の上限は5%である。

f）　損金算入できない利益に対する法人税（IRPJ）

INPIにおいて，技術のライセンシーまたは取得者が契約を登録できない場合，その対価は損金算入することができず，法人税および純益に対する社会負担金が課せられる。

◆ 二重課税の防止

本書の解説が日本の知的財産権の専門家および企業の担当者を対象としていることから，以下の質問は当然ありうると思われる。すなわち，「ブラジルの法律が定めている源泉所得税の税率は15%であるが，日本とブラジルとの間には，1967年以来，税率を12.5%とする二重課税防止条約があり，にもかかわらず，日本に対して支払われたロイヤリティにも，この税率は適用されるのか？」。

ブラジルの国税庁の解釈では，最後に公布された法律に優先権があるということになる。すなわち，国内法が二重課税防止条約と抵触する場合，この条約は，当該適用事項における効力を失う。

しかし，連邦最高裁判所の判断が，国内法にそこまでの効力はない，と解釈する傾向にあるのは明らかである。ブラジルの連邦憲法は，この件に関して規定していないが，このような解釈の根拠は次の３項目に要約される。

a）「国際条約は，国内の税法を廃止または変更する。後の国内法はこれを遵守する。」（ブラジル租税法〔1966年10月25日法律第5172号〕98条。憲法の補足法と位置づけられる。）。この補足法により定められているように，国際条約の優位性を排除する明文はなく，このような条約の内容は，ブラジル法上採用されている実定法の上位法下位法の階級関係から，国内法によって無効とすることはできない。

b）　以上のほかに，一般的な性質を有する国内の普通法に対して，国際条約は特別な事項を規定するものであり，かつ，普通法が，一般的な性質の法規であることから，特別法の優位に立つことはできないことを考慮しなければならない。

c）　最後に，二重課税防止条約およびそれ以上の多重課税を防止する条約は，締結国間の外交ルートを通じて，全体の条項改正または合意の廃棄を介して行う失効手続を経るものと解するのが，穏当な理解である。

以上，本節を要約すれば，技術と称される商品が，国内の契約当事者または技術取得者にとって，充分に，高価なものになった，と言うことができる。外国の契約当事者の納税義務にはほとんど変化がないが，取引の重要条件を構成する税金の増額が避けられないことから，それから生じる国内契約当事者の経費増額が商取引に大きく影響することは明らかである。

第６節　権利の消尽／並行輸入

権利の消尽や並行輸入については，従来から活発な議論がされてきたが，それまで限られていた領域を超えて市場が拡大するなど，商取引がダイナミックなものとなり，ますます議論は活発となってきている。

工業所有権法の柱の一つが正に属地主義の原則であることを考えれば，この論点について明確な理解をするために（再）検討をする必要があるが，学説，判例のみならず，立法の分野においても，これに関する国際的な意見統一は程遠い状況にある。

◆ 意　義

権利の消尽［Exaustão de Direitos］とは，工業所有権の対象物である特定の商品または役務が，権利者またはその承諾を得た者によって，初めて市場に出された時までに限り，それぞれの権利者に利益をもたらすこと，と解される。すなわち，ある商品が適法に市場に出されると，工業所有権は，その機能として，その目的を果たし，その役割が尽きるので，その結果，当該商品に係る権利が消尽したことになるのである。

権利の消尽との関係において取り上げられるべき問題として並行輸入［Importação Paralela］があるが，国際競争法連盟（International league of competition law – LIDC）が定義するところによれば，並行輸入とは，「知的財産権もしくは商品の製造，販売または識別に関する権利者，または当該権利者の同意もしくは許諾を得た者により，他の国において適法に販売されている商品を，国内の自然人または法人が，自己または第三者の計算において，その独占的または選択的な販売の流通網を通さずに行う輸入」である。つまり，「正規」の販売店網によって販売されている契約商品が，正規の販売店網以外の販売ルートで輸入されることをいう。

◈ 国内消尽の定め

現行法（LPI）は，「権利の国内消尽」[Exaustão Nacional ou Interna de Direitos] という概念を現行の制度に導入した（43条4号）。これは，工業所有権の権利者に，たとえ正当に輸入されたものであっても，当該権利者の許諾を得ずに輸入された商品について，国内市場における販売を阻止する権利を与えたものである。この旨は，製品または製法の特許のみならず，意匠および商標においても同様に定められている（109条補項，132条3号参照）。

もっとも，並行輸入が違法だとしても，刑事責任は生じず，民法上の不法行為責任が生じることになる。並行輸入が不正競争行為としての性格を有することから，刑事責任も併せて問うべきであるという見解もあるが，この点に関し，ブラジルの裁判所が何らかの判断をしたことはない。

◈ 許諾契約等の対抗要件

いずれにしても，ブラジルにおいては，特許実施許諾契約，商標使用許諾契約のみならず，これらの権利の譲渡契約も，第三者に対する対抗要件であるINPIでの登録をすることが不可欠である。

商標使用許諾または特許実施許諾は，領域を限定して独占的なものとする旨を明示的に規定した契約により，当該領域における他の取引を排除する権能または権利を受諾者に保障する。逆に言えば，この条項により，許諾者は，明文で定めた場合には，当該領域内において，本来正当な権利を有する当該許諾者自身がその権利を行使できないことになるほか，他の者に同様の使用を認める旨の第三者との許諾契約を締結してはならない，と義務づけられることになる。さらに，これらの許諾の本質が法律行為による工業所有権の行使の許可であることから，こうした許諾が独占的なものであるためには，そのことも同様に，明文に定めておかなければならないことを理解しておくべきであろう。

◈ 並行輸入の違法性

並行輸入については，いずれもブラジル連邦憲法において定めている，独占禁止法（競争法）の領域において，また営業の自由の原則に対峙して，幾度となくその違法性について議論されているにもかかわらず，ブラジルの判例・学説はいまだに見解の一致に達していない。しかし，裁判所は，現行法が工業所有権の国内消尽を明示的に規定していること（43条4号）を特に考慮し，上記の要件が充たされている場合に限り，並行輸入の違法性を認める傾向にある，と考えられる。

もっとも，並行輸入は，一般に「海賊行為」［pirataria］と呼ばれているものとは明確に区別される。海賊行為は，商品および役務の密輸または偽造を意味し，知的財産権者に適法に認められている財産を奪い，脱税によって国庫に損失をもたらし，しかも，「海賊」［piratas］は，その犯罪行為によって生じるさまざまな被害を気にも留めない。並行輸入には，通常，このような意図はなく，その合法性に関する紛争は民事裁判所で争われるものであり，その判断はいかなる損害賠償を認めるかどうかの範囲に留まり，刑事裁判での有罪かどうかの問題とはならない。

◆ 小　括

ブラジルにおいては，「権利の国内消尽」が明文で規定されていることから，法律上の要件を充たすとして，判例において，独占販売権の約定を伴った工業所有権を行使する排他的権利を有する者に，並行輸入の「スキーム」による商品の持込みを排除する権利がある，と全面的に認める判断が早晩出されることはないであろう。

なお，「国際消尽」の制度を導入するために，「国内消尽」の概念を変更しようとする法改正が，すでに数度国会の場において企図されたが，その企図は，現在まで実現していない。的を射た提案で，かつ十分に主張したにもかかわらず，連邦憲法にも定められている独占の禁止および営業の自由の原則を侵害せず，工業所有権者の保護を強化することがより重要である，との意見が大勢を占めたところであった。

第２章　著作権法

1 概　略

◆ 現行の著作権法

ブラジルは，1886年9月9日に締結された「ベルヌ条約」の締約国である。この条約は，パリにおいて1971年7月24日に行われた改正の後，ブラジル国内において，1974年12月4日付立法府命令第94号によって承認，1975年5月6日付行政府命令第75699号によって公布され，それ以降，ブラジルの実定法を構成している。

著作権に関する諸法を改正し，統合した現行法として，現行著作権法〔1998年2月19日付法律第9610号〕が公布されたが，コンピュータ・プログラムに関する知的財産権の保護および国内におけるコンピュータ・プログラムの販売を規律する法律として現行プログラム保護法〔法律第9609号〕も同日に公布された。

◆ 著作権法の趣旨と解釈

現行著作権法は，その法の趣旨について，「この法律は著作権について定める。この法律において著作権とは，著作者の諸権利及びこれに隣接する諸権利をいう。」と定めている（1条）。

著作隣接権と呼ばれる諸権利は，著作権との間に関連性または近接性を有する権利である。これには，翻案家または実演家，音声記録著作物の制作者，およびラジオ・テレビ放送事業者その他，有線または無線によるプログラムの公衆送信と類似の手段を用いて頒布または公表を行う，公衆送信事業者の権利が含まれる。学説には，この著作権法は，音声映像関連企業の，著作権，著作者人格権および商工業法の寄せ集めである，と批判するものがある。

◆ 著作権の意義

先述したとおり，著作権は，動産とみなされる（3条）。

現行著作権法は，著作者の権利を「知的創作は，既知または今後考案されるものであるかを問わず，有形または無形を問わず，いかなる手段により表現され，またはいかなる記録媒体に固定されたものであっても，（…）

著作物として保護を受ける。」と定義する（7条本文）。

このように「著作権」を定義した上で，同条は，法的保護を受ける著作物の一覧を挙げているが，これは単なる例示的性格のもので，そのすべてを網羅したものではない。同条が規定しているように，真に「知的創作」を形成している場合にのみ，芸術的表現に著作権が認められることに注意が必要である。

この要件は，著作物とはどのようなものであるかという法的性格付けを，より困難で主観的なものにし，これにより，創造性のない単なる技術的性格を有するもの，または人的要素が介入しない機械的手法もしくは計算式から生じた表現は，現行著作権法の保護から除外されることになる。

現行著作権法は，関連する，法慣習，学説および判例に従い，人間の創造性の果実であるにもかかわらず，いくつかの創作物に著作権を認めず，明文によりこれらを除外している。例えば，アイデア，方法論，数学的概念，ゲーム，さまざまな情報を記入するための書式，カレンダーや日程表といった一般的に使用される情報，または著作物に表現されたアイデアの商工業上の使用などである（8条各号）。

◆ **法人の著作権**

また，現行著作権法が，著作者の定義を，以下のように改正した点は重要である。

すなわち，「著作者とは，文芸，美術又は学術の著作物を創作する自然人をいう」としつつ（11条本文），「著作者が受ける権利保護は，この法律に定めるところに従い，法人に準用する。」と定めている（11条補項）。

旧著作権法〔1973年法律第5988号〕は，「複数の者によって作成された創作物については，単一企業又は団体が編成し，その名において使用する場合，その著作権はその単一企業又は団体に帰属する」と定めていた（15条）。

現行著作権法は，原則として，法人には全面的な著作権を認めるものではないが，共同で著作物を編成した場合，そうした著作物につき，法人に対し，自然人同様，著作財産権を保障することは，旧法から改正されていないのである。

◆ 著作者人格権の保護

現行著作権法は，著作者人格権の保障を維持し，27条において「譲渡及び放棄をすることができない。」と規定している。また，学説によれば，著作者人格権に時効は存在しない。

もっとも，著作物を回収またはその使用の停止を請求する権利の行使に関しては，「著作物の流通又は使用がその声望又は印象を毀損することとなる場合」を要件としている（24条本文6号）。

◆ 著作財産権の保護

他方，著作財産権については，「文芸，美術又は学術の著作物を使用し，収益し，及び処分する権利は，もっぱら著作者に帰属する」と定めて保護している（28条）。

また，現行著作権法は，データベースまたはコンピュータに記録されたものを含め，現存の電子手段によるあらゆる態様の頒布または賃貸に必要と考えられる要件を詳細に規定している。

著作財産権の保護期間は，原則として，70年間に統一され，その開始時期は以下のように規定されている。

a） 生存中に著作者に与えられていた著作財産権の保護は，著作者の死亡により相続人に与えられ，上記70年は死亡の翌年1月1日から起算する（41条）。
b） 無名又は変名で発表された著作物の場合，その初回公表の翌年1月1日から起算する（43条）。
c） 音声映像著作物または写真の著作物の場合，その公表の翌年1月1日から起算する（44条）。

上記の期間が経過した後，著作物はいずれの者にも属さないもの［domínio público］となる（45条）。

同様に，相続人となるべき者がなく死亡した著作者の場合も，その著作物はいずれの者にも属さないものとなる（同条第1号）。

◆ 著作物の登録

なお，現行著作権法は，ベルヌ条約の基本方針に従い，「この法律に定める権利は，その登録にかかわらず，保護を受ける」（18条）が，「公共機関において，その著作物を任意に登録することができる」（19条）と定めている。登録料は少額であり，その手続は比較的簡単である。登録は，単に確認的性質を有するものであり，その内容を審査することなく行われるものではあるが，「著作権の推定」をするものとなる。その無効は，裁判所に提出された証拠の立証能力に左右される。

著作物の登録は任意的なものではあるが，第三者（司法権，警察当局および権利使用許諾者）に対する著作権の立証を容易にし，必要の度に，著作権者であることを他の方法で立証する義務から著作者を解放するため，その活用が推奨される手続である。

ブラジルにおいては，一般的に，法文化として，形式または文書が重視されており，より効果的かつ迅速な法的保護を得るためには，あらかじめ公的機関において登録をしておくことが決定的なものとなりうる。

著作権の譲渡は，全部であれ，一部であれ，常に書面により行われ，それは有償であると推定され，また，文書登記所において，すでに当該著作権が登録されている場合は，その譲渡を付記し，または登録されていない場合は，その譲渡契約書を登録することができる（50条）。

◆ 著作物ごとの著作権の規定

音声映像著作物，演劇の著作物，写真の著作物，有形美術の著作物，音声記録著作物の著作権の場合，現行著作権法はその特殊性を考慮し，出版権，公衆への上演の基準，著作者および実演家の興行作品の一部に対する差押禁止，公表権と複製権の差異，著作者名および著作物使用の始期・終期の明示義務等に関する特則を定めている（53条以下）。

現行著作権法は，データベースに関し著作財産権を有する者に対して，いかなる手段または方法によるかにかかわらず，データベースの全部または一部を複製すること，データベースを翻訳し，改作し，再配置し，その他の改変をすること，ならびにデータベースのオリジナルもしくは複製を頒布し，または公衆送信することについて，許可または禁止の権利を付与し，そのデータ構造の表現形式の保護も保障している（87条）。

著作権の侵害

著作権の侵害は，民法上の不法行為および刑法上の犯罪を構成する。

現行著作権法に規定されている，著作権侵害に対する民法上の制裁は，不法行為に対する損害賠償および不当利得に対する返還請求を規定している，ブラジル民法典を合わせて適用して，これを課すことができる。

他方，著作権侵害に対する刑法上の制裁については，刑法典において，その一章が特に著作権侵害に充てられている。

民法上の制裁については，主なものとして，現行著作権法は，以下のとおり定めている。

まず，「著作権者は，その著作物が，複製，公表その他の方法により不当に利用された場合，複製品の差押又は公表の差止を請求することができ」，この場合，損害賠償の請求を妨げられない（102条）。また，「著作権者の承諾なく，文芸，美術又は学術の著作物を出版した者は，著作権者に対し，その書冊を引き渡さなければならず，販売済み部数の価額相当の金額を償還しなければならない。」（103条本文）。部数が不明の場合，販売済みの冊数は，3000部とみなされ，これに相当する価額を償還すべきこととなる（同条補項）。さらに，著作権の侵害を認める判決においては，侵害となる物そのものの他，その原盤，鋳型，原板その他の物や侵害行為に供された機器，設備，資材等について，廃棄等を命じることができる（106条）。

「著作物を使用する者が，その態様のいかんを問わず，著作者及び実演家の氏名，変名その他取り決められた記号を適正に表示せず，又は公表しない場合」，その精神的損害を賠償すべき義務を負う。この場合，著作物を使用する者は，「未頒布の部数に正誤表を入れるとともに，著作者，実演者，出版者又は制作者の居住地において発行部数の多い新聞に，目立つ方法で，3回連続して」，著作者等を公表しなければならない（108条2号，3号）。「放送事業者の場合，違反発生と同一の時間帯に，3日間連続して」公表しなければならない（同条1号）。

刑法上の制裁に関しては，刑法典が以下とおり定めている。

「著作権及び著作隣接権を侵害した場合。」（3月以上1年以下の禁固又は罰金。184条本文）。

「直接又は間接に利益を図り，いかなる手段または処理によるかを問わず，著作者，翻案家もしくは実演家，音声記録著作物の制作者又はその代理人の明示の許可なく，著作物，翻訳，翻案の著作物又は音声記録著作物の全部又は一部を複製する侵害行為の場合。」（2年以上4年以下の懲役及び罰金。同条補項1）。

「直接又は間接に利益を図り，当該権利者又はその代理人の明示の許可なく，著作者の権利，翻案家もしくは実演家の権利，もしくは音声記録著作物の制作者の権利を侵害して複製された，著作物もしくは音声記録著作物の原著作物もしくは複製を頒布し，販売し，販売向けに展示し，貸与し，輸入し，購入し，隠匿し，もしくは貯蔵した者，または著作物もしくは音声記録著作物の原著作物もしくは複製を貸与する者」（2年以上4年以下の懲役及び罰金。同条補項2）。

「直接又は間接に利益を図り，著作者，翻案家もしくは実演家，音声記録著作物の制作者又はその代理人の明示の許可なく，あらかじめ定めた時点及び場所において，ユーザが受信するための，ケーブル，光ファイバー，衛星，電波その他ユーザに著作物又は制作物を選択させて使用可能にするシステムを公衆へ提供する侵害行為の場合。」（2年以上4年以下の懲役及び罰金。同条補項3）。

上記の補項1，補項2及び補項3の規定は，現行著作権法上の「著作者の権利又は著作隣接権の例外又は制限の場合」および「直接又は間接の利益を図らず，私的使用のために1部のみ，著作物又は音声記録著作物を複製する場合」においては適用されない（同条補項4）。

同条本文および補項3の罪は親告罪であるが，補項1及び補項2の罪の場合，公訴提起に告訴は必要でない（186条1号，2号，4号）。

また，いずれの場合も「公法上の機関，独立行政機関，公社，官民共同会社又は公法上の財団法人の不利益となる」ときは，親告罪ではない（同条3号）。

現行の184条および186条は，2003年7月1日付法律第10695号によって，抜本的に改正されたものである。特に，以前は184条補項1および補項2の罪について，告訴を必要としない無条件の公訴提起の制度が適用された点は画期的である。

2 商標と，著作権によって保護される作品

商標と，著作権によって保護される作品との関係について簡単に述べることは，現在，実務・実用面において多くの混同が生じていることから，時宜にかなうものであろう。

◆ 現行法の規定

序章において述べたように，知的財産権の保障は，1988年連邦憲法に法的根拠をおいている（同法5条27号，29号参照。→6ページ）。

他方，現行著作権法は，「知的創作は，既知または今後考案されるものであるかを問わず，有形または無形を問わず，いかなる手段により表現され，またはいかなる記録媒体に固定されたものであっても」，著作物に当たると規定している（7条）。

また，現行著作権法によれば，著作者は，創作した作品に関する著作者人格権および著作財産権を有し（22条），著作者人格権は，譲渡できず，かつ，放棄できないのみならず，非常に広範にわたる権利となっている（24条～27条）。

著作財産権は，著作者に，その文芸，美術または学術の著作物を使用し，収益し，その使途を決定する排他的権利を保障する（28条以下）。

なお，現行法（LPI）は，「商標として登録できない標章」として「文学，芸術もしくは学術の創作物，及び著作権により保護され，混同もしくは連想を生じるおそれがある表題」を挙げている同法124条17号。上記条項が，「混同もしくは連想を生じるおそれ」［suscetível de causar confusão ou associação］について，明文で定めている点は注意すべきである。これにより，当該商標が，著作物の完全な複製ではなく，部分的複製，模倣または盗作にあたる場合であっても，著作物は保護を受けることになる。すなわち，盗作された物が，著作権法の解釈を適用して，典型的な盗作であるといえるならば，商標として登録しようとしている著作物を保護するには，これと同様の解釈を適用すればよいことになる。

◆ 商標登録による著作権保護の拡張

近時，裁判所および研究者に注目されている問題として，著作権者が著作物を「商標」として登録し，それによって二重の保護を受ける場合の，著作権の保護範囲の拡張とその解釈がある。

例えば，娯楽や趣味のための，純粋に著作物上の人物であるにもかかわらず，そのキャラクターのみならず名前までが，ある商品または役務と結び付き，産業規模で複製，販売され，商標となりうるだけの性格を備えていくというのは，よく見られる現象である（「視覚的に識別性を備える標章」，現行法（LPI）122 条参照）。

上記商標登録行為は，著作権者自身またはその承諾を得た者によって登録が行われる場合，不登録事由にあたらない限り，その後も，その有効期間を繰り返し，かつ，無制限に更新できるという恩恵が受けられる。

しかし，この二重の保護は，保護の対象物が双方の法律による制限を受ける原因にもなる。

例えば，刑事訴訟手続において，著作権侵害は，商標権侵害の場合とは異なる手続方式を通じて審理，判断される。

もっとも，法律の規定が競合する場合，判例においては，係争物がどちらの目的で使用されていたのかを確認し，それに基づいて適用する法規を決定する傾向がある。

また，商標権者として保護を受けるために必要なもう一つの制約がある。すなわち，著作権に保障された無制限の排他的権利を享有するためには，前述した著名商標に関する例外的保護は別として，商標の全分類について保護を請求しなければならない。

3 インターネットにおける著作権

「デジタル時代」は，ブラジルのみならず，世界中で，「情報の自由」から新たな文化を生み出し，他人のものを制限なく利用する事態を引き起こしている。

技術の進歩により，創作がこれまでにない態様で可能になり，それにより，著作権の保護に関していくつかの新しい問題が生じた。

このような新しい状況にもかかわらず，ブラジルにおいては，いくつかの解決すべき論点は別として，現行著作権法が，「電子的手段」による著作物の流通について明文で規定していることから（5条6項，30条補項1），このような著作権の新しい表現・流通方式での侵害を抑止するに十分で，かつ適切であるとの見解が支配的となっている。

裁判所は，一般的に，このような新しい事象に対し，絶えず現実的に即応し，もともと現行著作権法にある「表現の手段」や「無形の記録媒体」という文言（7条本文）を用い，インターネット上の，あらゆる態様の著作権侵害を抑止している。

バーチャルなコンテンツ，例えば，ウェブサイトの「レイアウト」というものは，それ自体が，著作権法による保護の対象となりうるものであり，「知的創作」という規定を活用し，独創的な美的表現を「ビット」や「バイト」といった電子情報にうまく変換した著作者には，その排他的権利が保障される。

ところで，現行著作権法は，種々の著作権の集団的管理を規定するに当り，当該管理を行う団体に対し，その管理すべき著作権の対価の計算・徴収・配分の方式，のみならず定款についても，管理事務の処理をインターネット上で行うウェブサイト［sítio electrônio］を介して公開し，その透明性を維持することを義務付けている。著作権法がその明文（98条のB）において，この用語を使用したのはこれが初めてである。

④ 著作権法改正法案

現在，ブラジル国会において，2012年法案第3133号が提出され，現行著作権法の見直しが検討されている。

改正をする理由の一つは，デジタル社会の発展に伴い，著作物の固定および伝達の方法が変わり，従来の物理的記録媒体が漸進的にデジタル化されていき，それによってもたらされる現実に即応することがさらに必要となったことによる。

改正のもう一つの目的は，政府による管理システムの導入により，課税制度並びにさまざまな芸術的表現に関する著作権および著作隣接権の取引に，一層の透明性を与えることである。

改正案は，憲法が保護する諸権利との抵触を解消する方法として，著作権を柔軟なものとすることを提案している。

そこで，改正法案は著作権法の概念について，以下のように改正すべきことを提案している。

第１条　この法律は，著作者の諸権利及びこれに隣接する権利として理解される著作権を定め，憲法が定める著作権の保護と文化的権利その他基本的権利の完全な行使の保障との均衡，及び国家の発展の促進をその旨とする。

補項　著作権の保護は，創業の自由，自由競争の保護及び消費者の保護に関する原則及び法令との調和において適用しなければならない。

ただし，これにより従来の著作権の概念が変わるわけではない。

また，著作権に係る知識の蓄積が何世代にも及ぶ集団的努力の成果であることから，財産権の社会的役割に関する連邦憲法の原則を前提として，「個人的寄与の保護」と「知識へのアクセス」との均衡を求める社会的な要請にも配慮している。

以上を示す例として，以下のような条項案が改正法案にはある。

第３条のＡ　この法律は，その解釈及び適用において，芸術的創造性及び文化の多様性を奨励し，表現の自由及び文化，教育，情報，知識へのアクセスを保証し，それによって著作権者の利益と社会のそれを調和させることを目的とする。

以上のように，近い将来，現行著作権法に関し，多岐にわたる改正が行われることが予想されることから，不完全な内容のものを提供することを避けるため，著作権法の総論的な定めに該当する現行著作権法第３編までを本書による解説の主たる対象とし，著作権法に関する全面的な解説は別の機会に譲ることにしたい。

なお，現行著作権法の全体的な構造を把握するために述べると，同法は115条からなり，それらは，

第１編－総　則
第２編－著作物

第３編－著作者の権利
第４編－著作物及び音声記録著作物の利用
第５編－著作隣接権
第６編－著作権者及びこれに隣接する権利の権利者団体
第７編－著作権侵害に対する制裁
第８編－附則

という８編の構成になっている（巻末条文和訳参照）。

第３章　コンピュータ・プログラム保護法

1 制作者の権利の保護および登録

現行プログラム保護法は，その2条本文において，「コンピュータ・プログラムの知的財産権の保護については，この法律の定めるところによるほか，国内において効力を有する著作権及び著作隣接権に関する法律により文芸の著作物について定めるところによる。」と定めている。

◆ 著作権との関係

現行プログラム保護法〔1998年法律第9609号〕は，現行著作権法と同じく，1998年2月20日に公布され，これらの法律は同時に施行された。

現行著作権法は，その7条本文において，「知的創作は，既知又は今後考案されるものであるかを問わず，有形又は無形を問わず，いかなる手段により表現され，又はいかなる記録媒体に固定されたものであっても，次の各号のいずれかに該当するものは，著作物として保護を受ける。」と定め，同条12号に「コンピュータ・プログラム」を明示的に列挙している。そして，「コンピュータ・プログラムには，この法律の規定によるほか，特別法の規定を適用する」（同条補項1）として，特別法である現行プログラム保護法の適用がある旨を定めている。

これを受けた現行プログラム保護法が「コンピュータ・プログラムには，著作者人格権に関する規定は適用しない。ただし，制作者は，いかなるときも，コンピュータ・プログラムの制作者であることを主張し，及びコンピュータ・プログラムの不正な動作，損壊，その他改変が，制作者の声望又は名誉を毀損するおそれのある場合，それが許諾なく行われた変更であるときは，これを争うことができる。」（2条補項1）と定めている点は重要である。

すなわち，上記補項1において，原則として，著作者人格権の規定を適用しないと定めるものの，同項但書も考慮すれば，著作者人格権の内容を定める現行著作権法24条本文に列挙されるもののうち，コンピュータ・プログラムに適用がないのは，その評価や適用が困難である，未公表である場合の権利（同条3号）と，流通網または市場からプログラムを改修する権利（同条6号参照）だけであり，他の権利はコンピュータ・プログラムに適用があると考えてよい。

◆ 保 護 期 間

また，この新しい法律は，旧法で定められていた25年の保護期間を50年に延長した。この期間は，公表後の，または公表されない場合は制作後の翌年１月１日から起算される（2条補項2）。

◆ プログラムの登録

さらに，現行プログラム保護法は，現行著作権法との間に整合性を保つため，コンピュータ・プログラムの保護は，その登録に依存しない旨を定めている（2条補項3）。

もっとも，そうした登録を推進するかどうかは，結局は，INPIに権限がある（3条本文）。登録には秘密保持の機能があり，内容の開示は裁判所の命令または正当な権利者の申立てによってのみ可能である（3条補項2）。コンピュータ・プログラムの登録によって得られる明らかな利点は，権利の推定が受けられることであり，これを争うには強力な反証が必要である。

◆ 被用者等が開発したプログラム

次に，被用者または開発委託契約に基づく請負人により開発されたコンピュータ・プログラムについて，「その契約の有効期間中又は任用中に，明示された研究及び開発の目的に従い，もしくは業務の遂行において，開発及び制作したコンピュータ・プログラム，又はその業務の特質に由来するコンピュータ・プログラムに関する権利は，別段の定めがある場合を除き，排他的に，使用者，役務受領者又は官公庁に帰属する。」とし（4条本文），その対価は，原則として，「契約に定める報酬又は賃金を限度とする。」と定める（同条補項1）。

また，研修生その他これに類する者が開発したコンピュータ・プログラムの場合にも，本条の規定が準用されることを明らかにしている（同条補項3）。

複数の専門家が関与するソフトウェアの開発業務に関しては，プログラムは，開発構想の形成からソースコード作成までの過程において，現行プログラム保護法によっても，現行著作権法によっても，いかなる保護も受けられない段階を経ることを考慮する必要があるが，しかし，その場合には，営業秘密の形で保護の対象とすることができる。

共同制作の場合，プログラムの設計およびコーディングを実際に決定する者と，単に分析とコーディングの作業を行なう者とを区別する必要がある。この場合，前者が唯一，当該プログラムの製作者となる。

2 使用許諾，販売，技術移転

◆ 使用許諾契約

コンピュータ・プログラムの使用は，その許諾契約によって可能となる（9条本文)。これがない場合，複製の取得または使用許諾に関する課税文書で，適法な使用を証明することができる（同条補項)。

また，他の挙証方法については，連邦司法高等裁判所の判断によれば，同条補項は，明文でこれを排除しておらず，同条補項は，法律に規定がなくても，適切な手段であれば，主張する事実をそれによって証明することが認められるという，ブラジル法の一般原則に従って解釈しなければならないとされる。

また，現行プログラム保護法は，使用許諾契約において，「現行の関連法規に反して，コンピュータ・プログラムの制作，頒布又は販売を制限する条項。」および「コンピュータ・プログラムの瑕疵，欠陥，又はプログラム制作者による権利侵害に関する第三者との訴訟において，契約当事者の責任を免除する条項。」は，いずれも無効であると規定している（10条補項1各号)。

◆ 技術移転契約としての登録

なお，コンピュータ・プログラムは技術移転契約の対象にもなるが，その場合，下記の点に注意が必要である。

a）　第三者に対抗するためには，INPIにおいて，当該契約を登録しなければならない（11条本文)。

b）　移転する技術内容を明確にするため，必要なすべての書類，特に，注釈付きソースコード，要件定義書，内部機能の設計，ダイヤグラム，フローチャート，その他技術の移転に必要な技術情報に関する書類の提出が必要である（11条補項）。

3 ユーザーの保護

ところで，コンピュータ・プログラムのユーザーに保障されている権利については，コンピュータ・プログラムの制作者，使用許諾者または販売権者は，ユーザーに容易に判読できる方法で，プログラムの販売するバージョンの技術的有効期間を記録媒体または包装に記載しなければならない（7条）。当該有効期間内においては，「その仕様に即して，プログラムが適切に機能するため，更新及び保守サービスの提供を保証」すべき義務を負う（8条本文）。この義務は，その販売終了後も，そのバージョンの技術上の有効期間が終了するまで存続する（8条補項）。

4 その他の保護

ソフトウェアは，著作権法の規定がすべて適用されるのではないというだけでなく，工業所有権の保護対象となる発明にも該当しない（先述したように，現行法（LPI）は，発明に該当しうるものとは定めていない。）。しかし，INPIは，特許の対象として認めていないものの，例えば，アメリカと同様に，特許対象物と一体となり，発明自体の具体的で明記された目的に適合する場合，ソフトウェアの特許を認めている。これは，多種多様な範囲の製品にソフトウェアの搭載が増加し，場合によっては必要不可欠となっていることを考えれば，非常に合理的な解決策と言えるであろう。

ソフトウェアの保護が，コンピュータ・プログラムの「コーディング」（命令のプログラム言語による表現）および「内部設計」（コンピュータ・プログラムの複数の要素を構造化する方式）を対象とすることから，当該プログラムから生じる他の知的創作物，特にユーザとのインターフェースを形成するもの（映像および音声）については，原則として，その他の保護，例えば著作権法の保護の対象となりうる。

競合ソフトウェアによる無許可での，そのインターフェースの複製（アメリカ法では，“look and feel”の問題とされている）は，例えば，一度，新しいプログラムの使用に慣れてしまうと，操作習得の時間と投資を節約できることになり，競争上優位な立場に立つことから，競争法の分野で議論を生じさせる可能性がある。

最後に，ソフトウェアの無許可の複製は，民法上の不法行為および刑法上の犯罪を構成する。民事事件の判例は，販売済みプログラムの実数が不明の場合，先述した現行著作権法103条（→95ページ）を類推適用し，差し押えたもののほか，みなし3000部を民事責任の対象とする，と判断している。

第４章　関連する法令および権利義務

第1節　企業名（商号）

企業名［Nome Empresarial］は，2002年民法の施行により用いられるようになった用語である。

この企業名について，連邦憲法は，「法律により，（……）工業発明の権利者に対し，企業の名称（……）に対する保護を保障する。」として，その保護の法的根拠を定めている（同法5条29号）。

2002年民法において，その定めに従い「事業活動のために選択された社号又は名称は，企業名とする」ものとされ（同法1155条本文），個人企業である「商人」［empresário］も，法人企業である「会社」［sociedade empresária］も，商業登記所［Junta Comercial］の管轄下にある商業法人登記所［Registro Público de Empresas Mercantis］に，これを登記する（同法1150条）。企業とは，財または役務の生産または流通のために組織した営利活動を行う者をいう（同法966条本文，981条本文）。

ブラジルは，26の州と首都である1つの連邦区の行政単位からなる連邦共和国であるが，これらの各行政単位に，企業の登記のために，商業登記所として商業法人登記所が設置されている。

◆ 簡易会社の名称

「簡易会社」［Sociedade Simples］についても，その名称については「企業名」の規定が準用され（同法1155条補項），上記と同様の法的保護を受けるものとされている。ここにいう「簡易会社」とは，法律上の「共同組合」［cooperativa］（同法1093条以下），および企業としての性格を有しない学術，文学，芸術その他の純粋に知的な事業を目的とする団体をいう。

州および連邦区の各行政単位は基礎的自治体である「市郡」［município］に分けられ，各市郡には一つ以上の法人民事登記所［Cartório de Registro Civil das Pessoas Jurídicas］が設置されている。「簡易会社」

は，これに登記する（1150条本文）。

「簡易会社」の名称には，企業名の規定が準用されるため（1155条補項），企業名と同一の法的保護を受けることになる。

◆ 企業名の登記の効力

登記された企業名は，その登記が行われた登記所の州の区域内において，排他的に使用することができる（同法1166条本文）。

そのため，企業名は，「同一登記所において既に登録されている他の名称とは異なるものでなければ」登記することができない（同法1163条）。

商業登記所において企業名が登記された後（登記内容は官報に掲載される），利害関係を有する第三者は，企業登記について定める1994年法律第8934号35条5号および50条に基づき，10日以内に異議申立てをすることができ，その決定に対しては，同法47条に基づき，開発・産業大臣への審査請求が認められる。

◆ 商標との関係

2002年民法1166条補項は，「特別法の規定に従って登記される場合，国内全域に拡大して」排他的に使用することができると定めているが，この定めは，実際には，いまだ施行されていない。そのため，企業は，企業名保護のためには，全州において（または，少なくとも，より重要と判断される州において）登記しなければならない。

一方，パリ条約の企業名保護に関する条項（ブラジルは1994年政令第1263号により批准）は，「商号は，商標の一部であるか否かを問わず，すべての同盟国において保護されるものとし，そのためには，登記の申請又は登記が行われていることを必要としない」と規定している。

もっとも，ブラジルの法律は，標章または識別記号について，上記のものとは異なる保護を与えている。現行法（LPI）は，「商標権は，この法律の規定に従い，有効になされた登録に基づいて取得し，商標権者には，国内全域においてその排他的使用権を保障」する（129条本文）と定め，「第三者の営業所もしくは会社の，独自性を有する呼称の複製又は模倣で，これらが表示する標章と混同させ，又は連想させるもの」については，商標として登録できないとする（124条5号）。

これによれば，ブラジルの国内企業は自社の企業名保護のために国内全州における登記を必要とするのに対し，外国企業には登記がなくても同様の保護がすでに保障されていることになり矛盾しているかのようにも見えるが，実際にはそうではない。

他州における企業名の複製または模倣の場合，国内企業は，自社の登記事項証明書をそれら他州の商業登記所に提出して対抗することができるが，他州においてそのような新しい企業が設立されるという情報は入手が難しいため，このような手段で対抗して，複製または模倣による企業名の登記を阻止することは非常に困難である。外国企業も，新しい企業が設立される情報を入手して権利を主張するというメカニズムが同じであることから，同様の困難に直面することになる。そのため，国内企業と同様に，全国的レベルにおける企業名の保護は非常に困難となる。

商標分野においては，パリ条約加盟国に所在し，またはブラジルに住所を有するすべての企業に，不服の申立てまたは行政審判による無効の請求が認められている。しかし，この点においても注意が必要なのは，ブラジルにおいて登録が出願され，または登録を受けた商標は，そのすべてが公報を通じて周知または確認する必要があるため，その困難度も先の場合とほぼ同じである。

◆ 重複企業名の調査

企業名登記の場合，「重複」の調査は，登記の先後によって優劣を決する原則に基づいて行われる。この要件は，企業名使用の保障のみならず，先に登記をした者の権利を保障するためにも，必要不可欠である。ただし，商業登記における州・連邦区単位の地理的範囲においてのみ，有効な条件である。

州・連邦区単位の商業登記所により調査される「重複」の審査について，国家商業登記局（DNRC）〔Departamento Nacional de Registro do Comércio〕法務統括部は，完全な名称であれ，創作的表現またはキャラクターの場合であれ，誤認や混同をするかどうかは，いかなる業種に属する名称かによって左右されないため，それらの様式または外形に判断基準を限定する必要がある旨の公式見解を明らかにしている。しかし，こうした基準を設定すれば，かえって誤認または混同が深刻化する可能性も認めている。

行政段階において「重複」のケースを判断する際の指針として，国家商業登記局長は，2005年12月21日付指示通達第99号を発令し，これは商業登記所において実施されている。

第８条 － 企業名の同一性及び類似性の審査基準を以下に定める。

Ⅱ － 名称間において，

a） 名称が普通の語句，創作の語句，一般的に使用される語句又は俗的な語句で構成されており，かつ，同綴異義語における同一性及び同音異義語における類似性が生じる場合，名称の全部について配慮する。

b） 名称が独創的な表現を含み，かつ，同綴異義語における同一性及び同音異義語における類似性が生じる場合，当該表現を個別的に審査する。

第９条 － 以下の単語又は語句は，企業名保護の目的のために，排他的なものとすることができない。

a） 業務の一般名称。

b） 種類，性質，特質，場所又は原産地。

c） ポルトガル語もしくは外国語の技術・学術・文芸・芸術関係の専門用語，その他一般的に使用される専門用語。

d） 氏名。

補項 － 文字又は文字の集合体は，略号を形成しない限り，排他的なものとはならない。

第２節　インターネット上の権利義務

1 インターネット一般指標法の制定

ブラジルにおけるインターネットの使用に対する一般原則，法的保障，権利および義務を定める「インターネット一般指標法」(MCI)［Marco Civil da Internet］〔2014年4月23日付法律第12965号〕が公布された。この法律の制定には活発な議論があり，その後パブリックコメントを経た。この法律により，インターネット企業の事業運営をより透明なものとし，インターネットを日常的に使用する者に対し，より良い保護が与えられることになった。

◆ インターネット使用の一般原則

インターネット一般指標法３条本文は，一般原則として，

a）　連邦憲法に定める表現，通信および意見表明の自由の保証に加え，ユーザーのプライバシーおよび法に定める個人情報の保護（1号から3号まで）

b）　接続事業者の義務としてのネットワークの中立性，すなわち，インターネットにおいて流通するデータのすべてを，その内容，送信元，送信先またはサービスによって差別することなく，同等に取り扱わなければならない義務（4号）

c）　国際基準との間に互換性のある技術的手段の使用及び「優れた取組」［Good Practice］適用の奨励による，ネットワークの持続性，安全性及び機能性の保護（5号）

d）　法の定めに従った，各活動分野におけるネットワーク関係者の責任負担（6号）

e）　共有性というネットワークの特質の保護（7号）

f）　この法律に定める他の原則に反しない限りでの，インターネット上の取引態様の自由（8号）

を定めている。

インターネット一般指標法は，これまで法解釈上争いがあり解決すべきであったいくつかのテーマについて，その争いに終止符を打った。

例えば，第三者の権利を侵害してユーザーが創ったコンテンツとアプリケーションを提供する企業が，ユーザーと連帯責任を負うかどうかについては，「インターネット接続事業者は，第三者が創ったコンテンツによって生じる損害に対し，民事上の責任を負わない」と定め（18条），「表現の自由を確保し，検閲を防ぐために，インターネットのアプリケーション提供事業者は，これを明記する裁判所の命令の後に，その提供する役務の技術的な領域及び限度，並びに指定の期限内において，侵害するものとして摘示されたコンテンツへの接続を不可能にするための措置を講じない場合に限り，これに反する法の定めがあるときを除き，第三者が創ったコンテンツによって生じた損害に対し民事上の責任を負う」としている（19条本文）。

また，本書の他の項目との関連においては，「著作権又はこれに隣接する権利の侵害に対する本条の適用は，連邦憲法第５条に定める表現の自由その他権利の保障を尊重して制定される特別法の定めに従う」と規定している点が重要である（19条補項2）。

2　ドメイン名の保護

◆ CGI.br の権限

ドメイン名の取得および登録は，2003年9月3日付政令第4829号により，科学技術省の一合議機関として設立された，ブラジル・インターネット管理委員会（以下，「CGI.br」という。）の管轄下に置かれている。同委員会の主たる権限は，以下のように定められている。

a）　ブラジルにおけるインターネットの使用及び開発に関する政策を決定する。

b）　ブラジルのインターネット開発のために，ドメイン名登録の実施，対応IPアドレスの設定，“.br”で表記されるトップレベル・ドメイン（ccTLD－国別コード・トップレベル・ドメイン）における，政府・社会連携組織化のための指針を定める。

c）　インターネットに係る活動の適法化に関する規定および手続の提案に関して交渉・調整を行う。

d）　主要なインターネット管理機関によって認められている国際基準に従い，ブラジルにおけるインターネットの管理に必要な，手続および実施の方式を定める。その目的のため，協定，協約，契約，その他同種の合意書を締結することができる。

◆ ドメイン名所有者の責任

ドメイン名の登録および取消の実施を含む，対応IPアドレスの設定およびトップレベル・ドメインの管理は，2005年12月5日以降，“.br”情報調整センター（以下，「NIC.br」という。）によって行われている。

NIC.brのあらゆる責任を免除する当初の規定は改正されておらず，ドメイン名に関する責任は，以下の定めが示すとおり，全面的にドメイン名の所有者に帰する（2005年CGI.br第1号決定）。

Ⅰ．　登録のために選択されたドメイン名，その使用，及び当該ドメインによって指定されたページに記載されている内容に関して，CGI.br及び登録実施機関は，その行為から生じる損害に対する，あらゆる責任から免除され，権利の侵害又は第三者に与えた損害から生じる裁判又は裁判外のあらゆる訴えに対しては，ドメイン名の所有者が責任を負う。

Ⅱ．　ドメイン名の所有者によって登録された当該ドメイン名に属する，新しいドメイン分類及びサブドメインの設定及び管理。

Ⅲ．　真正かつ完全なデータのみの提供，及びその更新による維持。

◆ ドメイン名の登録要件

外国企業は，以下の要件を満たす場合，ドメイン名を登録することができる（2005年CGI.br第2号決定）。

第11条－外国企業は，以下により，暫定的に登録ができる。

Ⅰ．　ブラジルに適法に所在する代理人の任命。

Ⅱ．　自国において署名認証を受けた，当該企業の委任状の提出。当該委任状により，ドメイン名の登録及び取消，所有権の移転，当該企業の連絡担当者の変更を行う権限並びに裁判又は裁判外において当該企業を代表する権限が代理人に付与される。

Ⅲ．自国において署名認証を受けた，当該企業の経済活動に関する申告書の提出。申告書には企業名，所在地（記載の省略なし），電話番号，事業目的，営む企業活動，代表者の氏名及び役職を記載する。

Ⅳ．自国において署名認証を受けた，当該企業の誓約書の提出。登録実施機関が登録申請書類を受理した日から 12 か月以内に経済活動を開始する旨の誓約を行う。

Ⅴ．自国に所在するブラジル国総領事館による，当該企業の委任状，経済活動申告書及び誓約書の領事認証。

Ⅵ．宣誓翻訳人による委任状，経済活動申告書及び誓約書の翻訳。

Ⅶ．全国法人台帳登録証の写し及び代理人の納税者登録証の写しの提出。

Ⅷ．代理人が署名した，当該企業の連絡担当者の身分証明書の提出。

なお，登録商標または企業名に関連するドメイン名の登録に対しては，CGI.br が，規則で，以下のような制約を定めている。

a）申請する企業は，申請対象のドメイン名と同一の商標が登録されていることを証明する，INPI 発行の商標登録証明書を所有していなければならない。

b）申請対象のドメイン名は，企業名に使用された企業識別のための単語又は表現と同一でなければならないが，事業目的又は活動内容を示す文字を付け加えることは認められる。

その場合の単語または表現は，一般的，説明的，普遍的性質のもの，または地理的表示や色彩表示であってはならない。また，企業名に，企業を識別する表現が１個以上ある場合，ドメイン名は，そのうちの１個ではなく，それら全部と同じでなければならない。さらに，企業は，30 か月以上にわたって当該企業名を使用していることを立証する必要がある。

◈ SACI-Admによる紛争解決

CGI.brは，2010年10月1日，業界の要求に応えて，".br"ドメイン名に関する「インターネット紛争管理システム（以下，「SACI-Adm」という。）」の規則を制定し，施行した。

この規則は，登録または更新の際に，正式に当該システムに加入したドメイン名の所有者にのみ適用されるが，施行以前の紛争は，当事者間で直接に，または裁判所を通じて，解決する。

SACI-Admは，以下のように規定している。

第1条 ー".br"ドメイン名に関するインターネット紛争管理システム（SACI-Adm）は，".br"ドメイン名の所有者（以下，「所有者」という。）と，所有者が行ったドメイン名登録の正当性に異議を申し立てる第三者（以下，「異議申立人」という。）の紛争の解決を目的とする。

補項1 ー SACI-Admは，登録の維持，移転又は取消の決定のみを行う。

補項2 ー 紛争対象のドメイン名の所有者は，".br"へのドメイン名登録のために締結した契約により，SACI-Admを利用できる地位を取得する。

補項3 ー SACI-Admは，".br"情報調整センター（NIC.br）が事前に承認し，信任を与えた機関により運用され，各機関は，NIC.brが承認し，SACI-Admの規則と抵触しない，それぞれの規則を適用する。

第3条 ー 異議申立人は，SACI-Admの手続開始に当たり，異議申立人に損害を与えている当該ドメイン名が悪意の下で登録又は使用されているとする理由を陳述するとともに，紛争対象のドメイン名に関し，以下の要件a，b，cの少なくとも一つに該当することを証明しなければならない。

a）　ドメイン名が，その登録以前にINPIにおいて出願又は登録された異議申立人の商標との間に，同一性又は混同を招くに十分な類似性を有する場合。

b）　ドメイン名が，ブラジルにおいて出願も登録もされていないにもかかわらず，異議申立人の事業分野において，現行法（LPI）第126条が規定する周知商標として認められている商標との間に，同一性又は混同を招くに十分な類似性を有する場合。

c）　ドメイン名が，異議申立人の営業所名，企業名，氏名，姓もしくは字名，周知の変名もしくはニックネーム，個人もしくは集団の芸名，その他異議申立人が出願または登録による権利を有する他のドメイン名との間に，同一性又は混同を招くに十分な類似性を有する場合。

補項 ― 本条本文が規定する証明をしようとする場合，以下のいずれかに該当するときは，SACI-Admの手続対象であるドメイン名の使用につき，その所有者が第三者を害する目的で行ったと推定する。

a）　ドメイン名の所有者が，異議申立人又は第三者に販売，貸与又は譲渡する目的でドメイン名を登録したとき。

b）　ドメイン名の所有者が，異議申立人自身によるドメイン名としての使用を阻止するために，ドメイン名を登録したとき。

c）　ドメイン名の所有者が，異議申立人の商業活動を妨害するために，ドメイン名を登録したとき。

d）　ドメイン名の所有者が，ドメイン名を使用するに当たり，利益を目的として，意図的に，インターネット使用者を自身のサイト又は他のサイトに誘導することを試み，異議申立人の標章との混同をもたらす可能性のある状況を生じさせたとき。

この紛争解決システムには，より速い，より負担の少ない，かつ，NIC.brが承認した判定機関により事前に選出された専門家の判断を期待できる，という利点がある。

SACI-Admが下した決定は，両当事者が問題解決を裁判所または仲裁手続に委ねる場合を除き，15日以内にNIC.brにより執行されるが，裁判所または仲裁手続に委ねた場合，この執行は停止する。

この行政手続により解決された初期のケースは，WIPOにおいて仲裁の任務に当たっているブラジル人仲裁人の参加により，平均90日で終了していたが，このことによってSACI-Admのシステムによる解決の信憑性が証明される。

以上，ドメイン名の登録について簡単に説明したが，その実体と手続の定めにおいて，ブラジルの制度と他の諸国のそれには整合性があると言えるだろう。

第３節　育成種保護法

◆ 立法の意義

1997年4月25日付法律第9456号によって育成種保護法（LPC）が制定され，農業・配給省内に国家植物育成種保護サービス局（SNPC）が設置された。

育成種保護法は，植物の新品種の保護に関する国際条約（UPOV条約）をその源としているが，1945年工業所有権法はすでに植物の品種について，その保護に言及していた（ただし，施行規則が公布されず，保護法の施行は実現しなかった）。

◆ 育成者権

育成種保護法は，付与される権利（育成者権）の定義および保護の方法について，「育成種に関する知的財産権の法的保護は，植物育成種保護証明書の交付により効力を生じる。育成者権は，すべての法的効力において動産とみなし，国内において，育成種，及び植物体またはその有性繁殖もしくは栄養繁殖を司る部分を第三者が自由に使用することを制限できる権利を保護する唯一の手段とする」と定めている（2条）。

また，育成種保護法は，「品種改良者」[melhorista] について，「育成種を育成し，他の品種との区別を可能にする形質を固定する自然人」と定義している（3条1号）。この場合の形質 [descritor] は「品種の区別に使用される，遺伝子により受け継がれた形態的，生理的，生化学的又は分子的特徴」と理解される（同条2号）。

上記品種改良者が育成種を育成した者であることは明らかであるが，育成者権を有する者でない場合もある。育成種保護法は，「育成権者」[obtentor]，すなわち育成権を有する者について，「国内において，新品種又は従属品種を育成した自然人又は法人には，この法律の定めに従い，その権利を保障する保護が与えられる。」と定める（5条本文）。

この段階において，育成種保護法で使用されている用語の意味を理解することが重要である。各用語については，3条で次のように定義されている。

①育成種［cultivar］

「少なくとも形質上の差異により他の既存種から明確に区別することができ，特定の名称が付され，その形質が数世代にわたり均一で安定しており，農林業において利用でき，一般により入手できる専門刊行物において発表された，あらゆる高等植物の属もしくは種の変種及び交配種」（同条4号）。

②新品種［nova cultivar］

「登録出願の日の12か月以上前において，ブラジル国内で販売されたことがなく　ブラジル国内で商品化された時期にかかわらず，樹木及び葡萄の場合は6年以上前において，他の品種の場合は4年以上前において，育成権者の同意を得て国外で販売されたことがない育成種」（同条5号）。

③従属品種［cultivar essencialmente derivada］

次のすべての要件を満たすもの（同条9号）。

a）　主として原育成種又は他の従属品種に由来し，原育成種の遺伝子型又はその組合せから生じる育成種の本質的な特性を失っていないこと。ただし，育成に伴う特性の変異はこの限りでない。

b）　管轄機関が定めた基準に基づき，少なくとも形質上の差異により，原育成種と明確に区別されること。

c）　登録出願日の12か月以上前において，ブラジル国内で販売されておらず，ブラジル国内で商品化された時期にかかわらず，樹木及び葡萄の場合は6年以上前において，他の品種の場合は4年以上前において，育成権者の同意を得て国外で販売されたことがないこと。

育成種の保護を理解するためには，「種子」［semente］という用語の知識が必要である。なぜなら，育成種保護法は，これを「育成種の繁殖に使用されるあらゆる植物組織」と定義し（同条14号），その排他的使用権を最終的にその種子に付与するからである。また，育成種保護法は，「繁殖」［propagação］を「育成種の有性繁殖及び栄養繁殖，又はこれらの同時適用」と定義し（同条15号），さらに「繁殖のための素材」［material propagativo］を「有性繁殖及び栄養繁殖に使用される，植物本体又は植物組織のあらゆる部分」と定義している（同条16号）。

育成者権の保護期間は，1978年改訂のUPOV条約において規定されたものと同一の15年であるが，葡萄，果樹，森林樹，観用植物，およびそれらが台木となる場合は，18年となっている（11条）。

なお，育成種の名称については，「以下の基準に従い，他の品種から区別し，これを識別できる名称を付けなければならない」とされている（15条）。

ａ）「固有のものであり数字のみで構成されたもの」でないこと（同条1号）。

ｂ）「既存の品種とは異なった名称」であること（同条２号）。

ｃ）「品種の特性又は育成者について誤認又は混同を生じさせるおそれ」がないこと（同条３号）。

登録手続は，農務・配給省国家植物育成種保護サービス局（SNPC）で行われる（45条補項2）。

第4節　集積回路配置保護法

◆ 立法の趣旨

2007年5月31日に公布された集積回路配置保護法〔法律第11484号〕は，デジタル技術の分野における種々の優遇措置および半導体集積回路の回路配置に関する知的財産権の保護を規定している。

集積回路配置保護法は，その主要項目を以下のように定義している（26条）。

①集積回路［circuito integrado］
「半導体素材の表面又は内部に，動的素子を少なくとも1個含む回路を生成し，その一部又は全部を不可分の状態にした，電子回路の機能を有する完成済み製品又は半製品」（同条1号）。

②回路配置［topografia de circuitos integrados］
「設計又は製造のあらゆる段階において，集積回路を形成する層の立体的配置を表わすために，なんらかの手段又は方式により，接続，接合又は信号化した，各集積回路上の素子の一部もしくは全部の幾何学的配列を表わす図面の集合体」（同条2号）。

同法の趣旨は，半導体集積回路の回路配置，すなわち，集積回路を形成する層の立体的配置の保護である。

◆ 回路配置の権利保護の内容

この知的財産権を保護するためには，INPIにおいて回路配置を登録する必要がある（30条）。これにより，登録出願または初回の使用のうち，いずれか早く行われた日から10年間の保護が保証される（35条）。

同法は，「反証がある場合を除き，登録出願人を創作者と推定する。」という，法律上の推定を規定した（27条補項1）。

使用者と，被用者その他のあらゆる種類の被契約者との間における権利については，「反対の規定がある場合を除き，労働契約もしくは業務請負契約の有効期間中又は公務員の任用中に，これらの契約もしくは任用の職務から生じた創作活動により開発された，又は，使用者，業務委託者もしくは公的機関の資金，技術情報，生産もしくは取引上の秘密，資料，設備もしくは機器の使用の下で開発された，半導体集積回路の回路配置に関する権利は，もっぱら使用者，業務委託者又は公的機関に属する」ものとされる（28条本文）。

また，「労働又は業務請負の対価は，特別の規定がある場合を除き，取り決められた報酬に限定される」（同条補項1）。

これらの規定は，「奨学生，研修生その他これに類する者に準用」される（同条補項3）。

以上により，集積回路配置保護法の規定が現行プログラム保護法のそれと同じであることがわかる。

もっとも，集積回路配置保護法の場合，その保護は，「1名又は複数の製作者の知的創作活動により生じ，かつ，その製作に当たる，集積回路の技術者，専門家又は製造者にとって，既知又は周知のものではないオリジナルの回路配置のみに適用」される（29条本文）。また，「第三者の保護された回路配置を，その許諾の下に，組み込んだ結果又は共通の素子及び接続と組み合わせた結果により得られた回路配置」に対し，それがオリジナルである場合に限り，保護が認められる（同条補項1）。

◆ 回路配置の登録

繰返しになるが，「法的保護は登録により生じ，登録はINPIによって行われる」（30条）。

回路配置の登録手続は，意匠登録の場合とほぼ同じである。すなわち，「登録出願が行なわれた場合，INPIは方式に関する審査を行ない，必要に応じて補正を命じる」（33条本文）。「60日以内に補正命令が履行されなかった場合」，または「出願日より２年以上前の使用開始日を表示した出願の場合」，出願書類は終局的に保管処分に付される（同条本文，補項）。「補正命令が出されなかった場合，又は補正命令が履行された場合，INPIは登録を行い，公示し，登録証明書を交付する」（34条本文）。

もっとも，ここで注意を要するのは，回路配置の登録を受理し，排他的使用権を付与するに当たり，INPI が実体審査を行わず（すなわち，創作性に関する審査を行わず），出願が方式の要件を満たしていれば，自動的に登録証明書を交付することである。

登録は，以下の場合に消滅する。

a）　存続期間の満了（38条本文1号）。

b）　登録権者の権利放棄（同条本文2号）。

c）　裁判所による登録無効の宣言。これによって登録が取り消され，消滅する（39条，40条）。

以上のことから，INPI は，登録目的物の実体審査を行わない，単なる登録機関であると言えるが，そのため，連邦裁判所が管轄を有する，登録の無効確認の訴訟に参加することはできない。

最後に，回路配置の登録は，それを使用し，収益する権利を付与するのみならず，譲渡または使用許諾の権利も付与する。また，集積回路配置保護法は，特許の場合と同様に，強制実施権の問題についても，44条から53条までにおいて規定しているが，これについては説明を省略する。

第5節　営業秘密

◆ 意義・法的性質

営業秘密［Segredo de Negócio］は，工業秘密［Segredos Industriais］（秘密として管理されている技術情報）および商業秘密［Segredos Comerciais］（秘密として管理されている営業情報）を包括する企業の財産的秘密情報を指す。

ブラジルにおいて，営業秘密は，工業所有権の範疇で扱われ，通常，特許の対象とされていない非公開の企業情報を保護するために使用される。しかし，特許権者がその権利によって付与される特権を放棄し，その発明を保護する手段として，営業秘密によることを選択するのは自由である。

工業秘密は，特許と比較した場合，保護期間が不特定である点が有利であり，秘密が保持される間，または適法な手段により第三者に知られてしまうまで，その保護は保証される。

独自の調査またはリバース・エンジニアリングを通じて，第三者の営業秘密を知ることは可能であり，これに対する法律または慣習上の制約はない。

営業秘密の法的性質に関する学説の一致はないが，多数説としては，占有権の一種として見る考え方が支配的である。

営業秘密の安全な譲渡は，技術移転，雇用，ソフトウェアおよびハードウェアの提供，戦略的事項等の契約において見られるように，契約で行うことができる。

この譲渡可能な財の経済的価値は，その取得および維持に費消された金額に，競合他社との関係で得られる経済上の競争力や優位性よる差を加算したものに相当する金額と同様であると考えられる。

営業秘密の構成要素としては，客観的には秘密保持の対象となり得るノウハウ，主観的には当該ノウハウ所有者の秘密保持への関心として，定義することができる。

◆ 憲法上の保護

ブラジルにおいて，特定の情報に関する秘密保持の権利は，最高法規である連邦憲法において，ブラジル国民およびブラジルに居住する外国人の基本的な権利として保障されている。

具体的には，その５条において，「個人の秘密（…）は不可侵であり，その侵害から生じる物的損害又は精神的損害に対する賠償を請求する権利が保障される。」（同条10号），「信書，電信，情報及び電話通信の秘密は不可侵である。」（同条12号），「情報へのアクセスはすべての者に保障され，職務遂行に必要なときは情報源の秘密が守られる。」（同条16号），「何人も，個人的利益，又は団体もしくは一般の利益に関する情報を，法定期間内に，制裁による強制をもって，公的機関に提供させ，これを受ける権利を有する。ただし，社会及び国家の安全のために秘密保持が不可欠である情報は，この限りでない。」（同条33号）と定めている。

他方，工業所有権については，同条29号がその保障を定めているのは，先に述べたとおりである（→6ページ）。同号における工業所有権の保護の対象となる「工業的創作物」［criação industrial］には，営業秘密が含まれている。

◆ 不正競争の禁止による保護

ブラジルの立法者は，独占禁止法の倫理的根拠である不正競争の禁止により，営業秘密の保護を立法化した。その結果，排他的使用権の付与により保護される工業所有権一般とは異なった，保護の方法となった。

現行法（LPI）は，以下の場合に不正競争の罪が成立するとして，営業秘密の保護を明確にしている（3月以上1年以下の禁固又は罰金。195条本文）。

ａ）「周知のもの，又はその分野における専門的知識を有する者の見地に照らして自明であるものを除き，契約終了後であっても，契約又は雇用関係を通じて得たもので，工業，商業活動又は役務提供において使用可能な秘密の知識，情報又は資料を，許可なく漏えいし，利用し，又は使用する」場合（同条11号）

ｂ）「前号の知識又は情報で，不正の手段によって取得し，又は詐欺的

行為を通じて知ったものを，許可なく漏えいし，利用し，又は使用する」場合（同条12号）

c）「非公開の実験結果その他の資料で，その実施又は作成に相当の労力が費やされ，かつ，製品の商業化の認可を得るための条件として政府機関に提供されたものを，許可なく漏えいし，利用し，又は使用する」場合（同条14号）

同条11号及び12号の罪については，企業の使用者，出資社員又は経営管理担当者が実行した場合が含まれる（同条補項1）。

以上により，工業活動のみならず商業活動や役務提供においても，使用可能な秘密情報または秘密資料が営業秘密の名のもとに保護されていることがわかる。このような重要かつ経済的価値の高い秘密情報は，製造工程，価額計算，仕入元，人事方針，集客戦略等に係わってくる。

これにより，特許および著作権の法令において万人に対する（erga omnes）保護範囲から明示的に除外されているアイデアでさえも，少なくとも利害関係人の間では，守秘義務契約という手段による保護が可能である。

◆ その他の法令による保護

現行法（LPI）以外にも，営業秘密に保護を与える法令として以下のものがある。

統合労働法（CLT）は，その482条g号において，「企業秘密の侵害」を正当な解雇の理由として規定している。この場合の「秘密の侵害」は広義において規定されており，あらゆる種類の秘密を包含していることに注意が必要がある。

他方，刑法典は，以下の刑事罰を規定している。

a）「信書の全部又は一部の不当な使用，隠匿，盗取もしくは隠滅のために，又はその内容を部外者に開示するために，営業所又は製造会社の出資者もしくは被用者の立場を濫用する。」（3月以上2年以下の禁固。152条本文）

b）「名宛人又は所持者に帰し，その開示が何人かに損害を与える可能性のある，秘密の私文書又は信書の内容を，正当な理由なく，第三

者に開示する。」（1月以上6月以下の禁固または罰金。153条本文）

c）「行政の情報処理組織又は情報保管組織に記録されているか否かを問わず，法律によって極秘又は秘匿とされている情報を，正当な理由なく開示する。」（1年以上4年以下の禁固または罰金。153条補項1のA）

d）「職務，宗教上の任務，公務又は業務上知り得た，その開示が何人かに損害を与える可能性のある秘密を，正当な理由なく，第三者に開示する。」（3月以上1年以下の禁固または罰金。154条本文）

e）「自己または他人のために，第三者の動産を窃取する。」（1年以上4年以下の禁固または罰金。155条本文。「電力その他の経済的価値を有するあらゆるものは，動産とみなされる」とともに（同条補項3），現行法（LPI）も5条で，「工業所有権は，動産とみなす」と規定している。）

第三者の営業秘密を侵害する者は，刑事制裁の他に，物的損害のみならず，場合によっては精神的損害に対する賠償を請求する民事訴訟においても責任を負わされることになりうる。

物的損害の賠償請求の訴えは不当利得を根拠とし，現行法（LPI）の「この法律に定めのない工業所有権の侵害行為及び不正競争の行為により，（…）権利を侵害された者は，これにより生じた損害の賠償を請求することができる」との規定（209条本文）を根拠にすることもできる。

また，現行法（LPI）と併せて，2002年民法が「自発的な作為もしくは不作為，懈怠又は不注意により，他者の権利を侵害し，損害を与えた者は，それが精神的なもののみであっても，不法行為者」とし（186条），かつ「正当な理由なく，他者を犠牲にして利益を得た者は，通貨価値修正を行った上で，その不当利得を返還する義務を有する」と定めることから（884条本文），これにより保護を受けることもできる。

2002年民法は，判例の解釈に関する活発な議論の後，旧民法典を改正し，その11条から21条まで，および52条において，法人が，自己の利益のために主張できる特定の人格権を規定している。すなわち，被用者の背信行為または産業スパイにより被害を被り，市場における評価が損なわれた企業は，物的損害の他に，精神的損害に対する賠償を請求することができる。

最後に，裁判においては，訴訟手続の公開が一般原則となっているが，営業秘密が審理対象の場合，それが公知となることを防止する方法として，民事訴訟法において，両当事者は，「公の利益が要求する場合」，訴訟手続を非公開とし（旧民訴法155条本文1号。新民訴法189条本文1号。），また，「身分又は職業により，守秘義務を課せられているとき」，これに関する事実の陳述を拒むことを請求することができる（旧民訴法347条本文2号。新民訴法388条本文2号）。

以上のような法律の定めによりTRIPs協定の要求に，ブラジルが充分に対応しているといえる。TRIPs協定39条(2)は，秘密情報の保護について，以下のように規定している。

第39条(2)

自然人又は法人は，合法的に自己の管理する情報が次の(a)から(c)までの規定に該当する場合には，公正な商慣習に反する方法により自己の承諾を得ないで他の者が当該情報を開示し，取得し又は使用することを防止することができるものとする。

(a)　当該情報が一体として又はその構成要素の正確な配列及び組立てとして，当該情報に類する情報を通常扱う集団に属する者に一般的に知られておらず又は容易に知ることができないという意味において秘密であること。

(b)　秘密であることにより商業的価値があること。

(c)　当該情報を合法的に管理する者により，当該情報を秘密として保持するための，状況に応じた合理的な措置がとられていること。

また，パリ条約は，その第10条の2(1)において「各同盟国は，同盟国の国民を不正競争から有効に保護する」と規定しているが，営業秘密の保護については明文には規定していない。ブラジルは，このようなパリ条約の要求にも充分に対応している。

第6節　トレード・ドレスの法的保護

◆ 意　義

「トレード・ドレス」［Trade Dress］は，特定の商品または役務の個性を明確にし，一般消費者に対して，他の競合するものとは異なったものであることを十分に示す，その外観上の特徴の集合体として理解され，「全体的な印象」［Conjunto Imagem］とも呼ばれる。

この場合の「商品」および「役務」は，簡単な包装から複雑な商業施設まで，広範なものを指す。

「外観上の特徴」には，五感を通じて識別できる，すべての項目が含まれる。

「全体的な印象」は，個別的には工業所有権法の保護の対象とならない要素の組合せによって，または他の，登録可能な要素もしくはいずれの者にも属さない要素との組合せによって，創り出されるものを指す。

「商品」の例を挙げると，包装，ラベル，色彩，材質，大きさ，つや，用材など，販売のために覆う視覚的な特徴的イメージである。

他方，「役務」の例としては，配色，店舗の内装，販売技術，レイアウト，ユニフォーム，その他嗅覚的および聴覚的な特徴が挙げられる。

◆ 現行法の法的保護

ブラジルには，「全体的な印象」の排他的使用権を保障する法令はなく，その保護の法的根拠を不正競争の禁止を定める法令に置いている。この法的解決は，米国の法律に基づいた判例を出発点としている。

「全体的な印象」の無許可の複製を制限するために用いられる法的根拠は，現行法（LPI）および民法典の両方から導かれたものである。

現行法（LPI）は，「自己又は第三者の利益を図り，他人の顧客を奪うために，不正な手段を用いる」場合は，不正競争の罪が成立するものとして，その侵害に対する刑事責任を定め（3月以上1年以下の禁固又は罰金。195条本文3号），また，民事責任については，「この法律に定めのない工業所有権の侵害行為及び不正競争の行為により，他人の声望又は取引を妨害し，商業，工業もしくは役務提供の事業者間，又は流通に置かれた商品及び役務の間に混同を生じさせる場合，権利を侵害された者は，これにより生じた損害の賠償を請求することができる」と規定している（209条本文）。

他方，2002年民法は，経済秩序の一般原則の一つとして，連邦憲法が定める自由競争（170条4号）に関する権利の限界を定めることにより，これを画している。

同法187条は，「その権利を行使するに当たり，その経済的もしくは社会的目的　さらには信義，良俗により必要とされる限度を，明白に逸脱する者も不法行為を犯したものとする」と定めている。

商法，すなわち，企業法は，絶え間なく変革を繰り返し，取引の世界において，その変化を自由に規制しようとしてきたが，その中でも，慣習は，常に重要な法源を形成してきた。

ブラジルにおいては，かつては「民法序法」と呼ばれていた「ブラジル法の定めに関する序法」〔1942年大統領令第4657号〕が，その4条において，「法の定めを欠く場合，裁判官は，類推，慣習及び法の一般原則に従って，争訟を裁判する」と定め，5条は「法の適用に当たっては，裁判官は，その法が実現しようとする社会的目的及び公共の福祉の実現に配慮する」と定めている。

他方，「全体的な印象」の排他的使用権を明示的に保障する法規が存在しないにもかかわらず，自由競争の権利に対する例外として，慣習法に基づいた保護の要請から，事業を営む者の利益を合法化するための重要な手段が，慣習法の名の下に存在することにも疑いはない。

もっとも，その投資の結果の無償かつ不当な取得は，2002年民法884条および927条においてその取得が否定されている不当利得であると解される。同法884条は，「正当な理由なく，他者を犠牲にして利益を得た者は，通貨価値修正を行った上で，その不当利得を返還する義務を負う」と規定し，927条は，「不法行為により他者に損害を与えた者は，それを賠償する義務を負う」と規定している。

トレード・ドレスは，以上の意味を有する用語としてブラジル法においてすでに承認され，既存の法的枠組みによって実効的な法的保護が保障されていることから，工業所有権に関連する問題を含む，権利を保護するための補助的な手段として，重要で効果的なものとなっているということができる。

資　料

●**工業所有権法** 1996年5月14日付法律第9279号

●**著作権法** 1998年法律第9610号

●**コンピュータ・プログラム保護法** 1998年法律9609号

※各法律のポルトガル語の原条文については，ブラジル政府のウェブサイト内の下記の各ページを参照。

工業所有権法
http://www.planalto.gov.br/ccivil_03/leis/L9279.htm
著作権法
http://www.planalto.gov.br/ccivil_03/leis/L9610.htm
コンピュータ・プログラム保護法
http://www.planalto.gov.br/ccivil_03/leis/L9609.htm

●工業所有権法

1996年5月14日付法律9279号

工業所有権に関する権利及び義務を定める。

共和国大統領は，議会が制定し，私が裁可した次の法律を，ここに公布する。

総則

第1条　この法律は，工業所有権に関する権利及び義務を定める。

第2条　工業所有権に関する権利の保護は，社会的利益並びに国の技術及び経済発展を考慮し，次に掲げる方法による。

1－発明特許権及び実用新案権の付与。
2－意匠の登録。
3－商標の登録。
4－虚偽の地理的表示の防止。
5－不正競争の防止。

第3条　この法律の定めは，次に掲げる各号について準用する。

1－ブラジル国内において効力を有する国際条約又は協定による保護を受ける者により，国外ですでになされ，かつ，国内においてする特許又は登録の出願。
2－ブラジル人又はブラジル国内に住所を有する者に対し，相互主義の下で同一又は同等の権利を保障する国の国民又はその国に住所を有する者。

第4条　ブラジル国内において効力を有する国際条約の定めは，ブラジル国籍又はブラジル国内に住所を有する自然人及び法人に，同等に適用する。

第5条　工業所有権は，すべての法的効力において，動産とみなす。

第1編　特許

第1章　特許権者の資格

第6条　発明又は実用新案の創作者は，その権利を確保するために，この法律の定めに従い，特許を受けることができる。

補項1　反証がある場合を除き，出願人は，適法に特許を受ける者と推定する。

補項2　創作者，その相続人もしくは承継人もしくは権利の譲受人又は法律もしくは雇用契約もしくは役務提供契約により，特許権が帰属すると定められた者は，特許を出願することができる。

補項3　2名以上の者が共同で行った発明又は実用新案については，それらの全部又は一部の者が特許を出願することができ，後者の場合，他の者の権利は，それぞれの氏名及び資格事項を願書に記載することによって保護する。

補項 4　発明者は，氏名及び資格事項を記載する際に，その氏名を公開しないことを請求することできる。

第 7 条　2 名以上の者が，別個に，同一の発明又は実用新案を創作した場合，発明又は創作の日にかかわらず，最先の出願を証明する者が特許を受けることができる。

補項　先の出願が何らの効力を生じることなく取り下げられた場合，それに続く出願を優先する。

第 2 章　特許権付与の要件

第 1 節　特許を受けることができる発明及び実用新案

第 8 条　新規性，進歩性及び産業上の利用性の要件を満たす発明は，特許を受けることができる。

第 9 条　実用物又はその一部は，産業上利用することができ，かつ，その進歩性により，新規の形状又は構造を有し，その使用又は製造における機能の改良をもたらす場合，実用新案として特許を受けることができる。

第 10 条　次に掲げるものは，発明及び実用新案の特許を受けることができない。

1－発見，科学理論及び数学的手法。
2－純粋に抽象的な概念。
3－商業，会計，金融，教育，広告，抽選及び税務の図式，設計，原理又は方法。
4－文学，建築，美術及び科学作品又はあらゆる芸術の創作物。
5－コンピュータ・プログラム。
6－情報の開示。
7－ゲームのルール。
8－人体又は動物に応用される手術の技術及び手法並びに治療又は診断の方法。
9－自然界の生物及び自然界に存在する生物学的材料の全部もしくはその一部，又はそれらから分離されたもの。あらゆる生物の遺伝子又は生殖質及び自然的育成過程も含む。

第 11 条　発明及び実用新案は，先行技術に包含されない場合，新規なものとする。

補項 1　先行技術とは，第 12 条，第 16 条及び第 17 条に規定する場合を除き，文書もしくは口頭による開示，使用その他の手段により，ブラジル国内又は外国において，特許出願の日前に公知となったすべてのものをいう。

補項 2　新規性の審査をする場合，ブラジル国内で出願し，かつ，未だ公告されていない出願のすべての内容は，出願後であっても，公告される限り，出願の日又は優先権の主張の日から先行技術とみなす。

補項3　前項の規定は，国内の手続を行う場合，ブラジル国内において効力を有する国際条約に基づいて受理された特許の国際出願にも適用される。

第12条　出願の日又は優先権の主張の日前12か月以内に公開された発明又は実用新案は，次に掲げるいずれかに該当する場合，先行技術でないものとみなす。

1－発明者による場合。
2－発明者から得た情報又はこの者が行った行為の結果に基づき，発明者の同意なく受理された特許出願の公告を通じて，国家工業所有権院（以下，この法律において「INPI」という。）による場合。
3－発明者から直接もしくは間接的に得た情報又はこの者が行った行為の結果に基づき，第三者による場合。

補項　INPIは，細則の定めに従い，かつ，証拠の提出の有無にかかわらず，公開に関する宣言書の提出を発明者に要求することができる。

第13条　発明は，その分野における専門的知識を有する者の見地に照らし，先行技術から自明の結果として，又は当然に現れるものでないときは，常に，進歩性を有するものとみなす。

第14条　実用新案は，その分野における専門的知識を有する者の見地に照らし，先行技術から一般的な結果として，又は直ちに現れるものでないときは，常に，進歩性を有するものとみなす。

第15条　発明及び実用新案は，その産業分野にかかわらず，使用又は製造される場合，産業上利用可能なものとみなす。

第2節　優先権

第16条　ブラジル国と国際協定を締結している国又は国際機関における特許の出願は，国内の出願と同一の効力を有し，当該協定に定められた期間における優先権が保障され，その期間内に生じた事由により無効とならず，法的効力も失わない。

補項1　優先権の主張は，出願の際に行い，ブラジル国内における出願の日前の，優先権に関するその他の事項については，60日以内に追完することができる。

補項2　優先権の主張は，番号，年月日，名称，明細，並びに必要な場合には請求の範囲及び図面を記載した，原出願国において有効な文書によって証明し，出願を識別できる情報を含む出願証又はこれに代わる文書の翻訳文を添付し，出願人はその内容のすべての責任を負う。

補項3　出願の際に優先権の証明をしない場合，出願の日から180日以内に証明しなければならない。

補項4　ブラジル国内において効力を有する条約に基づく国際出願の場合，補項2の翻訳文は，国内の手続の開始の日から60日以内に提出しなければならない。

補項5　ブラジル国内における出願の内容が，原出願の文書にすべて包含されている場合，出願人の宣言書をもって翻訳文に代えることができる。

補項6　移転により取得された優先権の主張の場合，出願の日から180日以内に，又は国内の手続を行うときにはその開始の日から60日以内に，移転に関する文書を提出しなければならず，この場合，原出願国の領事認証を免除する。

補項7　本条に定める期間内に証明をしない場合，優先権は失われる。

補項8　優先権の主張を伴う出願の場合，早期出願公告の申請書には，優先権の証明書を添付しなければならない。

第17条　ブラジル国内における発明又は実用新案の特許の出願については，優先権の主張がなく，かつ，公告されていない場合，同一の出願人又はその相続人が，1年以内に，ブラジル国内において，同一の内容の出願を行ったときは，後行の出願に対して優先権を保障する。

補項1　優先権は，先の出願に示された内容に対してのみ認められ，追加された内容に対しては，認められない。

補項2　係属中の先の出願は，終局的に保管処分に付されたものとみなす。

補項3　先の出願を分割してする特許の出願は，優先権の主張をすることができない。

第3節　特許を受けることができない発明及び実用新案

第18条　次に掲げるものは，特許を受けることができない。

1－道徳，善良の風俗，治安，公の秩序及び公衆衛生に反するもの。
2－あらゆる種類の物質，材料，混合物，元素又は生成物，並びに原子核の変換に起因する物理化学的性質の変更及びそれらを取得し，又は変更する過程。
3－第8条に定める特許の3要件（新規性，進歩性及び産業上の利用性をいう。）を満たし，かつ，単なる発見の産物ではない遺伝子導入微生物を除く，生物の全部又は一部。

補項　この法律の適用において，遺伝子導入微生物とは，植物又は動物の全部又は一部を除き，その遺伝子構造への直接の人的介入により，自然状態の下で種が通常到達できない性質を有する生物をいう。

第3章　特許の出願

第1節　出願の受理

第19条　特許の出願には，INPIが定める条件に従い，次に掲げるものを提出しなければならない。

1－願書。
2－明細書。
3－請求の範囲。
4－必要な場合，図面。
5－要約書。
6－出願料の納付証明書。

第20条　出願があったときは，まず，方式の審査を行い，出願が要件を適法に満たしている場合には受理し，願書の提出の日を出願の日とする。

第21条　第19条に定める方式の要件を具備していない場合であっても，特許の対象，出願人及び発明者に関する事項を記載しているときは，年月日が記載された受理証と引換えに，INPIに出願することができるが，INPIは，30日以内に履行すべき補正を命じることができ，これに反する場合，出願書類が返還され，又は保管処分に付される。

補項　補正命令が履行された場合，願書の提出の日を出願の日とみなす。

第2節　出願の条件

第22条　発明の特許の出願は，1個の単一の発明，又は単一の発明概念に包摂され，相互に関連する一群の発明につき，行わなければならない。

第23条　実用新案の特許の出願は，1個の単一の主たる考案について行い，その対象が技術機能及び形態の単一性を維持する限り，構造上又は形状上，付加的な又は派生的な別個の多様な要素を含むことができる。

第24条　明細書には，その分野における専門的知識を有する者による実現の可能性，及び必要な場合には，その最良の実施形態を示すために，対象を明白かつ遺漏なく記載しなければならない。

補項　本条の定めに従って記載することができず，かつ，公知のものでない，出願の対象の実施に不可欠な生物学的物質の場合，INPIにより認可され，又は国際協定で指定された機関への当該物質の提出により，明細書を補完する。

第25条　請求の範囲は，出願の特徴を明記し，明確かつ精緻に保護の対象事項を画定し，その根拠を明細書に記載しなければならない。

第26条　特許の出願は，次に掲げる要件を満たす場合に限り，審査の終了までに，職権又は出願人の請求により，二以上に分割することができる。

1－原出願を明確に記載している場合。

2－原出願で明記された事項の範囲を超えない場合。

補項　本条の定めに反する分割の申立ては，保管処分に付される。

第 27 条　分割された出願については，原出願の日を出願の日とみなし，原出願が優先権の主張を伴う場合，その優先権の主張をすることができる。

第 28 条　分割された各出願には，それぞれの出願料を納付しなければならない。

第 29 条　取り下げられ，又は放棄された特許の出願は，公告しなければならない。

補項 1　出願の取下げは，出願の日又は最先の優先権の主張の日から 16 か月以内に申し立てなければならない。

補項 2　先の出願が何らの効力を生じることなく取り下げられた場合，それに続く出願を優先する。

第 3 節　出願の手続及び審査

第 30 条　特許の出願は，第 75 条の場合を除き，その出願の日，又は優先権の主張がある場合はその最先の優先権の主張の日から 18 か月の間，その秘密を保持し，その経過後に公告する。

補項 1　出願人の請求により，早期出願公告ができる。

補項 2　公告は，特許の出願を特定する資料により構成しなければならず，明細書，請求の範囲，要約書及び図面の謄本を，INPI において，一般の閲覧に供する。

補項 3　第 24 条補項に定める場合において，生物学的物質は，本条に定める公告により，一般に開示する。

第 31 条　出願の公告からその審査の終了までの間，利害関係人は，審査を補足するための文書及び報告を提出することができる。

補項　審査は，出願の公告から 60 日が経過するまで，開始しない。

第 32 条　特許の出願を明瞭にし，又は明確にするため，出願人は，審査の請求までの間に，出願において最初に表示された事項に限り，その変更することができる。

第 33 条　特許の出願の審査は，出願の日から 36 か月以内に，出願人又は利害関係人によって請求されなければならず，これに反する場合，出願書類は保管処分に付される。

補項　特許の出願は，保管処分の日から 60 日以内に出願人が請求する場合には，そのための費用を納付することによって保管処分が解除され，これに反する場合，出願書類は終局的に保管処分に付される。

第 34 条　出願の審査の請求後，要求されたときは，60 日以内に，次に掲げるものを提出しなければならず，これに反する場合，出願書類は保管処分に付される。

1－優先権の主張がある場合，当該出願の他国における特許査定に対する異議，先願の調査及び審査の結果。

2－出願の手続及び審査の適正化に必要な文書。

3－第16条補項2に定める文書の翻訳文が，同条補項5に定める宣言書によって代替された場合，その翻訳文。

第35条　実体審査においては，先願調査の報告書及び次に掲げる事項に関する意見書を作成する。

1－出願の特許可能性。

2－請求の範囲の内容と出願の適合性。

3－出願の変更又は分割。

4－技術項目の補正。

第36条　意見書において，特許をすべきでない，もしくは請求の範囲の内容と出願とが適合しないと判断され，又は何らかの補正を命じられた場合，出願人は，90日以内に意見を述べるために，通知を受ける。

補項1　補正命令に応じなかった場合，出願書類は，終局的に保管処分に付される。

補項2　補正命令に応じた場合であっても，その履行が足りず，又はその補正命令に反論したときは，特許可能性又は適合性について意見が述べられたか否かにかかわらず，審査は続行する。

第37条　審査の結果，特許をすべき旨又は拒絶すべき旨の査定をする。

第4章　特許権の付与及び存続期間

第1節　特許権の付与

第38条　特許権は，特許をすべき旨の査定がされた後に付与され，かつ，特許料の納付が証明された後に，特許証を交付する。

補項1　特許料の納付及びその証明は，特許査定の日から60日以内にしなければならない。

補項2　本条の特許料は，その通知の有無にかかわらず，割増特許料を納付することにより，前項に定める期間の経過後30日以内に納付し，証明することもでき，これに反する場合，出願書類は終局的に保管処分に付される。

補項3　特許権は，特許査定の公告の日に付与されたものとみなす。

第39条　特許証には，番号，名称及び特性，第6条補項4の定めにより，発明者の氏名，特許権者の資格事項及び住所，存続期間，明細，請求の範囲及び図面，並びに優先権に関する事項を記載しなければならない。

第2節　特許権の存続期間

第40条　発明特許権については20年，実用新案権については15年，いずれも出願の日から，効力を有する。

補項　存続期間は，特許権の付与の日から，発明特許権については10年，実用新案権については7年を下回らないものとし，訴訟係属中である旨が確認されたこと，又は不可抗力によって，INPIが実体審査の手続を停止している場合は，この限りでない。

第5章　特許による保護

第1節　特許権

第41条　特許権の保護の範囲は，明細書及び図面に基づいて判断される請求の範囲の内容により画定する。

第42条　特許により，特許権者は，第三者がその承諾を得ずに，次に掲げるものを製造し，使用し，展示し，販売し，又はこれらの目的をもって輸入することの停止を請求することができる。

1－特許の対象。
2－方法の特許，又はその方法から直接に得られた製品。

補項1　特許権者は，さらに，第三者が他の者に本条に定める行為をさせることの停止を請求することができる。

補項2　占有者又は所有者は，裁判所の特別の決定を通じて，自己の製品が，特許により保護されているものとは異なる製法で得られたことを証明しない場合，本条第2号に定める方法の特許に関する権利を侵害する。

第43条　前条の規定は，次に掲げるものには適用しない。

1－私的に，かつ，非営利目的で，特許権者の経済的利益を害さず，第三者が許諾を得ずに行う行為。
2－科学的もしくは技術的な研究又は調査に関連した実験を目的として，第三者が許諾を得ずに行う行為。
3－治療のために，医師の処方せんに従い，かつ，資格を有する専門家により行われた医薬品の調合及びその目的のために調合される医薬品。
4－方法又は製品の特許に基づいて製造された製品で，特許権者により直接に又は特許権者の承諾を得て国内市場に出荷される製品。
5－生体物質に関する特許につき，経済的な目的なく，他の製品を取得するために，その変異又は増殖の始原として，特許製品を使用する第三者。

6－生体物質に関する特許につき，その商業的な繁殖又は増殖を目的とせず，特許権者又は実施権者により適法に商業化された特許製品を使用し，流通に置き，又は販売する第三者。

7－第 40 条に定める存続期間の満了後，特許の実施及び特許の対象物の販売を目的として，特許により保護された発明に関し，実験の情報，データ及び結果を排他的に得て，ブラジル国内又は他の国において事業を行うための登録を行う，許諾を得ない第三者の行為。

第 44 条　特許権者は，出願の公告の日から特許権の付与の日までの特許の実施を含め，不当な実施に対し，その損害賠償を請求することができる。

補項 1　いかなる手段によってであれ，違反者が特許の出願の公告前に，その内容を知るに至った場合，損害賠償のための不当実施の期間は，実施の開始の日から起算する。

補項 2　第 24 条補項の定めに基づいて出願した特許の対象物が生物学的物質の場合，当該生物学的物質が公知となる時にのみ，その損害賠償は，請求できる。

補項 3　不当な実施に関する損害賠償の請求は，特許権の付与前の期間に関するものを含め，第 41 条の定めに従い，その特許対象物の範囲に限る。

第 2 節　先使用者

第 45 条　特許の出願の日前，又は優先権の主張の日前に，ブラジル国内において特許の対象を実施していた善意の者は，従前どおりの条件において，負担を伴わずに，引続きそれを実施することができる。

補項 1　本条に基づき付与される権利は，特許の実施と直接の関係を有する事業もしくは会社又はその一部とともに，譲渡又は貸与によってのみ移転することができる。

補項 2　本条の権利は，第 12 条の公開を通じて特許の対象を知った者については，その公開の日から 1 年以内に出願があった場合，保障しない。

第 6 章　特許の無効

第 1 節　総則

第 46 条　この法律の定めに反して付与された特許権は，無効とする。

第 47 条　特許の無効は，請求の範囲の全体には及ばず，請求の範囲の一部がそれ自体で特許の対象となることができる場合，一部無効となる。

第 48 条　特許の無効は，その出願の日から特許権を無効とする効力を生じる。

第 49 条　第 6 条の規定に違反する場合，発明者は，選択的に，訴訟により，特許権の付与を請求することができる。

第２節　無効の行政手続

第50条　特許の無効は，次に掲げる場合，行政上の効力として，宣言される。

1－法律に定めるいずれかの要件を満たさない場合。
2－明細書及び請求の範囲が，それぞれ第24条及び第25条の規定を満たしていない場合。
3－特許の対象が本来の出願内容を超える場合。
4－その手続において，特許権の付与に不可欠ないずれかの方式上の要件を欠く場合。

第51条　無効の手続は，特許権の付与の日から6か月以内に，職権により，又は正当な利害関係を有する者の申立てにより，開始する。

補項　無効の手続は，特許が消滅した場合にも続行する。

第52条　特許権者は，60日以内に自らの意見を申し出るため，通知を受ける。

第53条　意見の申出が行われたか否かにかかわらず，前条に定める期間の経過後，INPIは，意見書を示し，特許権者及び申立人に対し，両者に共通の60日の期間内に意見を申し出るよう通知する。

第54条　前条の期間の経過後は，意見の申出がない場合であっても，国家工業所有権院長官（以下，この法律において「INPI長官」という。）は，審決をし，行政手続は終了する。

第55条　本節の規定は，その性質に反しない限り，発明追加証明書に準用する。

第３節　無効確認の訴え

第56条　INPI又は正当な利害関係を有する者は，特許の存続期間においては，いつでも，無効確認の訴えを提起することができる。

補項1　特許の無効は，いつでも，防御の方法として，主張することができる。

補項2　裁判官は，手続上の特定の要件が満たされている場合，予防的に又は付随的に，特許権の効力の停止を決定することができる。

第57条　特許の無効確認の訴えは，連邦裁判所の管轄において審理され，INPIは，自らが原告でない場合には，参加人として訴訟に参加する。

補項1　特許権者である被告の答弁書の提出期間は，60日とする。

補項2　無効確認の訴えの判決が確定した時は，INPIは，第三者に公表するため，その付記登録を公告する。

第７章　移転及び付記登録

第58条　特許の出願又は特許権は，その内容が分割できないものであっても，全部又は一部を移転することができる。

第59条　INPIは，次に掲げる事項について付記登録を行う。

1－移転，この場合，承継人のすべての資格を記載する。
2－特許の出願又は特許権に設定されている一切の制限又は負担。
3－特許出願人又は特許権者の氏名，本社又は住所の変更。

第60条　付記登録は，その公告の日から，第三者に対して効力を生じる。

第8章　実施許諾

第1節　任意実施許諾

第61条　特許権者又は特許出願人は，実施許諾契約を締結することができる。

補項　特許権者は，特許権を保護するための一切の権限を実施権者に与えることができる。

第62条　実施許諾契約は，第三者に対抗するためには，INPIにおいて登録しなければならない。

補項1　登録は，その公告の日から，第三者に対抗する効力を生じる。

補項2　実施の証拠として有効であるためには，実施許諾契約は，INPIにおいて登録することを必要としない。

第63条　許諾された特許になされた改良は，それを行った者に属し，他方の契約当事者には，実施許諾について優先する権利が保障される。

第2節　実施権の開示

第64条　特許権者は，実施許諾を目的として，実施権の開示をINPIに請求することができる。

補項1　INPIは，実施権の開示の公告を行う。

補項2　排他的性質を有する任意実施許諾契約は，特許権者がその実施権の開示を取り下げていない限り，INPIにおいて登録されない。

補項3　排他的性質を有する任意実施許諾が設定されている特許は，実施権の開示の対象とすることはできない。

補項4　特許権者は，利害関係人がその実施権の開示の条項について明示的に同意する前であれば，いつでも，その実施権の開示を取り下げることができ，その場合，第66条の規定は適用されない。

第65条　特許権者と実施権者との間で合意が成立しない場合，両当事者は，実施料についてINPIに裁定を請求することができる。

補項1　本条の適用において，INPIは，第73条補項4の規定に従う。

補項2　実施料は，その裁定から1年が経過した後，見直すことができる。

第66条　実施権の開示がなされた特許については，名目のいかんを問わず，その実施権の開示から最初の実施許諾までの間において，その登録料を半分に減額する。

第67条　特許権者は，実施権者が実施許諾から1年以内に現にその実施を開始しない場合，1年以上実施を中断する場合，又は実施の条件を遵守しない場合，実施許諾の取消しを請求することができる。

第3節　強制実施許諾

第68条　特許権者が，特許に関する権利を濫用し，又はそれを通じて経済的地位を濫用した場合，法律の定めによりそれが証明されるときは，行政機関又は裁判所の決定により，特許の実施許諾が強制的に設定される。

補項1　次に掲げる場合にも，実施許諾が強制的に設定される。

1－特許製品を製造せず，もしくは不完全に製造し，又は特許を受けた方法の全部の使用を欠くことにより，ブラジル国内において特許の対象を実施しない場合，ただし，この場合，経済的に採算が取れないときを除き，輸入は認められる。
2－市場の需要を充たさない商品化の場合。

補項2　実施許諾は，正当な利益を有し，かつ，その特許の対象につき，優先的に国内市場に向け，実効的に特許を実施する技術的及び経済的能力を有する者のみがそれを請求することができ，この場合，前項第1号に定める例外には適用しない。

補項3　経済的地位の濫用により実施許諾が強制的に設定される場合，国内で製造を行おうとする被許諾者は，特許の対象が，特許権者により直接に又はその承諾に基づき，流通に置かれていたときに限り，第74条の定めにより限定される期間，それを輸入することができる。

補項4　特許の実施のために輸入する場合，及び前項に定める輸入の場合，特許の対象が，特許権者により直接に又はその承諾に基づき，流通に置かれていたときに限り，第三者も，方法の特許に基づいて製造された製品又は特許製品の輸入が認められる。

補項5　本条補項1に定める強制実施許諾は，特許権の付与の日から3年を経過した後でなければ請求することはできない。

第69条　強制実施許諾は，特許権者がその請求の日に次に掲げる証明をする場合，設定されない。

1－正当な理由により特許を実施していないこと。
2－実施のために確実かつ実効的な準備を行っていること。
3－法律上の障害により，製造又は販売ができないこと。

第70条　強制実施許諾は，次に掲げる各号のすべてに適合する場合にも設定される。

1－一つの特許が関連する他の特許と依存関係にある場合。
2－依存関係にある特許の対象が，先行特許に対し，十分な技術的進歩を有する場合。
3－特許権者が，先行特許の実施に関し，依存関係になる特許の権利者と合意に達しない場合。

補項1　本条において，その実施が先行特許の対象物の使用に必然的に依存しているものは，依存関係にある特許とみなす。

補項2　本条の適用において，方法の特許は，当該製品の特許に依存するものとみなし，製品の特許もまた当該方法の特許に依存するものとみなすことができる。

補項3　本条に規定に基づき実施許諾を受けた者は，依存関係にある特許につき，相互に関連する実施権を有する。

第71条　連邦行政府の命令により宣言された，国家緊急事態又は公共の利益にかかわる場合，特許権者又は当該実施権者がその必要性を認めないときは，権利者のそれぞれの権利を損なうことなく，職権により，暫定的で，排他的でない，特許の実施のための強制実施許諾が設定される。

補項　強制実施許諾を設定する命令には，存続期間及びその延長の可否を定める。

第72条　強制実施許諾は，常に排他的でないものとして設定され，再許諾は許されない。

第73条　強制実施許諾の請求は，特許権者に提供される条件を明示しなければならない。

補項1　特許権者は，実施許諾の請求があった場合，60日以内に自らの意見を申し出るため通知を受け，その意見の申出がなくこの期間が終了したときは，提供された条件により，特許権者がその請求を承認したものとみなす。

補項2　特許権の濫用又は経済的地位の濫用を主張して，強制実施許諾を請求する者は，それを証明する文書を提出しなければならない。

補項3　特許を実施していないことを理由として，強制実施許諾が請求された場合，特許権者は，その実施を証明しなければならない。

補項4　意見の申出があった場合，INPIは，必要な調査を行い，かつ特許権者に支払われる実施料を裁定するための委員会を設置することができ，この委員会にはINPIに属さない専門家を任命することができる。

補項5　連邦，州及び市郡の公的機関及び団体は，官公庁の内外を問わず，実施料の裁定を補佐するため，要請された情報をINPIに提供する。

補項6　実施料の裁定において，設定される実施許諾の経済的価値を必ず斟酌し，各事件の状況を考慮する。

補項7　手続が開始された場合，INPIは，60日以内に強制実施の設定及びその条件について決定する。

補項8　強制実施許諾の設定の決定に対する不服の申立ては，その実施を停止する効力を有しない。

第74条　強制実施許諾を受けた実施権者は，正当な理由がある場合を除き，その設定の日から1年以内に特許の対象の実施を開始しなければならず，ただし，その期間においては，実施を停止することができる。

補項1　特許権者は，本条の規定に反する場合，実施権の消滅を請求することができる。

補項2　実施権者には，特許を保護するための一切の権限が付与される。

補項3　強制実施許諾が設定された後において，その特許を実施する事業の一部を移転し，譲渡し，又は貸与する場合にのみ，これを移転することができる。

第9章　国防上の利害にかかわる特許

第75条　ブラジル国を原出願国とする特許の出願は，その対象が国防上の利害にかかわるものと認められる場合，秘密を保持して手続を行い，この法律に定める公告の対象とならない。

補項1　INPIは，60日以内に，その秘密の保持に関する意見を述べるよう，特許の出願を行政府の所管官庁に直ちに送付する。当該官庁が意見述べず，この期間が経過した場合，出願は，通常の手続により行う。

補項2　所管官庁の書面による許可がある場合を除き，当該出願の対象物が国防上の利害にかかわるものと認められる特許は，国外における出願及びそのいかなる公開も禁止する。

補項3　国防上の利害にかかわる特許の実施及び特許権もしくはその出願の移転は，あらかじめ所管官庁の承認を受けなければならず，出願人又は特許権者の権利が侵害される場合，常に，その損失を補償しなければならない。

第10章　発明追加証明

第76条　発明特許の出願人又は特許権者は，その発明の対象に加えた改良又は開発を保護するため，それが進歩性を欠く場合であっても，その内容が同一の発明概念に含まれるときは，そのための手数料を納付して，追加証明を請求することができる。

補項 1　主たる出願の公告が終了している場合，追加証明の請求を直ちに公告する。

補項 2　追加証明の請求の審査は，前項の規定を除き，第 30 条から第 37 条までの規定を準用する。

補項 3　追加証明の請求は，その対象が同一の発明概念を表するものでない場合，却下する。

補項 4　出願人は，審査請求の期間中，追加証明の請求を特許の出願に変更するよう請求することができ，そのための手数料を納付して，追加証明の請求の日を特許の出願の日とみなす利益を受ける。

第 77 条　追加証明は，特許権に従たるものであり，同一の存続期間を有し，かつ，すべての法的効力において特許権に従う。

補項　無効の審査において，特許権者は，追加証明に含まれている事項について，その特許可能性を確認するための査定を請求することができ，この場合，特許権の存続期間は損われない。

第 11 章　特許権の消滅

第 78 条　特許権は，次に掲げる場合，消滅する。

1－存続期間の満了。
2－特許権者の権利の放棄で，第三者の権利を害さない場合。
3－特許の取消し。
4－第 84 条補項 2 及び第 87 条に規定された年間特許料の未納。
5－第 217 条の違反。

補項　特許権が消滅した場合，当該特許の対象は，公共に属するものとなる。

第 79 条　特許権の放棄は，第三者の権利を害さない場合に限り，することができる。

第 80 条　最初の強制実施許諾の日から 2 年が経過し，かつ，この期間が特許権を濫用し，又は実施しないことを防止し，又は是正するために十分でない場合，正当な事由があるときを除き，職権により，又は正当な利害関係を有する者の請求により，その特許を取り消す。

補項 1　特許は，取消申立ての日又は職権による取消手続開始の日において，実施が開始されていない場合，これを取り消す。

補項 2　請求に基づいて開始された取消手続において，請求人がそれを取り下げた場合であっても，INPI は，手続を続行することができる。

第81条　特許権者は，60日以内に自らの意見を申し出るため，公報により通知を受け，実施についての挙証責任を負う。

第82条　審決は，前条に定める期間の満了の日から60日以内に行う。

第83条　特許取消しの審決は，取消申立ての日又は職権による取消手続開始の公告の日に遡って，効力を生じる。

第12章　年間特許料

第84条　出願人及び特許権者は，年間特許料を納付しなければならず，その初回は出願の日から第3年の始期とする。

補項1　年間特許料の前納については，INPIが定める。

補項2　特許料の納付は，各年度の最初の3か月間に行わなければならず，また，その通知にかかわらず，割増特許料の納付により，それに続く6か月間に，納付することもできる。

第85条　前条の規定は，ブラジル国内において有効な条約に基づいて行われた国際出願に適用し，国内の手続開始の日前に期限が到来した年間特許料の納付は，手続開始の日から3か月以内にしなければならない。

第86条　第84条及び第85条の規定による年間特許料の納付がない場合，出願書類が保管処分に付され，又は特許権が消滅する。

第13章　回復

第87条　出願人又は特許権者は，特許出願書類が保管処分に付され，又は特許権が消滅した場合，その通知の日から3か月以内に，そのための特許料を追納して請求し，特許の出願又は特許を回復することができる。

第14章　従業者又は役務提供者が行った発明及び実用新案

第88条　発明上の研究又は活動を目的にブラジル国内において履行する雇用契約から生じ，又は従業者の職務内容の結果として生じた発明及び実用新案は，使用者に専属する。

補項1　契約に明示した別段の定めがある場合を除き，本条の職務に対する対価は，契約に定める賃金を限度とする。

補項2　反証がある場合を除き，従業者が雇用関係の終了後1年以内に特許を出願した場合，その発明又は実用新案は，契約期間中に創作したものとみなす。

第89条　特許権者である使用者は，利害関係人との協議により，又は勤務規則に従い，発明又は改良の創作者である従業者に対して，特許の実施による経済的利益への参加を認めることができる。

補項　本条の利益参加は，名目のいかんを問わず，従業者の賃金に含まれない。

第 90 条　従業者が創作した発明又は実用新案は，雇用契約にかかわらず，使用者の援助，手段，資料，資材，施設又は設備を使用しなかった場合，本人に専属する。

第 91 条　契約に明示した別段の定めがある場合を除き，従業者の個人的貢献及び使用者の援助，資料，手段，資材，施設もしくは設備の使用の結果生じた発明及び実用新案の権利は，同一の持分において，両当事者が共有する。

補項 1　従業者が 2 名以上であるときには，契約に別段の定めがある場合を除き，その全員の持分は，各自に平等に帰属する。

補項 2　使用者は排他的な実施権を有し，従業者は正当な報酬を受ける権利を有する。

補項 3　特許の対象の実施は，別段の合意がない場合，特許を受けた日から 1 年以内に使用者によって開始されなければならず，これに反する場合，正当な理由により実施されないときを除き，当該特許権は従業者に専属する権利となる。

補項 4　権利の移転があった場合，特許権のいずれの共有者も，同一条件で，優先的にその権利を行使することができる。

第 92 条　本章の規定は，その性質に反しない限り，自営の労働者又は研修者と契約企業の間，及び契約当事者である事業者の間の関係に準用する。

第 93 条　本章の規定は，その性質に反しない限り，官公庁の内外及び財団を問わず，連邦，州又は市郡の公的機関及び団体に準用する。

補項　第 88 条に関し，特許の出願又は特許権により得る利益の一部を，本条の団体の定款又は内規に定める方式及び条件に従い，奨励のため，発明者に保障する。

第 2 編　意匠

第 1 章　意匠権者の資格

第 94 条　意匠の創作者には，その権利を確保するため，この法律の定めに従い，意匠の登録を受けることができる。

補項　第 6 条及び第 7 条の規定は，その性質に反しない限り，意匠の登録に準用する。

第 2 章　登録の要件

第 1 節　登録を受けることができる意匠

第 95 条　物の装飾的外形又は製品に使用される線と色彩の装飾的結合は，その外形に新規かつ独創的な視覚的効果を有し，工業生産を化体するものとして機能しうる場合，意匠とする。

第96条　意匠は，先行技術に含まれない場合，新規なものとみなす。

補項1　先行技術とは，本条補項3及び第99条に定める場合を除き，使用その他いずれかの手段により，ブラジル国内又は国外において，出願の日前に公知となったすべてのものをいう。

補項2　新規性を判断する場合に限り，ブラジル国内における特許又は意匠の登録の出願であって公告されていないすべての内容は，その後に公告される場合，その出願の日又は優先権の主張の日から，先行技術に含まれるものとみなす。

補項3　出願の日又は優先権の主張の日前180日間に公開された意匠は，第12条第1号から第3号までのいずれかに該当する場合，先行技術でないものとみなす。

第97条　意匠は，先行の他の物と比較して，独自の視覚的効果を有する場合，独創的なものとみなす。

補項　独創的な視覚的効果は，既知の要素の組み合わせによることもできる。

第98条　単なる美術的性質を有する創作物は，いかなるものも，意匠に含まれないものとする。

第2節　優先権

第99条　意匠の登録出願には，その性質に反しない限り，第16条の規定を準用し，この場合，同条補項3に定める期間は除外し，本条においては90日とする。

第3節　登録を受けることができない意匠

第100条　次に掲げるものは，意匠として登録することができない。

1－道徳及び善良な風俗に反するもの，個人の名誉もしくは肖像を侵害するもの，又は良心，信条，信仰もしくは思想の自由及び尊敬尊厳に値する感情を侵害するもの。

2－対象物の通常もしくは一般的に備える必然性のある形状，又は技術もしくは機能を確保するために不可欠な形状。

第3章　登録の出願

第1節　出願の受理

第101条　登録出願には，INPIが定める条件に従い，次に掲げるものを提出しなければならない。

1－願書。

2－必要な場合，明細書。

3－必要な場合，請求の範囲。

4－図面又は写真。

5－対象物の実施分野。

6－出願料の納付証明書。

補項　登録出願に添付される文書はすべて，ポルトガル語で作成して，提出しなければならない。

第102条　出願があったときは，まず，方式に関する先決審査を行い，出願が要件を適法に満たしている場合には受理され，願書の提出の日を出願の日とする。

第103条　第101条に定める方式の要件を具備していない場合であっても，出願人，意匠及び創作者に関する事項を記載しているときは，年月日が記載された受理証と引換えに，INPIはこれを受理し，5日以内に履行すべき補正を命じることができ，これに反する場合，出願は行われなかったものとみなす。

補項　補正命令が履行された場合，願書の提出の日を出願の日とみなす。

第2節　出願の条件

第104条　意匠登録の出願は，1個の単一の意匠対象物について行い，ただし，その対象物が，同一目的を有し，かつ，共通の支配的な識別性を相互に備える場合，出願当たり20を限度として，その変化形を出願することができる。

補項　図面は，その分野における専門的知識を有する者による複製を可能とするために，対象物及び変化形を明白かつ遺漏なく記載しなければならない。

第105条　第106条補項1の規定に基づき秘密にすることを請求した場合，出願は，出願の日から90日以内に取り下げることができる。

補項　先の出願が何らの効力を生じることなく取り下げられた場合，それに続く出願を優先する。

第3節　出願の手続及び審査

第106条　意匠登録の出願が行われ，かつ，第100条，第101条及び第104条に定める要件を満たす場合，その出願につき，直ちに公告し，同時に登録し，登録証を交付する。

補項1　出願の際の出願人による請求に基づき，出願は，出願の日から180日の間，秘密にすることができ，その後に手続を行う。

補項2　出願人が第99条の規定による利益を受ける場合，出願手続における優先権の主張に関する文書を提出しなければならない。

補項3　第101条及び第104条に定める要件を満たさない場合，補正が命じられ，60日以内にそれに応じなければならず，これに反するとき，出願書類は，終局的に保管処分に付される。

補項4　第100条に定める要件を満たさない場合，登録出願は，却下する。

第4章　登録及びその存続期間

第107条　登録証には，番号及び意匠の名称，創作者の氏名（第6条補項4の規定に従う。），登録権者の氏名，国籍及び住所，存続期間，図面，外国の優先権に関する情報，並びに，必要な場合には，明細書及び請求の範囲を記載しなければならない。

第108条　登録は，出願の日から10年の存続期間において効力を有し，引き続き5年ずつ3期にわたって更新することができる。

補項1　更新の出願は，手数料の納付証明書を添付し，登録の存続期間の最終年に行わなければならない。

補項2　登録権者は，登録の存続期間の満了までに更新の出願を行わなかった場合，割増手数料の納付により，それに続く180日以内に更新の出願を行うことができる。

第5章　登録による保護

第109条　意匠権は，有効な設定の登録により発生する。

補項　第42条並びに第43条第1号，第2号及び第4号の規定は，その性質に反しない限り，意匠の登録に準用する。

第110条　登録の出願の日又は優先権の主張の日前に，ブラジル国内においてその登録対象物を実施していた善意の者は，従前どおりの方式及び条件において，負担を伴わずに，引き続きそれを実施することができる。

補項1　本条の規定に基づく権利は，登録対象物の実施と直接の関係を有する事業もしくは会社又はその一部とともに，譲渡又は貸与によって，移転することができる。

補項2　本条に基づく権利は，第96条補項3の公開により登録対象物を知った者には，公開の日から6か月以内に出願があった場合，保障しない。

第6章　実体審査

第111条　意匠権者は，存続期間中いつでも，新規性及び創作性について，登録対象物の審査を請求することができる。

補項　INPIは，実体審査について意見を示し，第95条から第98条までに定める要件の少なくとも一つを満たしていないと認める場合，職権により，登録無効手続を開始することができる。

第7章　登録の無効

第1節　総則

第112条　この法律の規定に反する登録は，無効とする。

補項1　登録の無効は，その出願の日から意匠権を無効とする効力を生じる。

補項2　第94条の規定に反する場合，創作者は，選択的に，訴訟により意匠登録を請求することができる。

第2節　行政上の無効手続

第113条　意匠登録は，第94条から第98条までの規定に反してなされた場合，行政の決定として，無効とする。

補項1　無効の手続は，第111条補項に定める場合を除き，登録の日から5年以内に，職権により，又は正当な利害関係を有する者の請求により，開始する。

補項2　請求又は職権による手続の開始が，登録の日から60日以内に申し立てられ，又は公告された場合，登録の効力は停止する。

第114条　意匠権者は，公告の日から60日以内に自らの意見を申し出るため，通知を受ける。

第115条　意見の申出があったか否かにかかわらず，前条の期間の経過後に，INPIは，意見書を示し，意匠権者及び無効の申立人に対し，両者に共通の60日の期間内に自らの意見を申し出るよう通知する。

第116条　前条の期間の経過後は，意見の申出がない場合であっても，INPI長官は，審決をし，行政手続は終了する。

第117条　無効の手続は，登録が消除された場合も続行する。

第3節　無効確認の訴え

第118条　第56条及び第57条の規定は，その性質に反しない限り，意匠登録の無効確認の訴えに準用する。

第8章　意匠登録の失効

第119条　意匠登録は，次に掲げる場合，効力を失う。

1－存続期間の満了。
2－意匠権者の権利の放棄で，第三者の権利を害さない場合。
3－第108条及び第120条の登録料の未納。
4－第217条の規定の違反。

第9章　5年の登録料

第120条　意匠権者は，5年ごとの登録料を納付しなければならず，その初回は出願の日から第2期の5年とする。

補項1　第2期の登録料は，登録存続期間の5年目に納付する。

補項2　他の期の登録料は，第108条に定める更新登録の出願とともに納付する。

補項3　各期の登録料は，割増登録料の納付により，前項の期間に続く6か月間に，納付することもできる。

第10章　雑則

第121条　第58条から第63条までの規定は，その性質に反しない限り，本編に定める事項に準用し，第88条から第93条までの規定は，従業者又は役務提供者の権利に準用する。

第3編　商標

第1章　登録の要件

第1節　商標として登録を受けることができる標章

第122条　視覚的に識別性を有し，かつ，法令の禁止事由にあたらない標章は，商標として登録することができる。

第123条　この法律において，次に掲げる用語の意義は，各号に定めるところによる。

1－商品又は役務の商標　異なる出所を有する他の同一，類似又は同種の商品又は役務と識別するために用いられるものをいう。
2－証明商標　主として品質，特性，使用材料及び使用方法について，商品又は役務が別に定める基準又は技術仕様に従っていることを証明するために用いられるものをいう。
3－団体商標　特定の団体の成員に属する商品又は役務を識別するために用いられるものをいう。

第2節　商標として登録を受けることができない標章

第124条　次に掲げるものは，商標として登録することができない。

1－公式の，公的な，ブラジル国の，外国の又は国際機関の紋章，家紋，メダル，旗，記章，徽章及び記念碑，並びにこれに関する名称，図案又は模倣。
2－単独で使用される文字，数字及び日付で，識別性を十分に備えるもの以外のもの。
3－道徳及び善良な風俗に反するもの，個人の名誉もしくは肖像を侵害するもの，又は良心，信条，信仰もしくは思想の自由及び尊敬尊厳に値する感情を侵害する表現，図案，図画その他のあらゆる標章。
4－自ら登録の出願をしない場合における，団体及び公的機関の名称又は略称。
5－第三者の営業所もしくは会社の，独自性を有する呼称の複製又は模倣で，これらが表示する標章と混同させ，又は連想させるもの。

6－識別すべき商品もしくは役務と関連する一般的，必然的，共通的，慣用的もしくは単に記述的な性質の標章，又は製造し，もしくは役務提供をする性質，国籍，重量，価格，品質及び時期に関する製品もしくは役務の特徴を示すために通常使用する標章で，識別性を十分に備えるもの以外のもの。

7－単に宣伝広告の手段として用いられる表示又は標語。

8－色彩及びその名称で，独創的かつ識別性を備える羅列又は組合せ以外のもの。

9－地理的表示，誤認を生じさせるおそれがあるその模倣，又は虚偽の地理的表示となる標章。

10－商標の対象である商品又は役務の原産地，出所，特性，品質又は効用に関する虚偽の表示となる標章。

11－あらゆる種類又は特性の基準を保証する目的で，一般に使用する公印の複製又は模倣。

12－第154条の規定により，団体商標及び証明商標として第三者が登録した標章の複製又は模倣。

13－公の，又は公式に認められた，スポーツの，芸術的な，文化的な，社会的な，政治的な，経済的な，又は専門的な催物の名称，プレミアム品又は象徴，並びに誤認を生じさせるおそれがある模倣で，所管官庁又は主催団体が許可する以外のもの。

14－連邦，州，連邦区，直轄領，市郡又は外国が発行する債券，証券，硬貨及び紙幣の複製又は模倣。

15－民法上の氏名もしくはその署名，家名又は姓及び第三者の肖像で，本人，相続人又は承継人の承諾を得たもの以外のもの。

16－周知の別称もしくは呼称及び芸術活動における個人もしくは団体の名称で，本人，相続人又は承継人の承諾を得たもの以外のもの。

17－文学，芸術もしくは学術の創作物，及び著作権により保護され，混同もしくは連想を生じるおそれがある表題で，創作者又は著作権者の承諾を得たもの以外のもの。

18－識別すべき商品又は役務と関連し，産業，科学及び芸術の分野において使用される技術的用語。

19－混同又は連想を生じるおそれがある，同一，類似又は同種の商品又は役務を識別し，又は証明するために登録された，他の商標の全部もしくは一部又はこれに変更を加えたものの模倣又は複製。

20－同一の商品又は役務のための同一の商標権者の重複する商標で，識別性を十分に備える同一内容の商標以外のもの。

21－商品もしくは包装の必要的な，普通の，もしくは一般的な形状，又はその技術的効果から分離できない形状。

22－第三者の意匠登録により保護されているもの。

23－他の商標との混同又は連想を生じるおそれがある，同一，類似又は同種の商品又は役務を識別するものであって，その商標権者が，ブラジル国内，又はブラジル国が協定を締結し，もしくは互恵待遇を保障する外国に，本拠地又は住所を有し，出願人がその事業活動において当然に知り得る商標の，全部又は一部を模倣し又は複製した標章。

第3節　著名商標

第125条　著名なものとしてブラジル国において登録した商標は，すべての事業分野において，特別の保護を受ける。

第4節　周知商標

第126条　当該事業分野において周知されている商標は，工業所有権の保護に関するパリ条約第6条の2（1）の規定に基づき，ブラジル国において事前に出願又は登録されているか否かにかかわらず，特別の保護を受ける。

補項1　本条に定める保護は，役務に関する商標にも適用する。

補項2　INPIは，周知商標の全部又は一部を複製又は模倣した商標の登録出願を，職権により　却下することができる。

第2章　優先権

第127条　ブラジル国と国際協定を締結している国又は国際機関において行われた商標登録出願は，国内の出願と同一の効力を有し，当該協定に定められた期間において優先権を保障し　この期間に生じた事由により無効とならず，不利な取扱いも受けない。

補項1　優先権の主張は，出願に際して行い，60日以内に，ブラジル国における出願の日前の他の優先権による補足をすることができる。

補項2　優先権の主張は，出願又は登録に関する番号，年月日及びその謄本を含む，原出願国において有効な文書により，翻訳文を添付して証明し，その翻訳文のすべての内容は，出願人が責任を負う。

補項3　優先権の証明は，出願の際に行わない場合，出願の日から4か月以内に行わなければならず，これに反する場合，優先権を失う。

補項4　移転により取得した優先権については，これに関する文書を，優先権に関する文書とともに提出しなければならない。

第3章　登録出願人

第128条　自然人又は公法上もしくは私法上の法人は，商標登録を出願することができる。

補項1　私法上の法人は，自ら，又は直接もしくは間接的に支配権を有する会社を通じて，実効的かつ適法に実施している事業活動に関する商標の登録のみを出願することができ，この要件は，願書に記載しなければならず，これに反する場合，法律上の制裁を課す。

補項2 団体商標の登録は，団体にのみ出願が認められ，その団体はその成員とは異なる事業を行うことができる。

補項3 証明商標の登録は，証明される商品又は役務において直接の商業的又は工業的利害関係をもたない者のみが出願することができる。

補項4 優先権を主張する場合であっても，本編の規定による出願を免除しない。

第4章　商標に関する権利

第1節　権利の取得

第129条 商標権は，この法律の規定に従い，有効になされた登録に基づいて取得し，商標権者には，国内全域においてその排他的使用権を保障し，団体商標及び証明商標に関しては，第147条及び第148条の規定を適用する。

補項1 優先権の主張の日又は出願の日に，ブラジル国内において少なくとも6か月間にわたって，同一，類似又は同種の商品又は役務を識別し，又は証明するために，同一又は類似の商標を使用していた，すべての善意の者は，先使用権として，その登録することができる。

補項2 先使用権は，その商標の使用と直接の関係を有する会社の事業又はその一部とともに，譲渡又は貸与により，移転することができる。

第2節　登録による保護

第130条 商標権者又は出願人は，次に掲げる権利を有する。

1－商標登録又は登録出願の移転。
2－使用の許諾。
3－商標の物理的一体性又は信用の保持。

第131条 この法律に定める保護は，商標権者の事業活動に関する書類，印刷物，広告及び文書における商標の使用にも及ぶ。

第132条 商標権者は，次に掲げる行為を妨げてはならない。

1－商業者又は販売業者が，その販売促進活動及び販売において，識別性を備える自己の標章を，取扱商品の商標とともに使用すること。
2－部品製造業者が，商品の仕向け先を表示するために，公正な取引慣行に従って，商標を使用すること。
3－商標権者自ら又はその承諾を得た第三者によって国内市場に置かれた商品の自由な流

通で，第 68 条補項 3 及び補項 4 に定めるもの以外のもの。
4－営利目的を有さず，かつ，その識別性を害さない，講演，学術的又は文学的創作物その他あらゆる刊行物における商標の引用。

第 5 章　存続期間，移転及び付記登録

第 1 節　存続期間

第 133 条　商標登録は，登録の日から 10 年の存続期間において効力を有し，引き続き 10 年ごとに更新することができる。

補項 1　更新の出願は，出願料の納付証明書を添付し，登録の存続期間の最終年に行わなければならない。

補項 2　登録権者は，登録の存続期間の満了までに更新の出願を行わなかった場合，割増出願料の納付により，それに続く 6 か月以内に更新の出願を行うことができる。

補項 3　第 128 条の規定を満たさない場合，更新しない。

第 2 節　移転

第 134 条　登録の出願及び商標登録は，譲受人がその登録をするための法律に定める要件を満たす場合に限り，移転することができる。

第 135 条　移転は，同一，類似又は同種の商品又は役務に関し，譲渡人名義において登録又は出願された同一又は類似の商標のすべてを包含しなければならず，これに反する場合，移転されなかった商標は，登録が取り消され，又はその出願書類が保管処分に付される。

第 3 節　付記登録

第 136 条　INPI は，次に掲げる事項について，付記登録を行う。

1－移転，この場合，承継人のすべての資格を記載する。
2－商標登録の出願又は登録に設定されている一切の制限又は負担。
3－商標登録出願人又は商標権者の氏名，本社，又は住所の変更。

第 137 条　付記登録は，その公告の日から，第三者に対して効力を生じる。

第 138 条　次の決定に対して，不服を申し立てることができる。

1－移転の付記登録の却下。
2－第 135 条に基づく，登録の取消し又は出願書類の保管処分。

第 4 節　使用許諾

第 139 条　商標権者又は商標登録出願人は，その商品又は役務の仕様，性質及び品質につ

き実効的管理を行う自己の権利を害することなく，商標使用許諾契約を締結することができる。

補項　商標使用権者には，その固有の権利を害することなく，商標権を保護する，すべての権限が商標権者により与えられる。

第 140 条　商標使用許諾契約は，第三者に対抗するため，INPI において登録しなければならない。

補項 1　本条の登録は，その公告の日から，第三者に対して効力を生じる。

補項 2　使用証明のためには，商標使用許諾契約は，INPI において登録することを要しない。

第 141 条　使用許諾契約の登録を却下する決定に対しては，不服を申し立てることができる。

第 6 章　商標権の喪失

第 142 条　商標権は，次に掲げる場合，消滅する。

1－存続期間の満了。
2－商標が表示された商品又は役務の全部又は一部について行う，商標権者の権利の放棄。
3－商標登録の取消し。
4－第 217 条の違反。

第 143 条　商標権は，その登録の日から 5 年が経過した場合，次に掲げるときは，正当な利害関係を有する者の請求により，その請求の日に，取り消す。

1－ブラジル国内において商標の使用が開始されなかった場合。
2－継続して 5 年以上商標の使用が中断された場合，又は，同一の期間において，登録証に記載された本来の識別性を変更する改変を伴って使用された場合。

補項 1　商標権者が正当な理由により商標を使用しないことを証明した場合，商標登録を取り消さない。

補項 2　商標権者は，60 日以内に自らの意見を申し出るため，通知を受け，商標使用を証明し，又は正当な理由により使用しないことを証明する責任を負う。

第 144 条　商標の使用は，登録証に記載された商品又は役務を含むものでなければならず，これに反する場合，商標の使用が証明された商品又は役務に類似しないもの又は同種でないものに関する部分の登録は，取り消す。

第 145 条　5 年以内に請求された従前の手続において，商標の使用を証明し，又は使用しないことが正当であると証明した場合，取消しを請求することはできない。

第 146 条　取消し又はこれを認めない審決に対し，不服を申し立てることができる。

第7章　団体商標及び証明商標

第147条　団体商標登録の出願には，商標の使用条件及び禁止事項について定めた使用規約を記載する。

補項　使用規約が願書とともに提出されていない場合，出願の日から60日以内にこれを提出しなければならず，これに反する場合，出願書類は終局的に保管処分に付される。

第148条　証明商標登録の出願には，次に掲げる事項を記載する。

1－証明の対象となる商品又は役務の特性。
2－商標権者が採用する管理の方法。

補項　本条第1号及び第2号に定める事項を記載した書面が願書とともに提出されていない場合，出願の日から60日以内に，これを提出しなればならず，これに反する場合，出願書類は終局的に保管処分に付される。

第149条　使用規約を変更する場合，変更の内容を記載した届出書により，出願受理証と引換えに，INPIに通知しなければならず，これに反する場合，その変更は審査対象とならない。

第150条　商標の使用は，その使用許諾にかかわらず，使用規約に定める使用許可をもって足りる。

第151条　団体商標及び証明商標の効力は，第142条の消滅事由のほか，次に掲げる場合も，消滅する。

1－法人が存在しなくなった場合。
2－使用規約の定めとは異なる条件により商標が使用された場合。

第152条　団体商標登録の放棄は，その団体の定款もしくは寄附行為の規定，又は使用規約に従って申し立てることによってのみ，行うことができる。

第153条　団体商標は，その使用を許可された1人以上の成員が使用しなかった場合，第143条から第146条までの規定に従い，その登録を取り消す。

第154条　すでに使用され，かつ，その効力が消滅している団体商標及び証明商標は，その効力の消滅の日から5年が経過するまで，第三者の名義で登録することはできない。

第8章　商標登録出願

第155条　商標登録出願は，識別性を備えた1個の標章を対象に行い，INPIが定める条件に従い，次に掲げる書面を提出しなければならない。

1－願書。
2－必要な場合，図面。

3－出願料の納付証明書。

補項　願書及び添付書面は，ポルトガル語で作成して，提出しなければならず，外国語で作成された書面がある場合，その翻訳文を出願の時又はそれに続く60日以内に提出し，これに反する場合，その書面は審査対象とならない

第156条　出願があったときは，まず，方式に関する審査を行い，出願が要件を適法に満たしている場合には受理し，願書の提出の日を出願の日とする。

第157条　第155条に定める方式の要件を具備していない場合であっても，出願人，商標及び分類に関する事項を記載しているときは，年月日が記載された受理証と引換えに，INPIに出願することができるが，INPIは，5日以内に履行すべき補正を命じることができ，これに反する場合，出願はなかったものとみなす。

補項　補正命令が履行された場合，願書の提出の日を出願の日とみなす。

第9章　審査

第158条　出願があった場合，60日以内の異議の申立てのため，その出願を公告する。

補項1　異議の申立てがあった場合，出願人は，その旨の通知を受け，60日以内に自らの意見を申し出ることができる。

補項2　異議の申立て，無効の行政手続又は無効確認の訴えは，その申立てから60日以内に，第124条第23号又は第126条の規定を根拠として，この法律の定めに従い商標登録出願をしたことを証明しない場合，することができない。

第159条　異議の申立てのための期間が経過した場合，又は異議の申立てがあり，それに対する意見の申出のための期間が終了した場合，審査を行い，審査中は補正を命じることができ，それには60日以内に応じなければならない。

補項1　補正命令に応じなかったときは，出願書類は，終局的に保管処分に付される。

補項2　補正命令に応じた場合であっても，その履行が足りないとき，又はその補正命令に反論した場合，審査は続行する。

第160条　審査の結果，その商標登録出願につき，登録をすべき旨又は拒絶をすべき旨の査定をする。

第10章　登録証の交付

第161条　登録証は，出願につき登録をすべき旨の査定がされ，かつ，登録料の納付が証明された後に，交付する。

第162条　登録証の交付及び最初の存続期間10年に関する登録料の納付及びその証明は，登録査定の日から60日以内に行わなければならない。

補項　本条の登録料は，その通知の有無にかかわらず，特定登録料を納付することにより，本条に定める期間の経過後30日以内に納付し，証明することもでき，これに反する場合，出願書類は終局的に保管処分に付される。

第163条　登録証は，登録査定の公告の日に交付されたものとみなす。

第164条　登録証には，商標，登録番号及び年月日，商標権者の氏名，国籍及び住所，商品もしくは役務，登録の区分，並びに優先権に関する事項を記載しなければならない。

第11章　登録の無効

第1節　総則

第165条　この法律の定めに反してなされた登録は，無効とする。

補項　登録の無効は，その全部又は一部に及び，残余の部分が登録できると認められる場合，一部無効となる。

第166条　工業所有権の保護に関するパリ条約の締約国において登録された商標の権利者は，同条約第6条の7（1）の規定に従い，選択的に，訴訟により，その権利を登録すべきことを請求することができる。

第167条　無効の宣言は，その出願の日から登録を無効とする効力を生じる。

第2節　無効の行政手続

第168条　この法律に反してなされた登録については，行政上の効力として，無効を宣言する。

第169条　無効の手続は，登録証の交付の日から180日以内に，職権により，又は正当な利害関係を有する者の申立てにより，開始する。

第170条　商標権者は，60日以内に自らの意見を申し出るため，通知を受ける。

第171条　前条の期間の経過後は，意見の申出がない場合であっても，INPI長官は，審決をし，行政手続は終了する。

第172条　無効の手続は，登録を消除した場合にも続行する。

第3節　無効確認の訴え

第173条　INPI又は正当な利害関係を有する者は，商標登録の無効確認の訴えを提起することができる。

補項　裁判官は，手続き上の特定の要件が満たされている場合，無効確認の訴えの一件記録において，予防的に又は付随的に，商標登録及びその使用の効力の停止を決定することができる。

第174条　登録の無効確認の訴えは，登録の日から5年を経過した後は，提起することができない。

第175条　登録の無効確認の訴えは，連邦裁判所の管轄において審理され，INPIは，自らが原告でない場合には，参加人として訴訟に参加する。

補項1　登録権者である被告の答弁書の提出期間は，60日とする。

補項2　無効確認の訴えの判決が確定した後，INPIは，第三者に公表するため，その付記登録を公告する。

第4編　地理的表示

第176条　地理的表示とは，原産地の表示又は原産地の名称をいう。

第177条　原産地の表示とは，特定の生産物の採取採掘，生産もしくは製造又は特定の役務の提供の主たる場所として知られている国，その領内の都市，地方又は地域の地理的名称をいう。

第178条　原産地の名称とは，生産物又は役務の品質又は特徴が，自然的及び人的要因を含む，その地理的環境にもっぱら又は本質的に由来する場合，それらを特定する国，その領内の都市，地方又は地域の地理的名称をいう。

第179条　地理的表示の保護は，地理的表示の図又は図形による表現その他，その名称が地理的表示となる国，その領内の都市，地方又は地域の地理的表現にも及ぶ。

第180条　地理的名称は，商品又は役務を特定するものとして一般的に使用されるようになった場合，地理的表示でないものとみなす。

第181条　原産地の表示又は原産地の名称でない地理的名称は，原産地を誤認させるものでない限り，商品又は役務を識別するための商標の特性として用いることができる。

第182条　地理的表示の使用は，その場所で事業を営む生産者及び役務提供者に限られ，また，原産地の名称につき，品質表示の要件を満たすことを要する。

補項　INPIは，地理的表示の登録の条件を定める。

第5編　工業所有権侵害の罪

第1章　特許権侵害の罪

第183条　次に掲げる者は，発明特許権又は実用新案権の侵害の罪を犯したものとする。

1－特許権者の許可なく，発明特許権又は実用新案権の対象である製品を製造する者。
2－特許権者の許可なく，発明特許権の対象である手段又は方法を使用する者。

刑罰　3月以上1年以下の禁固又は罰金。

資　料

第184条　次に掲げる者は，発明特許権又は実用新案権の侵害の罪を犯したものとする。

1－発明特許権又は実用新案権を侵害して製造され，又は特許を受けた手段もしくは方法により得られた製品を，営利目的で使用するため，輸出し，販売し，販売のために展示し，もしくは提供し，保管し，隠匿し，又は受け取る者。

2－前号の目的のために，ブラジル国において特許を受けた発明もしくは実用新案の対象であり，又は特許を受けた手段もしくは方法により得られた製品で，特許権者自ら又はその承諾に基づいて，外国で流通に置かれていないものを輸入する者。

刑罰　1月以上3月以下の禁固又は罰金。

第185条　特許を受けた製品を構成する部品，又は特許を受けた方法を実施するための材料もしくは設備を，その部品，材料又は設備の合目的な使用が特許の対象の実施に不可欠に関連する場合に，供給すること。

刑罰　1月以上3月以下の禁固又は罰金。

第186条　この章の罪は，侵害が特許の請求の範囲の全部に及ばない場合，又は特許の対象と同等の手段に限定されている場合であっても，同様とする。

第2章　意匠権侵害の罪

第187条　意匠権者の許可なく，登録された意匠を用いる製品又は錯誤もしくは混同を生じさせるおそれがある精緻な模倣品を製造すること。

刑罰　3月以上1年以下の禁固又は罰金。

第188条　次に掲げる者は，意匠権侵害の罪を犯したものとする。

1－登録された意匠を不正に用いる物品又は錯誤もしくは混同を生じさせるおそれがある精緻な模倣品を，営利目的で使用するため，輸出し，販売し，販売のために展示しもしくは提供し，保管し，隠匿し又は受け取る者。

2－前号の目的のために，ブラジル国において登録された意匠を用いる製品又は錯誤もしくは混同を生じさせるおそれがある精緻な模倣品で，意匠権者自ら又はその承諾に基づいて，外国で流通に置かれていないものを輸入する者。

刑罰　1月以上3月以下の禁固又は罰金。

第3章　商標権侵害の罪

第189条　次に掲げる者は，商標権侵害の罪を犯したものとする。

1－商標権者の許可なく，登録された商標の全部もしくは一部を複製し，又は混同を生じさせるおそれがある方法で模倣する者。

2－流通に置かれている製品に付された他人の登録商標を改竄する者。

刑罰　3月以上1年以下の禁固又は罰金。

第190条　次に掲げる製品を輸入し，輸出し，販売し，販売のために展示しもしくは提供し，隠匿し又は保管する者は，商標権侵害の罪を犯したものとする。

1－他人の商標の全部又は一部を不正に複製し，又は模倣した商標を付した商品。
2－他人が登録した商標を付した容器，器物又は包装に容れた自己の製品又は商品。

刑罰　1月以上3月以下の禁固又は罰金。

第4章　商標，営業所の名称及び広告表示による罪

第191条　必要な許可を得ずに，公式の，ブラジル国の，外国の，もしくは国際機関の紋章，家紋もしくは徽章の全部もしくは一部を，錯誤もしくは混同をもたらすおそれがある方法で，商標，営業所の名称，商号，標章もしくは広告表示として，複製し，もしくは模倣し，又は営利目的をもって，その複製物もしくは模倣物を使用すること。

刑罰　1月以上3月以下の禁固又は罰金。

補項　本条の商標を付した製品を販売し，又は販売のために展示し，もしくは提供する者も，同様とする。

第5章　地理的表示及びその他の表示に対する罪

第192条　虚偽の地理的表示を付した商品を製造し，輸入し，輸出し，販売し，販売のために展示し，もしくは提供し，又は保管すること。

刑罰　1月以上3月以下の禁固又は罰金。

第193条　商品の真正の原産地を表示することなく，「型」，「種類」，「類」，「システム」，「類似品」，「代用品」，「同一品」，又はこれらに相当する他の補正用語を，製品，容器，包装，帯，ラベル，送り状，回状，ポスターその他，宣伝もしくは広告の手段に使用すること。

刑罰　1月以上3月以下の禁固又は罰金。

第194条　真正でない原産地を付した商標，商号，営業所の名称，標章，広告の標語もしくは表示，その他一切の形式を使用し，又はこれらの表示を使用した商品を販売し，もしくは販売のために展示すること。

刑罰　1月以上3月以下の禁固又は罰金。

第6章　不正競争の罪

第195条　次に掲げる者は，不正競争の罪を犯したものとする。

1－利益を得る目的で，競争関係にある者に損害を加えて，その手段にかかわらず，虚偽

の風説を流布する者。

2－利益を得る目的で，競争関係にある者に関する虚偽の情報を告知し，又は流布する者。

3－自己又は第三者の利益を図り，他人の顧客を奪うために，不正な手段を用いる者。

4－商品又は営業所との間に混同を生じさせるために，他人の広告の標語又は表示を使用し，又は模倣する者。

5－他人の商号，営業所の名称又は標章を不正に使用し，又はそれらを付した商品を販売し，販売のために展示し，もしくは提供し，又は保管する者。

6－他人の商品の名称又は商号を，その者の承諾を得ずに，自己の名称又は商号とする者。

7－事実に基づかない褒賞又は栄誉を，広告の手段として，自己のために使用する者。

8－他人の容器又は包装により，変造もしくは偽造した商品を販売し，販売のために展示しもしくは提供し，又は変造もしくは偽造していない商品の場合であっても，同種の商品を取引するために，他人の容器もしくは包装を使用する者（より重い罪にならない場合に限る。）。

9－利益を得る目的で，競争関係にある者の従業者に対し，その職務上すべき行為をさせないために，金銭その他利益を供与し，又は約束をする者。

10－自己の使用者と競争関係にある者に利益を与える目的で，その職務上すべき行為をせず，金銭その他利益を収受し，又は支払もしくは報酬の約束をする者。

11－周知のもの，又はその分野における専門的知識を有する者の見地に照らし自明であるものを除き，契約終了後であっても，契約又は雇用関係を通じて得たもので，工業，商業又は役務提供において使用可能な秘密の知識，情報又は資料を，許可なく漏えいし，利用し，又は使用する者。

12－前号の知識又は情報で，不正な手段によって取得し，又は詐欺的行為を通じて知ったものを，許可なく漏えいし，利用し，又は使用する者。

13－事実に反して，出願中の，もしくは取得済みの特許，もしくは登録済みの意匠の対象として，製品を販売し，もしくは販売のために展示し，もしくは提供する者，又は，特許の出願，特許の取得又は意匠の登録が行われたものとして，その対象を広告もしくは商業紙に表示する者。

14－非公開の実験結果その他の資料で，その実施又は作成に相当の労力が費やされ，かつ，製品の商業化の認可を得るための条件として政府機関に提出されたものを，許可なく，漏えいし，利用し，又は使用する者。

刑罰　3月以上1年以下の禁固又は罰金。

補項1　本条第11号及び第12号に定める場合には，企業の使用者，出資社員又は経営管理担当者が実行したときを含む。

補項2　本条第14号の規定は，公共の利益を保護するため必要な場合，製品の商業化を認可するために行う所管官庁の公開については，適用しない。

第7章　雑則

第196条　本編第1章，第2章及び第3章に定める禁固刑は，次に掲げる場合，その刑を3分の1から半分までを加える。

1－罪を犯した者が，特許権者もしくは登録権者又はその実施許諾権者もしくは使用許諾権者の代表者，代理人，代表権を有する使用人，出資社員もしくは従業者である場合，又はこれらの職にあった場合。

2－著名商標，周知商標，証明商標又は団体商標を変造し，複製し，又は模倣する場合。

第197条　本編に定める罰金刑については，刑法典の規定に従い，最低10日分から最高360日分までの罰金額を定める。

補項　罰金額は，前条の規定にかかわらず，罪を犯した者の情状及び取得した利益の程度により，その10倍まで加減することができる。

第198条　税関当局は，職権により又は利害関係人の請求により，税関検査を行う際に，偽造し，変造しもしくは模倣した商標を付した商品，又は虚偽の原産地を表示した商品を押収することができる。

第199条　本編に定める罪は，職権により公訴を提起できる第191条に定める罪を除き，告訴がなければ公訴を提起することができない。

第200条　工業所有権侵害の罪については，刑事訴訟並びに捜索及び押収を行う起訴前の捜査には，本章の定めるもののほか，刑事訴訟法典の規定を準用する。

第201条　方法の発明を対象とする特許権侵害の罪につき，捜索及び押収を行う捜査は，起訴前においては，裁判所職員が，鑑定人の立ち会いの下で，不正の存在を調査し，裁判官は，特許を受けた方法を使用して偽造者が得た製品の押収を命じることができる。

第202条　捜索及び押収を行う起訴前の捜査のほか，利害関係人は，次に掲げる措置を請求することができる。

1－準備をしていた場所，又は発見したいかなる場所であっても，犯罪目的で使用される前に，偽造し，変造し，又は模倣した商標を押収すること。

2－梱包又は商品自体の破壊を問わず，流通に置く前に，梱包又は商品に付した偽造の商標を破棄すること。

第203条　適法に設立し，現に工業又は商業活動を行う営業所における起訴前の捜査は，裁判官が命じる製品の捜索及び押収に限られ，適法に実施する事業活動を停止させることはできない。

第204条　捜索及び押収の捜査が行われた場合，それを害意，敵対意識，不合理な理由又は虚偽の事実により請求した当事者は，損害賠償の責任を負う。

第205条　刑事訴訟において，その訴訟の前提となっている特許又は登録の無効の主張は，防御の方法とすることができる。ただし，被告人の無罪は，特許又は登録の無効とならず，別訴によってのみこれを請求することができる。

第206条　訴訟手続において，当事者のいずれかの利益を防御するために，工業又は商業に関して秘密とされる情報を開示する場合，裁判官は，非公開で手続を進行することを決定し，他方の当事者に，他の目的のためにその情報を使用することを禁止する。

第207条　刑事訴訟とは別に，権利を侵害された者は，民事訴訟法典の定めに従い，相応する民事訴訟を提起することができる。

第208条　損害賠償の額は，権利を侵害された者がその侵害がなければ得られた利益により定める。

第209条　この法律に定めのない工業所有権の侵害行為及び不正競争の行為により，他人の声望又は取引を妨害し，商業，工業もしくは役務提供の事業者間，又は流通に置かれた商品及び役務の間に混同を生じさせる場合，権利を侵害された者は，これにより生じた損害の賠償を請求することができる。

補項1　裁判官は，回復不能又は回復困難な損害の発生を防止するため，必要と認める場合，被告に出頭を求める前に，金銭又は保証人により担保を立てさせ，当該訴訟の一件記録において，侵害又はそのおそれのある行為を停止すべき旨の仮処分を決定することができる。

補項2　登録された商標を明らかに複製し，又は模倣した場合，裁判官は，偽造され，又は模倣された商標を付した商品，製品，物品，包装，ラベルその他一切を差し押さえるべき旨の決定をすることができる。

第210条　侵害がなければ得られた利益については，次のうち，権利を侵害された者において，最も有利な基準により決定する。

1－侵害がなかった場合に権利を侵害された者が得られた利益。
2－権利を侵害した者が得た利益。
3－権利を侵害した者が，その対象を適法に実施することを許諾する権利の付与により，侵害を受けた権利者に支払ったであろう対価。

第6編　技術移転及びフランチャイズ

第211条　INPIは，第三者に対する効力を生じさせるために，技術移転を含む契約，フランチャイズ契約，その他同種の契約につき，その登録を行う。

補項　本条の契約の登録の出願に関する決定は，その出願の日から30日以内にする。

第7編　雑則

工業所有権法

第１章　審判請求

第 212 条　別段の定めがある場合を除き，この法律に定める決定に対し，60 日以内に審判請求を申し立てることができる。

補項 1　審判請求は，完全な停止的効力及び移審的効力を伴って受理され，その性質に反しない限り，原審査に関する規定のすべてを準用する。

補項 2　特許又は登録の出願書類の終局的な保管処分を命じる決定及び特許の出願，追加証明の請求又は商標登録追加の出願を認める決定に対し，審判請求を申し立てることはできない。

補項 3　審判請求については，INPI 長官が決定し，行政手続は終了する。

第 213 条　利害関係人は，審判請求に対して 60 日以内に反対の意見を述べるため，通知を受ける。

第 214 条　INPI は，審判請求の申立て理由を補足するため，60 日以内に履行すべきものとして，補正を命じることができる。

補項　本条の期間が経過した後，審判請求に対する決定をする。

第 215 条　審判請求に対する決定は，行政手続において終局的なものであり，新たに不服申立てをすることはできない。

第２章　当事者の行為

第 216 条　この法律に定める行為は，適格性を有する当事者又はその代理人により行う。

補項 1　委任状の原本，原本証明書又はその謄本は，ポルトガル語で作成しなければならず，この場合，領事認証及び署名認証を要しない。

補項 2　委任状は，通知又は補正命令とは別に，当事者の最初の行為から 60 日以内に提出しなければならず，これに反する場合，保管処分に付され，その特許，意匠登録及び商標登録の出願に関する文書は，終局的な保管処分に付される。

第 217 条　外国に住所を有する者は，適格性を有し，ブラジル国内に住所を有する者を，呼出しを受ける場合を含め，行政及び訴訟において代理する者として選任していなければならない。

第 218 条　願書は，次に掲げる場合，受理されない。

1－法定期間外に提出する場合。
2－提出の日に有効な金額の出願料の納付証明書を添付していない場合。

第 219 条　出願，異議申立て及び審判請求は，次に掲げる場合，受理されない。

1－法定期間外に申し立てる場合。
2－法的根拠を欠く場合。
3－その手数料の納付証明書を添付していない場合。

第220条　INPIは，その補正をすることができる場合，これを命じて，当事者の申立てを受理しなければならない。

第3章　期間

第221条　この法律に定める期間は，継続する期間とし，その経過により，当事者の行使できる権利は，正当な事由により行使しなかったことを証明する場合を除き，当然に消滅する。

補項1　当事者の意思にかかわらず，その行為の実行を妨げた，予見することができない事情は，正当な事由とする。

補項2　正当な事由が認められる場合，当事者は，INPIが定める期間に，その行為を実行する。

第222条　期間の計算においては，その初日は算入せず，その末日を含む。

第223条　期間は，INPIの公報により公告した日後の最初の執務の日から起算する。

第224条　この法律に別段の定めがない場合，行為を実行するための期間は60日とする。

第4章　出訴期間の満了

第225条　工業所有権の侵害に対する損害賠償請求の訴えは，5年を経過した後は，提起することができない。

第5章　国家工業所有権院の行為

第226条　工業所有権に関する行政手続上のINPIの行為は，次に掲げる事項を除き，INPIの公報により公告した日から効力を生じる。

1－この法律において，通知又は公告を必要としない旨の別段の定めをするもの。
2－手続の利害関係人に対し，郵便その他の伝達方法により通知した，行政上の決定。
3－当事者が知る必要のない，内部の意見書及び決定。

第6章　分類

第227条　この法律の第1編，第2編及び第3編の事項に関する分類は，ブラジル国内で効力を有する国際条約または協定に定めがない場合，INPIがこれを定める。

第7章　手数料

第228条　この法律に定める業務に対しては手数料を徴収し，その額及び納付手続は，

INPIを所管する連邦公共行政機関の長がこれを定める。

第8編　経過規定その他の付則

第229条　係属中の特許の出願についてはこの法律の規定を適用し，化学的な手段もしくは方法により得られる物質，材料もしくは製品，又は食用もしくは化学製薬用の物質，材料，混合物もしくは製品その他あらゆる種類の医薬品，並びに，それらの取得又は改変に関する方法の保護を目的として，第230条及び第231条の権利を行使していない出願人が1994年12月31日までにした出願の特許可能性に関するものを除き，この場合，その出願は，すべての法的効力において，却下したものとみなし，INPIは，その却下の通知を公表しなければならない。

補項　1995年1月1日から1997年5月14日までにした，農業用の薬品及び化学製品に関する特許の出願については，ブラジル国における法律上の出願の日，又は優先権の主張をする場合はその日に，この法律に定める特許の要件を適用し，その保護については，特許権の付与の日から，ブラジル国における出願の日から起算する第40条本文の期間を限度とした残余の期間において，これをする。

第229条のA　1995年1月1日から1997年5月14日までにした，方法の特許の出願は，1971年12月21日付法律第5772号第9条c号が保護しないものにつき，却下したものとみなし，INPIは，その却下の通知を公表しなければならない。

第229条のB　1995年1月1日から1997年5月14日までにした製品の特許の出願は，1971年12月21日付法律第5772号第9条b号及びc号が保護をしないものにつき，出願人が第230条及び第231条の権利を行使していない場合，この法律の定めに従い，2004年12月31日までに決定する。

第229条のC　薬品及びその製法の特許は，ANVISA（国家衛生監督局）の事前の承認を要する。

第230条　ブラジル国内において有効な条約又は協定の保護を受ける者は，化学的な手段もしくは方法により得られる物質，材料もしくは製品，又は食用もしくは化学薬品用の物質，材料，混合物もしくは製品その他あらゆる種類の医薬品，並びにそれらの取得又は改変に関する方法の特許について，特許権者自ら又はその承諾を得た第三者が，特許の対象をまったく流通に置いておらず，第三者がブラジル国内において出願又は特許の対象の実施のための現実的で実効的な準備をしていない場合に限り，これを出願することができ，この場合，外国における最初の出願の日をその出願の日とする。

補項1　出願は，この法律の公布の日から1年以内にしなければならず，外国における最初の出願の日を表示しなければならない。

補項2　本条に基づき受理した特許の出願は，当然に公告し，利害関係人は，本条本文の定める出願に対し，90日以内に意見を申し出ることができる。

補項 3　第10条及び第18条の規定に反しない場合，本条に定める条件を満たし，最初の出願を受理した国において特許を受けたことを証明したときは，ブラジル国において，原出願国において付与されたものと同様の特許権を付与する。

補項 4　本条に基づき付与する特許権については，ブラジル国における出願の日から起算する第40条（同条補項の規定を除く。）の期間を限度とした，最初の出願を受理した国において保護を受ける残余の期間につき，これを保障する。

補項 5　化学的な手段もしくは方法により得られる物質，材料もしくは製品，又は食用もしくは化学薬品用の物質，材料，混合物もしくは製品その他あらゆる種類の医薬品，並びにそれらの取得又は改変に関する方法につき，係属中の特許の出願人は，その出願の取下げを証明する文書を添付し，本条に定める期間及び条件に従い，新たに出願することができる。

補項 6　本条に基づく出願及び特許権については，その性質に反しない限り，この法律の規定を準用する。

第231条　前条に定める特許については，特許権者自ら又はその承諾を得た第三者が，特許の対象をまったく流通に置いておらず，第三者がブラジル国内において出願又は特許の対象の実施のための現実的で実効的な準備をしていない場合に限り，ブラジル人又はブラジル国内に住所を有する者がこれを出願することができ，この場合，発明の公開の日につき，法的効力を有する。

補項 1　出願は，この法律の公布の日から1年以内にしなければならない。

補項 2　本条に基づく出願の手続は，この法律の定めに従う。

補項 3　本条に基づき付与する特許権については，ブラジル国における出願の日から，発明の公開の日から起算する20年の残余の期間につき，これを保障する。

補項 4　前条の事項につき，係属中の特許の出願人は，その出願の取下げを証明する文書を添付し，本条に定める期間及び条件に従い，新たに出願することができる。

第232条　化学的な手段もしくは方法により得られる物質，材料もしくは製品，又は食用もしくは化学薬品用の物質，材料，混合物もしくは製品その他あらゆる種類の医薬品，並びにそれらの取得又は改変に関する方法の，旧法の規定に基づく製造又は使用は，ブラジル国内において有効な条約又は協定に基づき，他の国において製品又は方法の特許により保護されているものであっても，この法律の施行前と同一の条件の下で，なお効力を有する。

補項 1　本条に基づきブラジル国内において製造した製品又は使用した方法については，

名目のいかんを問わず，いかなる対価も，遡及し，又は将来においてその支払いを請求することはできない。

補項2　この法律の施行前に，本条に定める製品又は方法の実施のために主要な投資が行った場合，他の国において製品又は方法の特許により保護されているものであっても，同様に，前項に定める支払いを請求することはできない。

第233条　広告の標語及び標章並びに著名であることの表明による登録の出願については，終局的に出願書類が保管処分に付され，現行の登録及び表明は，残余の期間においてのみ効力を有し，更新することはできない。

第234条　1971年12月21日付法律第5772号第7条に規定された優先権の保証は，現に存する存続期間の終了まで，出願人につき，なおその効力を有する。

第235条　1971年12月21日付法律第5772号の改正前に付与された現に存する存続期間は，なおその効力を有する。

第236条　1971年12月21日付法律第5772号の改正前にした工業用ひな型及び産業デザインの出願は，当然に意匠登録の出願とみなし，すでに行われた公告は，すべての法的効力において，有効とする。

補項　本条の出願において，5年ずつ納付する登録料の計算において，既にした納付は有効とみなす。

第237条　1971年12月21日付法律第5772号に基づいて審査された工業用ひな型及び産業デザインの特許の出願については，第111条の規定を適用しない。

第238条　1971年12月21日付法律第5772号の改正前に行われた審査請求については，同法の規定に従い審決をする。

第239条　行政権は，INPIの財政及び職務権限の行使の独立性を確保するため，INPIにおいて次に掲げる必要な措置を講じることを求める権限を有する。

1－公募の任用試験を通じて，専門職員及び事務職員を採用する。
2－職員給与表を定め　INPIを所管する省の承認に付する。
3－組織及び内規を定め，INPIを所管する省の承認に付する。

補項　本条に基づき生じる経費は，INPIの独自の財源会計を充てる。

第240条　1970年12月11日付法律第5648号第2条を，次のように改正する。

「第2条　国家工業所有権院は，その社会，経済，法律及び専門的職務に鑑み，工業所有権を規律する法令を国内において執行し，工業所有権に関する条約，協定，協約又は合意に関する署名，承認及び終了通告について意見を表明することを主たる目的とする。」

第241条　司法府は，知的所有権に関する紛争を解決するために，特別部を設置することができる。

第242条　行政府は，必要と認める場合，南米南部共同市場（メルコスール）の他の締約国が採用する工業所有権の政策とこの法律との調和を図るため，法案を国会に提出しなければならない。

第243条　この法律は，第230条，第231条，第232条及び第239条に定める事項については，公布の日から施行し，他の条項については，公布の日から1年が経過した日から施行する。

第244条　1971年12月21日付法律第5,772号，1976年7月7日付法律第6,348号，1940年12月7日付大統領令第2,848号第187条から第196条まで，1945年8月27日付大統領令第7,903号第169条から第189条まで，その他この法律に抵触する法令は廃止する。

ブラジリア，1996年5月14日，独立から175年，共和制制定から108年

フェルナンド・エンリケ・カルドーゾ
ネルソン・A・ジョビン
セバスチオン・ド・レーゴ・バーロス・ネット
ペードロ・マラン
フランシスコ・ドルネーレス
ジョゼ・イスラエル・バルガス

●著作権法

<u>1998年2月19日付法律第9610号</u>

著作権に関する法律の変更，更新及び統合を行い，並びにその他の措置を定める，

共和国大統領は，議会が制定し，私が裁可した以下の法律を，ここに公布する。

第1編　総則

第1条　この法律は，著作者の権利及びこれに隣接する権利からなる著作権を定める。

第2条　ブラジル国外に住所を有する外国人は，ブラジルにおいて効力を有する協定，協約及び条約によって保証された保護を受ける。

補項　この法律の規定は，ブラジル人又はブラジル国内に住所を有する者に対して，相互主義に基づき，著作権又はこれに相当する権利の保護を保証する国の国民又はその国に住所を有する者に適用する。

第3条　著作権は，すべての法的効力において，動産とみなす。

第4条　著作権に関する法律行為については，限定的に解釈する。

第5条　この法律において，各用語の意義は次のように定める。

1－公表　態様，方法のいかんを問わず，著作者又は著作権者の許諾を得て，文芸，美術又は学術の著作物を公衆に提示すること。

2－送信又は発信　電波，衛星信号，電線，ケーブルその他の電気伝導体，光学的手段，その他電磁的手段により，音声又は音声映像を伝播すること。

3－再送信　事業者が他の事業者からの送信を同時に発信すること。

4－頒布　文芸，美術又は学術の著作物の原作品もしくは複製物，又は固定化された翻案もしくは実演，並びに音声記録著作物を販売し，貸し出し又はその所有権もしくは占有権を移転することにより，公衆の用に供すること。

5－公衆伝達　頒布以外の方法又は手段により，著作物を公衆の用に供する行為。

6－複製　文芸，美術もしくは学術の著作物又は音声記録著作物を，一又はそれ以上の部数で有形的に再製することをいい，恒常的又は一時的に電子的手段その他今後開発されるあらゆる固定手段により保存することを含む。

7－偽作　許諾を得ない複製。

8－著作物

a）共同著作物　2人以上の著作者が共同で創作した場合。

b）無名著作物　著作者の意思により，又は著作者が不明であることにより，著作者名が表示されない場合。

c）変名著作物　架空の氏名により，実名を表示しない場合。

d）未公表著作物　公表の対象としていないもの。

e）遺作　著作者の死後に公表したもの。

f）原著作物　著作物の原作品。

g）二次的著作物　原著作物の翻案により，新しい知的創作物となる著作物。

h）共同著作物　1人の自然人又は法人の着想，構成及び責任において創作し，その名義又は商標において公表し，それぞれの創作においてこれに寄与した複数の著作者が参加して構成されたもの。

i）音声映像著作物　再生により動きの表現を創出することを目的として，収録の方法，固定化のために当初又は事後に使用される手法並びに流通に利用される手段にかかわらず，音声付き又は音声なしの映像を固定化した結果生じるもの。

9－音声記録著作物　実演，翻案，その他の音声又は音声映像著作物に固定化されたものでない音声表現を固定化したすべてのもの。

10－出版権者　出版契約が定める範囲において，著作物を独占的に複製する権利及び著作物を公表する義務を有する自然人又は法人。

11－制作者　使用する手法の性質を問わず，音声記録著作物又は音声映像著作物の最初の固定化を着想し，その経済的責任を有する自然人又は法人。

12－放送　音声，音声映像又はこれらの表現物を，公衆が受信することを目的とする無線送信（通信衛星によるものを含む。），並びに，放送事業者又はその同意により公衆に復号手段が提供される場合の符号化した信号の送信。

13－翻案家又は実演家　文芸もしくは美術の著作物又は民俗伝承を，いかなる方法によるかにかかわらず，演じ，歌い，朗読し，朗詠し，翻案し，又は実演する俳優，歌手，演奏家，舞踊家その他のすべての者。

14－本来的権利者　知的創作の著作者，翻案家，実演家，音声記録著作物の製作者及び放送事業者。

第6条　著作物は，単にその援助があっただけでは，連邦，州，連邦区又は市郡に帰属しない。

第2編　著作物

第1章　保護を受ける著作物

第7条　知的創作は，既知又は今後考案されるものであるかを問わず，有形又は無形を問わず，いかなる手段により表現され，又はいかなる記録媒体に固定されたものであっても，次の各号のいずれかに該当するものは，著作物として保護を受ける。

1－文芸，美術又は学術の著作物の文章。

2－講演，訓示，説教，その他これに類する著作物。

3－演劇及び歌劇の著作物。

4－その実演が記述その他の方法により固定化された舞踊及び無言劇の著作物。

5－歌詞の有無を問わず音楽。

6－音声の有無を問わず，映画を含む，音声映像著作物。
7－写真及びこれに類する方法により制作された著作物。
8－図画，絵画，版画，彫刻，石版画及びキネティック・アートの著作物。
9－図表，地図，その他これに類する著作物。
10－地理学，工学，地誌学，建築学，造園技術，舞台装飾及び科学に関する設計図，図面及び模型。
11－新たな知的創作を表現した，原著作物の改作，翻訳，その他の翻案。
12－コンピュータ・プログラム。
13－内容の選択，構成もしくは配列により知的創作から構成される，抄録もしくは編集物，選集，百科辞典，辞書，データベースその他の著作物。

補項1　コンピュータ・プログラムには，この法律の規定によるほか，特別法の規定を適用する。

補項2　本条第13号の保護は，そのデータ又は部分には及ばず，その著作物を構成するデータ又は部分に存する著作者のいかなる権利にも影響を及ぼさないものとする。

補項3　科学の分野においては，保護は，その文芸又は美術の表現部分に及び，科学又は技術にかかわる内容については及ばず，無体財産権を構成するその他の部分を保護する権利にも影響を及ぼさない。

第8条　次の各号のいずれかに該当するものは，この法律が定める著作者の権利の保護の対象とならない。

1－思想，規範法則，体系，手法，素案，数学的概念等。
2－精神的な行動，ゲーム又は取引を行うための企図，計画又は規則。
3－学術的であるか否か，情報の種類を問わず，記入するための空欄のある書式及びその説明文。
4－条約もしくは協定，法律，政令，規則，判決及びその他の公文書の文章。
5－暦，日程表，台帳又は字幕等で，一般の使用に供される情報。
6－単なる名称及び題号。
7－著作物に含まれる着想の工業又は商業における利用。

第9条　著作者自身によって制作された有形美術の著作物の複製は，原作品と同一の保護を受ける。

第10条　著作物の保護は，その題号が独創的で，他の著作者が以前に公表した同種の著作物の標題と混同しない場合，その題号にも及ぶ。

補項　新聞を含む定期刊行物の題号は，最終号の発刊から1年間保護され，年刊刊行物については，保護期間を2年とする。

第 2 章　著作者

第 11 条　著作者とは，文芸，美術又は学術の著作物を創作する自然人をいう。

補項　著作者が受ける保護は，この法律が定める法人に準用する。

第 12 条　文芸，美術又は学術の著作物の創作者は，著作者の識別のため，正称又は頭文字にまで短縮した略称を含む，自己の民法上の氏名，変名，その他常用する記号を使用することができる。

第 13 条　前条の識別の方法のいずれかにより，著作物の使用において，これを常用することで著作者であることを表示し，又は発表する者は，反対の証明がない限り，その著作物の著作者とする。

第 14 条　公共に属する著作物を改作し，翻訳し，編成し，又は編曲する著作権を有する権利者は，これを複製する場合を除き，第三者の改作，編成，編曲又は翻訳に対し，その権利を主張することはできない。

第 15 条　共同著作権は，その著作物において氏名，変名又は常用する記号を使用する者が有する。

補項 1　文芸，美術又は学術の著作物の制作において，それを校閲し，もしくは更新し，又は発行その他の手段による発表を監督し，もしくは指揮して，単に著作者を補助する者は，共同著作者でないとみなす。

補項 2　各人の寄与を分離して個別的に利用することができる著作物の共同著作者には，個別の著作物として創作物が本来有する権利のすべてを保証するが，共同著作物の利用に損害を与えるおそれのある使用を禁止する。

第 16 条　歌詞，楽曲又は歌曲の題材又は構想の著作者並びに監督は，音声映像著作物の共同著作者とする。

補項　音声映像著作物に使用される図画を創作する者は，動画の共同著作者とする。

第 17 条　共同著作物の各参加者の権利は，保護する。

補項 1　いかなる参加者も，著作者人格権の行使として，共有著作物にその氏名を表示し，又は発表することを禁じることができ，この場合，契約で定める報酬を受ける権利を失わない。

補項 2　共同著作物全体の著作財産権は，その全体的形成をする者に帰属する。

補項 3　共同著作物の全体的形成をする者との契約は，参加者の寄与，引渡しもしくは制作の期限，報酬，その他の履行の条件を定める。

第 3 章　著作物の登録

著作権法

第18条　この法律に定める権利は，その登録にかかわらず，保護を受ける。

第19条　著作者は，1973年12月14日付法律第5988号第17条本文及び同条補項1に定める公共機関において，その著作物を任意に登録することができる。

第20条　この法律が定める登録手続に対しては手数料を納付しなければならず，納付の金額及び手続は，著作物の登録を管轄する連邦行政機関の長が定めるところによる

第21条　この法律が定める登録の事務は，1973年12月14日付法律第5988号第17条補項2の定めるところによる。

第3編　著作者の権利

第1章　総則

第22条　創作物に関する人格権及び財産権は，その著作者に帰属する。

第23条　著作物の共同著作者は，これと異なる定めがある場合を除き，全員の合意に基づき，その権利を行使する。

第2章　著作者人格権

第24条　著作者人格権は，次の各号に掲げる権利をいう。

1－著作物の創作者であることをいかなる時も主張することについての権利。
2－著作物の使用において，氏名，変名又は常用する記号を著作者のものとして表示し，又は発表することについての権利。
3－未公表著作物を公表されないことについての権利。
4－あらゆる改変，又は著作者としての声望もしくは名誉に対し損害を与え，もしくはこれを毀損するおそれのある，あらゆる行為に対して，その権利を主張し，著作物の一体性を保持することについての権利。
5－その使用の前後を問わず，著作物を改変することについての権利。
6－著作物の流通又は使用がその声望又は印象を毀損することとなる場合，その流通を止め，又は既に許諾したいかなる使用も停止することについての権利。
7－著作物の唯一で，希少な残存部が正当に他の者の所有となっている場合，写真もしくはこれに類する手段又は音声映像の手段により，記録に残す目的で，所有者の不利益を可能な限り最小限なものとし，いかなる場合も生じたすべての損害を賠償して，これに接近し，使用することについての権利。

補項1　本条1号から4号までに定める権利は，著作者が死亡した場合，相続人が承継する。

補項2　公共に属するものとなった著作物の一体性及びその権利の保護は，国がその責任を負う。

補項3　本条5号及び6号の場合，その性質に反しない限り，第三者に対する事前の補償をしなければならない。

第25条　音声映像著作物に関する著作者人格権の行使は，監督のみができる。

第26条　著作者は，その同意を得ることなく変更された建築計画について，建築物の施工中又はその終了後に，その著作者であることを否認することができる。

補項　建築主は，著作者の否認後に，否認した計画が著作者のものである，と述べた場合，常に，著作者が被る損害につき，責任を負う。

第27条　著作者人格権は，譲渡及び放棄をすることができない。

第3章　著作財産権及びその存続期間

第28条　文芸，美術又は学術の著作物を使用し，収益し，及び処分する権利は，もっぱら著作者に帰属する。

第29条　次の各号のいずれかの方法による著作物の使用は，著作者の事前かつ明示の許諾を要する。

1－その全部又は一部の複製。

2－出版。

3－改作，編曲その他の翻案。

4－言語を問わず，翻訳。

5－音声記録著作物又は音声映像著作物への組み込み。

6－著作物の使用又は利用に関し，著作者が第三者と締結した契約に拘束されない場合の頒布。

7－ユーザーの求めによりあらかじめ定められた日時及び場所において受信するため，ユーザーが著作物又は派生物を選択することができ，その使用に応じて支払いを行うシステムによりそれらへのアクセスをする，ケーブル，光ファイバー，通信衛星，電波その他の手段によって，著作物又は派生物を提供する場合の頒布。

8－次のいずれかの文芸，美術又は学術の著作物の直接的又は間接的な使用。

a）上演　朗読又は朗詠。

b）演奏。

c）拡声器又はこれに類する機器の使用。

d）音声又は音声映像の放送。

e）人の集来が頻繁な場所における放送送信の受信。

f）背景での音楽の再生。

g）音声映像，映画又はこれに類する手段による上映。

h）人工衛星の使用。

i）光ファイバー，有線もしくは無線の音声伝送，あらゆる種類のケーブル，その他これに類する将来採用される伝達手段の使用。

j）有形で具象的な美術の著作物の展示。

9－データベースへの組み込み，コンピュータでの保存，マイクロフィルム化，その他これに類する記録媒体による保存。

10－その他，既存の，又は将来考案されるあらゆる用法。

第30条　複製権の行使において，著作権者は，希望する方法，場所及び期間において，有償又は無償で，著作物を公に供することができる。

補項1　著作物，音声記録著作物又は翻案の著作物の複製が，一時的に，電子的手段において単に認識を可能にすることのみを目的とする場合，又は一時的で単発的な場合，著作権者により正当に許諾された使用の過程で生じるときは，排他的な複製権は主張できない。

補項2　いかなる形態の複製であっても，著作物を複製する者は，実施する経済的利用を監督するために，その記録を維持して，著作者に，その複製の部数を通知し，管理しなければならない。

第31条　文芸，美術，学術の著作物又は音声記録著作物は，使用の態様として異なるものであり，相互に関連せず，著作者又は制作者の使用の許諾は，それぞれ他の使用の態様には及ばない。

第32条　共同著作物として制作された著作物が不可分である場合，いずれの共同著作者も，その共同著作物を収集するときを除き，他の共同著作者の同意なしに，その損害を賠償して，これを公表し，又は公表を許諾することができる。

補項1　意見に相違がある場合，共同著作者は，その過半数で決する

補項2　反対する共同著作者は，利益分配への参加を放棄して，公表の費用を分担せず，及び著作物への自己の氏名の記入を禁じることができる。

補項3　各共同著作者は，他の共同著作者の同意なしに，個別に，共同著作物を登録し，その権利を第三者に対抗することができる。

第33条　何人も，著作者の許諾なしに，注釈し，評論し，又は改良する名目で，公共に属さない著作物を複製することはできない。

補項　評論又は注釈は，別に公表することができる。

第34条　信書は，その著作者が公表を許諾する場合，行政手続及び訴訟手続において，証拠書類として提出することができる。

第35条　著作者が，改訂により，著作物の確定版を定めた場合，承継人はそれ以前の版を複製することができない。

第 36 条　日刊紙又は定期刊行紙により公表された記述の経済的な使用の権利は，署名記事又は権利保護の記号が明記されている場合を除き，これと異なる定めがあるときを除き，発行者に帰属する。

補項　日刊紙又は定期刊行紙において公表するための署名記事の経済的な使用の許諾は，公表の日から，発行間隔に 20 日を加算した期間の経過後は効力を有せず，著作者は，その期間の終了により，その権利を回復する。

第 37 条　著作物の原作品又はその複製物を取得した場合であっても，当事者間に特約がある場合及びこの法律に別段の定めが場合を除き，その取得者は，いかなる著作財産権も取得しない。

第 38 条　著作権者は，美術の著作物の原作品又は自筆原稿を譲渡した場合，転売ごとにその価格が増加したときは，各増額分の少なくとも 5 パーセントを受領することができ，この権利は，放棄及び譲渡をすることができない。

補項　著作権者が，転売行為に対し追及権を行使できない場合，転売者を著作権者に支払うべき金員の受託者とみなし，転売が競売人によって行われたときは，競売人を受託者とみなす。

第 39 条　その使用による収益以外の著作財産権は，婚姻前にこれと異なる契約をした場合を除き，夫婦の共有に属さない。

第 40 条　無名又は変名の著作物については，その著作財産権は，これを公表する者が行使できる。

補項　著作者は，著作者であることを明らかにした場合，第三者が取得した権利を除き，その著作財産権を行使する。

第 41 条　著作財産権は，著作者が死亡した年の翌年の 1 月 1 日から 70 年が経過する時まで存続し，その承継は，民法が定める相続順位に従う。

補項　本条本文が定める保護期間は，遺作に準用する。

第 42 条　共同著作物として制作された文芸，美術又は学術の著作物が不可分である場合，前条に定める期間は，最終死亡した共同著作者の死亡から起算する。

補項　相続人を残さずに死亡した共同著作者の権利は，他の生存著作者に帰属する。

第 43 条　無名又は筆名の著作物に関する著作財産権の保護期間は，最初に公表した年の翌年の 1 月 1 日から 70 年が経過する時までとする。

補項　本条本文が定める期間の経過前に著作者が著作者であることを明らかにした場合，第 41 条及び同条補項の規定を準用する。

第 44 条　音声映像著作物及び写真著作物に関する著作財産権の保護期間は，公表した年の翌年の 1 月 1 日から 70 年が経過する時までとする。

第 45 条　著作財産権の保護期間が経過した著作物のほか，次の各号のいずれかの著作物はいずれの者にも属さないものとする。

1－承継人を残さずに死亡した著作者の著作物。

2－法的に保護されている民族的及び伝統的知識を除き，著作者不明の著作物。

第 4 章　著作権の制限

第 46 条　次の各号は，著作権の侵害とならない。

1－複製。

a）日刊紙又は定期刊行紙で公表された報道又は情報記事を，その出典を明記し，署名記事の場合は著作者名を記載して，日刊紙又は定期刊行紙に転載すること。

b）その種類を問わず，公衆を対象とした集会において行われた演説を日刊紙又は定期刊行紙に掲載すること。

c）注文により制作された写真その他の肖像の表現を，表現された人又はその相続人が反対の意思を表示しない場合に，その所有者が複製すること。

d）もっぱら視覚障害者の使用に供するため，営利を目的とせず，ブライユ式点字その他の視覚障害者支援の方法で，文芸，美術又は学術の著作物を複製すること。

2－私的使用のため，これを使用する当事者が，営利を目的とせず，著作物の一部分を一部複製すること。

3－研究，批評又は議論のために，その目的を達するために必要な範囲で，著作者の氏名及び出典を表示して，著作物の一部分を書籍，新聞，雑誌その他の媒体に引用すること。

4－教育施設における講義を受講者が抜粋すること，ただし，その講義を行った者があらかじめ明示の許可をしない限り，その抜粋の全部又は一部を公表することはできない。

5－商業施設がその使用を許す補助具又は機器を販売する場合に限り，もっぱら顧客に対して視覚的に見せるために，その商業施設において，文芸，美術もしくは学術の著作物，音声記録著作物並びにラジオ及びテレビによる送信を使用すること。

6－家庭内において，又は専ら教育を目的として教育施設において，営利を目的とせず，上映し，又は演奏すること。

7－訴訟手続又は行政手続における証拠として提出するために，文芸，美術又は学術の著作物を使用すること。

8－その性質にかかわらず，既存の著作物の一部分，又は有形な美術の著作物の場合，その全部について，著作物における複製で，複製すること自体を新しい著作物の主たる目的とせず，複製された著作物の正常な使用が妨げられず，著作者の正当な利益も不当に害さないもの。

第47条　パラフレーズ及びパロディーは，原著作物をそのまま複製したものでなく，原著作物の信用を損なうものでない限り，禁止しない。

第48条　公共の場所に恒常的に設置されている著作物は，絵画，図画，写真及び音声映像の手段により，自由に利用することができる。

第5章　著作権の移転

第49条　著作権は，著作者本人又は包括承継人もしくは特定承継人が，直接又は特定の権限を有する代理人により，使用許諾，許認可，譲渡その他法律が認める方法で，次の各号に掲げる制限に従い，その全部又は一部を，第三者に移転することができる。

1－権利の全部の移転は，著作者人格権及び法律に移転しないとして別段の定めのある権利を除き，著作者のすべての権利を対象とする。

2－権利の全部の確定的な移転は，その定めが契約上明記されている場合，することができる。

3－契約上明記されていない場合，期限を5年とする。

4－譲渡は，別段の定めがある場合を除き，契約を締結した国においてのみ効力を有する。

5－譲渡は，契約の締結の日に現に使用する態様のみについて，することができる。

6－使用の態様が特定されていない場合，契約は，その目的を達するために不可欠と認められる一つの態様のみに限定されたものとして，限定的に解釈する。

第50条　著作権の全部又は一部の譲渡は，書面による場合，有償と推定する。

補項1　譲渡は，第19条が定める登録に付記し，又は，登録していない著作物の場合，文書登記所において譲渡契約書を登録することができる。

補項2　譲渡契約書には，その目的及び期間，場所，価格その他の権利行使の条件を定めなければならない。

第51条　将来の著作物に関する著作権の譲渡は，5年の期間をこえることができない。

補項　期間の定めがない場合，又はこれより長い期間を定めた場合であっても，期間は5年とし，契約した価格は，これに比例して減額する。

第52条　著作物の公表において，著作者又は共同著作者の氏名を欠く場合であっても，著作権の無名又は譲渡を推定しない。

第4編　著作物及び音声記録著作物の利用

第1章　出版

第53条　出版権者は，出版契約により，文芸，美術又は学術の著作物を複製し，公表する義務を負い，著作者と取り決めた条件及び期間において，独占的に，著作物を出版し，経済的に利用する権利を有する。

補項　出版権者は，出版する各部に次に掲げる事項を記載する。

1－著作物の題号及び著作者の氏名。

2－翻訳の場合，原題号及び翻訳者の氏名。

3－出版の年。

4－その氏名又はそれを識別する標章。

第 54 条　前条の契約により，著作者は，出版権者が出版及び公表をしようとする文芸，美術又は学術の著作物を制作すべき義務を負う。

第 55 条　著作者の死亡又は支障により，著作物が完成に至らなかった場合，出版権者は，次の各号のいずれかの行為をすることができる。

1－著作物の相当部分が引渡し済みであっても，契約を解除したものとみなすこと。

2－独立し得るところにつき，それに比例した支払いにより，著作物として出版すること。

3－第三者に著作物の完成を命じること。ただし，相続人が同意し，その事実を出版物に明示する場合に限る。

補項　著作者が著作物の全部の出版のみをする意思を表示していた場合，又は相続人が同様の決定した場合，一部分の出版はすることができない。

第 56 条　これに反する旨を明示する条項がある場合を除き，出版契約は，単一の版の刊行についてのみを対象とする。

補項　契約に別段の定めがない場合，各版の発行部数は，3000 部とするものとみなす。

第 57 条　著作権使用料の額は，著作者が出版契約に明示していなかった場合，慣習に基づいて定める。

第 58 条　原作品がその合意したところに抵触して引渡され，出版権者がその受領の日から 30 日以内にこれを拒まない場合，著作者が加えた改変を承諾したものとみなす。

第 59 条　出版契約の条件にかかわらず，出版権者は，著作者に対し，該当する部分の帳簿の検査を妨げず，出版状況について報告する義務を負う。

第 60 条　出版権者は，販売価格を決定する権利を有する。ただし，著作物の流通を妨げる程度にまで価格を引上げることはできない。

第 61 条　出版権者は，著作権使用料が著作物の販売に応じたものである場合，異なる期限を合意しているときを除き，著作者に対し，毎月計算報告を行う義務を負う。

第 62 条　著作物は，特約により異なる期間を定める場合を除き，出版契約の締結の日から 2 年以内に出版されなければならない。

補項　法律又は契約に定める期限に著作物が出版されない場合，出版契約を解除することができる。出版権者は，これにより生じた損害を賠償すべき責任を負う。

第63条　著作者は，出版権者が権利を有する版の在庫が失われていない間においては，その著作物を自由に利用することはできない。出版権者は，その証明の責任を負う。

補項1　出版契約の存続期間中において，出版権者は，第三者による同一著作物の出版を流通から排除することを求める権利を有する。

補項2　出版権者の管理において，その版の総部数の10%を下回る部数を在庫において残すものとなった場合，該当の版は売切れたものとみなす。

第64条　出版権者は，その版が最初に販売された日から1年が経過した場合に限り，著作者に対し，30日間，当該部数を残品価格により取得する優先権を有する旨を通知したときは，その残存部を残品として販売することができる。

第65条　出版権者が，その版の在庫が失われ，再販売の権利を有するにもかかわらず出版しない場合，著作者は，出版権者に対し，再販売の権利を失い，損害に対し責任を負う旨を示して，一定の期間内に出版すべきことを通知することができる。

第66条　著作者は，その著作物の続版において，適当と認められる修正及び変更を加える権利を有する。

補項　出版権者は，その利益を害し，声望に損害を与え，又は責任を増大させる変更に対して異議を述べることができる。

第67条　その性質上，新しい版において著作物の改訂を避けることができない場合，著作者がそれを拒んだときは，出版権者は，出版物に当該事実を記載して，第三者にこれを委託することができる。

第2章　公衆伝達

第68条　著作者又は著作権者の明示の許諾をあらかじめ受けることなく，演劇の著作物，演奏もしくは歌唱の音楽及び音声記録著作物を，公衆への上演及び演奏に利用することはできない。

補項1　公衆への上演とは，戯曲，悲劇，喜劇，歌劇，軽歌劇，舞踊，無言劇その他これに類する演劇の著作物を，楽曲を伴うかどうかにかかわらず，実演家の参加により，有償又は無償で，人の集来が頻繁な場所において，又は放送，送信及び上映により，使用することをいう。

補項2　公衆への演奏とは，演奏もしくは歌唱の音楽を，有償もしくは無償で，実演家が参加することにより利用すること，又は人の集来が頻繁な場所において，あらゆる形式による放送もしくは送信及び映画の上映を含む，すべての方法により，音声記録著作物及び音声映像著作物を利用することをいう。

補項3　人の集来が頻繁な場所とは，劇場，映画館，ダンス又は音楽のホール，キャバレー，バー，その性質にかかわらず会員制の親睦団体又は協会，店舗，商業及び工業の施設，競技場，サーカス，見本市及び展示場，飲食店，ホテル，モーテル，診療所，病院，直接又は間接の行政機関，財団及び国営企業，陸上，海上，河川又は航空の旅客輸送手段，その他の文芸，美術又は学術の著作物が上演，演奏又は送信される，あらゆる場所をいう。

補項 4　興行主は，公衆への演奏にあたっては，あらかじめ，第 99 条に定める主たる事業所に対して，その著作物に関する納付証明書を提示しなければならない。

補項 5　その対価が集客数に応じたものである場合，興行主は，主たる事業所との協定により，演奏を実施した後にその価額を支払うことができる。

補項 6　利用者は，公衆伝達行為の後ただちに，利用した著作物及び音声記録著作物のすべての一覧を，公衆への演奏又は公開に関する権利の対価の徴収に責任を有する団体に提出し，その一覧につき，支払った価額とともに，電子的ウェブサイト又はこれがない場合はその伝達の場所及びその本部において公開し，自由に閲覧できるようにする。

補項 7　映画制作及び放送の事業者は，その番組又は音声映像著作物に含まれる音楽の著作物及び音声記録物の公衆への演奏に関し，これを許諾し，その報酬を定めた，個別又は集団による契約書，協定書又は合意書の認証謄本を，利害関係者の利用に直ちに供することができるよう，保管する。

補項 8　補項 7 に規定する事業者につき，補項 6 の規定による履行をするための期間は，前月に利用した著作物及び音声記録著作物のすべての一覧に関し，各月の第 10 営業日までとする。

第 69 条　著作者は，あらかじめ合意した契約の定めがある場合を除き，地域の慣習を考慮し，上演又は演奏の期間について興行主に通知する。

第 70 条　著作者は，十分に準備がされていない上演又は演奏に対して異議を述べ，上演又は演奏の期間において，それが行われている場所に自由に出入りして，これを監督することができる。

第 71 条　著作物の著作者は，その上演を行う興行主の合意を得ることなく，その内容を変更することはできない。

第 72 条　興行主は，著作者の承諾を得ることなく，上演又は演奏に関わらない者に著作物を引き渡すことはできない。

第 73 条　著作者及び制作者の全員の合意により選択された管弦楽又は合唱の主要な翻案家及び指揮者につき，制作者は，著作者の同意を得ることなく，その命じるところにより，これを交替させることはできない。

第74条　演劇の著作物の著作者は，その著作物の翻訳又は改作を許諾する場合，公衆への上演における利用の期間を定めることができる。

補項　本条が規定する期間の経過後，翻訳又は改作をした者は，その複製を除き，許諾された他の翻訳又は改作の使用に異議を述べることができない。

第75条　共同著作物である演劇の著作物の上演を許諾した場合，いずれの共同著作者も，契約に定めた期間を中断させるために，許諾を撤回することはできない。

第76条　著作者及び実演家が受けるべき興行の成果の一部を差押えることはできない。

第3章　有形美術の著作物の利用

第77条　特約がある場合を除き，有形美術の著作物の著作者がそれを具体化した目的物を譲渡するときは，それを展示する権利は取得者に移転するが，複製する権利は移転しない。

第78条　有形美術の著作物を複製するための許諾は，いかなる方法による場合であっても，書面によってしなければならず，有償であると推定する。

第4章　写真の著作物の利用

第79条　写真の著作物の著作者は，肖像についての展示，複製及び販売に関する制約に従い，保護されている有形美術作品に関するものである場合には，その撮影された著作物に関する著作者の権利を害しない範囲で，これを複製し，及び販売する権利を有する。

補項1　写真を第三者が使用する場合，その著作者の氏名を判読できる方法で表示しなければならない。

補項2　著作者があらかじめ許諾した場合を除き，原作品と完全に一致しない写真の著作物の複製をしてはならない。

第5章　音声記録著作物の利用

第80条　音声記録著作物を公表する場合において，制作者は，それぞれの部に，次に掲げる事項を表示する。

1－含まれる著作物の題号及び著作者の氏名。
2－翻案者の氏名又は変名。
3－公表の年。
4－制作者の氏名又はそれを識別する標章。

第6章　音声映像著作物の利用

第81条　音声映像著作物を制作するための，文芸，美術又は学術の著作物の著作者及び翻案家の許諾は，反対の定めがある場合を除き，その経済的利用に同意したものとみなす。

補項1　許諾による専有は，契約の明文に定められたところに従い，契約締結後10年で消滅する。

補項2　音声映像著作物のそれぞれの複製においては，制作者は，次に掲げる事項を表示する。

1－音声映像著作物の題号。

2－監督その他共同制作者の氏名又は筆名。

3－改作の場合，改作された著作物の題号及び改作者の氏名。

4－翻案家の氏名。

5－公表の年。

6－制作者の氏名又はそれを識別する標章。

7－吹替者の氏名。

第82条　音声映像制作の契約は，次に掲げる事項を定めなければならない。

1－制作者により，著作物の共同著作者並びに翻案家及び実演家に支払われる報酬，その支払の時期，場所及び方法を含む。

2－著作物を完成すべき期限。

3－共同制作の場合，共同制作者並びに翻案家又は実演家に対する制作者の責任。

第83条　音声映像著作物の制作の参加者が，一時的又は確定的にその参加を中止した場合，従前に関与した部分に関して取得した権利を失うことはないが，それが著作物において利用されること，及び第三者がこれを代行することに対し，異議を述べることはできない。

第84条　音声映像著作物の共同制作者の報酬が，著作物の経済的利用により生じる収益に応じるものである場合，他の期間が定められていないときは，制作者は，共同制作者に対し，6か月ごとに計算書を提出する。

第85条　音声映像著作物の共同制作者は，反対の定めがある場合を除き，自らが寄与したところから構成される部分について，異なる分野において，使用することができる。

補項　制作者が，定めた期間において音声映像著作物を完成しなかった場合，又は完成の時から起算して2年以内にその経済的利用を開始しなかった場合，本条の利用は制限がないものとする。

第86条　音声映像著作物に含まれる演奏もしくは歌唱の音楽の著作物及び音声記録著作物に関する演奏の著作権については，この法律第68条補項3　に定める場所もしくは営業所の責任者，又はそれを送信したテレビの発信者により，その著作権者に対し対価が支払われる。

第7章　データベースの利用

第87条　データベースに関する著作財産権の権利者は，そのデータベースの構造の表現形式に関して，次に掲げる事項を，許諾し，又は禁止する独占的権利を有する。

1－いかなる手段又は方法によるかにかかわらず，その全部又は一部を複製すること。

2－翻訳，改作，再配置その他の改変。

3－データベースの原作品又は複製の頒布又は公衆伝達。

4－本条2号に定める行為により生じたものの複製，頒布又は公衆伝達。

第8章　共同著作物の利用

第88条　共同著作物を公表する場合において，その全体的形成をする者は，それぞれの部に，次に掲げる事項を表示する。

1－著作物の題号。

2－参加者全員の表示，他の定めがない場合，アルファベット順による。

3－公表の年。

4－全体的形成をする者の氏名又はそれを識別する標章。

補項　参加者は，第17条補項1の定めの適用を受けるためには，その参加したものの引渡しまでに，書面により，全体的形成をする者にその旨を通知しなければならない。

第5編　著作隣接権

第1章　総則

第89条　著作者の権利に関する規定は，その性質に反しない限り，翻案家又は実演家，音声記録著作物の制作者並びに放送事業者の権利に準用する。

補項　本条の権利に対する，この法律の保護は，完全なものであり，文芸，美術又は学術の著作物の著作者に保障された権利に影響を及ぼさない。

第2章　翻案家又は実演家の権利

第90条　翻案家又は実演家は，有償又は無償の名義にかかわらず，次に掲げる事項を，許諾し，又は禁止する独占的権利を有する。

1－翻案又は実演の固定。

2－固定された翻案又は実演の複製，公衆への演奏及び賃貸。

3－固定されているか否かを問わず，その翻案又は実演の放送。

4－個別に選択される時間及び場所において，いかなる者でも利用し得るようにする方法で，翻案又は実演の著作物を公衆の利用に供すること。

5－翻案又は実演の利用のその他のあらゆる形態。

補項1　翻案又は実演に多数の実演家が参加している場合，その参加者の権利は，その全体を代表する者が行使する。

補項2　翻案家又は実演家に対する保護は，それらが実演に組み合わされている場合，その音声及び映像の複製にも拡大して及ぶ。

第 91 条　放送事業者は，翻案家又は実演家が，定めた回数を発信しての利用を許諾していた場合，その翻案又は実演を固定することができ，それを公的な保管所に保存することができる。

補項　国内又は国外における，固定したものの再利用は，その番組に含まれる知的財産の権利者が書面により許諾した場合にのみ適法であり，この場合，新たな利用の度に，権利者に追加的に対価を支払う。

第 92 条　翻案の同一性保持権及び一身専属権である著作者人格権は，その著作財産権を譲渡した後を含め，翻案家に帰属し，参加した著作物につき，制作者の責任において，縮小し，小型化し，編集し，又は吹き替えることは妨げられないが，制作者がその翻案家による翻案を変更することはできない。

補項　いかなる音声映像著作物の参加者が死亡した場合であっても，それが完成しているか否かを問わず　追加的な許諾を必要とせず，その公開及び経済的利用は妨げられず，契約及び法律に定められていた死亡した者に対する報酬は，遺産財団又は相続人のために効力を有する。

第 3 章　音声記録著作物の制作者の権利

第 93 条　音声記録著作物の制作者は，有償又は無償の名義にかかわらず，次に掲げる事項を，許諾し，又は禁止する独占的権利を有する。

1－全部又は一部の，直接又は間接の複製。

2－複製した部の，販売又は賃貸の方法による頒布。

3－放送による場合を含む，演奏の方法による公衆伝達。

4－（大統領拒否）。

5－その他，既存又は将来考案されるあらゆる方法による利用。

第 94 条　（削除）。

第 4 章　放送事業者の権利

第 95 条　放送事業者は，その発信につき，再送信，固定及び複製，並びに人の集来が頻繁な場所におけるテレビによる公衆伝達を，許諾し，又は禁止する独占的権利を有し，この場合，その番組に含まれる知的財産権の権利者の権利を害することはできない。

第 5 章　著作隣接権の期間

第 96 条　著作隣接権の保護期間は，音声記録著作物についてはその固定，放送事業者の発信についてはその送信並びにその他の場合については上演及び演奏があった年の翌年の 1 月 1 日から起算して　70 年とする。

第 6 編　著作者及びこれに隣接する権利の権利者団体

資　料

第97条　著作者及び著作隣接権の権利者は，その権利の行使及び保護のために，営利を目的としない団体を結成することができる。

補項1　本条の規定により組織される団体は，この法律の規定に基づき，公共の利害に関する業務を行い，その社会的役割を果たさなければならない。

補項2　同じ性質の権利を集団的に管理する二以上の団体に，同時に加入してはならない。

補項3　権利者は，いつでも，文書により，元の団体にその事実を通知して，他の団体に移籍することができる。

補項4　国外に本部を有する団体は，ブラジル国内においては，この法律の規定に従って設立される国内の団体が，これを代理する。

補項5　国内の団体に直接加入した，著作権又は著作隣接権の本来的権利者のみが，本条の規定により組織される団体の議決権及び被議決権を行使することができる。

補項6　ブラジル人又はブラジルに居住する外国人で，国内の団体に直接加入した著作権又は著作隣接権の本来的権利者のみが，本条の規定により組織される団体において，その役員の職に就任することができる。

第98条　第97条の団体は，加入行為により，著作者の権利の裁判上又は裁判外における防御に必要なすべての行為，並びに著作権使用料の徴収業務の実施を，その会員に代わって行う。

補項1　本条本文の徴収業務の実施は，第98条のAに規定する連邦行政機関における資格付与を得た団体についてのみ合法とする。

補項2　団体は，あらゆる著作物又は音声記録著作物の使用料の徴収において，平等，効率及び透明性を原則としなければならない。

補項3　団体は，その会員の利益のために，著作物の利用について妥当性，信義及び地域の慣習を考慮して，その演目の使用料を定めなければならない。

補項4　使用料の徴収は，この法律の規定に従い，その業務の実施における実演の重要性及びそれぞれの分野の特性を考慮して，常に，利用者による著作物及び音声記録著作物の利用の程度に比例したものとする。

補項5　団体は，会員を公平に取り扱わなければならず，差別的な取り扱いをしてはならない。

補項6　団体は，情報の改ざん及び偽造を防ぎ，類似する題号の著作物との混同を避けるために，契約書，証書，その他の著作物及び音声記録著作物の著作関係及び権利関係，並びにそれぞれの著作物及び音声記録著作物における個人の参加を証明する，あらゆる性質の書類のすべてを集約した台帳を保管しなければならない。

補項7　補項6の情報は公共に属し，あらゆる利害関係人に対し，電子的手段により，無償で利用することができるようにしなければならず，文化省に対しては，それらの情報について継続的及び全面的に利用を拒んではならない。

補項8　文化省は，補項6の情報に齟齬がある場合，利害関係人から通知があったときは，広範な防御及び意見陳述の権利を保障して，政令の定めに従い，それを正常なものとするための修正その他の必要な処分を決定することができる。

補項9　団体は，利用者が利用した著作物及び音声記録著作物の統計を定期的に報告し，権利者が徴収し，分配した金額を追跡確認するための情報システムを利用できるようにしなければならない。

補項10　不明な債権及び金額は，処分を保留し，権利者が処分するまで5年間，保管し，判明した順に分配しなければならない。

補項11　保留した債権及び金額が判明しないまま補項10に定める5年の期間が満了となった場合，これらは，その保留期間中に，徴収されたものと同一の名目及びそのそれぞれの徴収の割合に応じて，著作権及び著作隣接権の権利者に分配し，他の目的に使用してはならない。

補項12　著作権使用料の徴収及び分配の実施において団体が遂行する管理の手数料は，それぞれの管理業務の特徴を考慮した上で，それに要する実費に比例するものでなければならない。

補項13　団体の役員は，3年の任期で選任し，再度の選任により1回のみ再任することができる。

補項14　団体の役員は，その議決を通じて，その業務を直接執行し，第三者による代理に委ねてはならない。

補項15　著作権の権利者は，その48時間前までに，加入している団体に通知することにより，本条本文及び補項3に定める行為を自ら行うことができる。

補項16　団体は，その最高決議機関の決定及び定款の規定により，その業務から生じる資金の全額の20%まで又は一部を，団体を構成する会員の利益となる文化的及び社会的な性質を有する行為に充てることができる。

第98条のA　第98条に定める徴収業務の実施は，連邦行政機関における業務開始前の資格付与によるものとし，その行政手続は，次に掲げる事項に従う。

1－申請団体の定款により，その設立について法令が定める要件を満たしていること。

2－申請団体が，次に掲げる書面及び情報により証明することにより，委託された権利の効率的で透明性のある管理並びに登録された著作物及び著作権者の明確な代理権限を保証するために必要な条件を具備していることを報告すること。

a)　代理する著作物及び権利者の登録。

b)　適用できる場合，その演目の著作物の利用者との間で締結している契約及び協定。

c)　定款及びその変更。

d)　定時総会又は臨時総会の議事録。

e)　海外に同種の団体がある場合，それとの相互代理の合意。

f)　適用できる場合，業務の年次報告書。

g)　適用できる場合，各年度の財務諸表。

h)　適用できる場合，使用形態ごとに異なる徴収及び分配の費用に管理費が比例していることの証明。

i)　団体が1年以上活動し，会員の過半数又は第100条に定める職種の組合もしくは協会が会計監査を要請した場合に限り，外部会計監査人の年次決算報告書。

j)　会員の公平な代表の方法を含む，団体の統治方式の詳細。

k)　役員の報酬，特別の手当，特別の配当その他の報酬及び賞与の更新される金額を含む，職務及び給与の計画。

3－加入する国際条約内でブラジル国に疑義が生じ得る，申請団体の国際契約における義務の履行を報告するなど，連邦行政機関が規則に定めたその他の情報を報告すること。

補項1　本条本文第2号及び第3号に定める書面及び情報は，毎年，文化省に提出しなければならない。

補項2　第98条補項1に定める資格付与は，この法律及びその規則により定められた要件を満たすことを明らかにする評価の行為であり，定期的に更新する必要はないが，団体がこの法律の定めを満たしていないことが確認された場合，意見陳述の権利及び広範な防御を必ず保障し，検察庁にその事実を通知して，行政又は司法の手続において決定することにより，無効となる。

補項3　第98条補項1に定める資格付与の取消しは，連邦行政機関の規則に従い，認められた違反の重大性及び重要性，違反者の信義及び違反の再発可能性を考慮し，権限のある機関が適示した補正命令に対応するために相当の期間が定められたときは，警告をした後においてのみ，その効力を生じる。

補項4　本条補項2の適用により，特定の分野の権利者を代理すべき団体が存在しなくなった場合，利用者は，第68条に定める義務を免除されず，資格付与の申請の却下，資格付与の無効又は取消しから，この法律の定めに従って承継団体が新たな資格付与を取得し，又は設立されるまでの期間に関しては，これを履行しなければならず，承継団体は，資格付与の申請の却下もしくはその無効から承継団体による新たな資格付与の取得までの期間に関して，著作権又は著作隣接権の使用料の額の決定に責任を負う。

補項5　本条の定めにより資格付与が無効となった団体，権限を有する機関において資格付与の審査が存在しない，又は保留中である団体，その他の違反事項を有する団体は，それらの事実を徴収済みの金員を分配しない理由とすることはできず，これに反する場合，その役員は，第100条のAに定める直接の責任を負い，これにより刑事罰による適当な制裁は妨げられない。

補項6　著作権集団的管理団体は，会員に対し，本条第2号及び第3号に定める書面及び情報を常に更新し，これを提供できるように保管しなければならない。

第98条のB　著作権集団的管理団体は，その職務の遂行において，次に掲げる義務を負う。

1－固有のウェブサイトにより，徴収金額の計算及び基準の方式を公開し，透明性のあるものとし，この場合，その他の情報中に，利用者により供された著作物及び音声記録著作物の利用についての申請書その他の記録を含め，個別に著作権者に分配した金額を除き，利用者の種類，利用の時期及び場所，並びに徴収した著作権使用料の分配基準を区分して明記すること。

2－固有のウェブサイトにより，定款，徴収及び分配の規程，議決機関の議事録，代理する著作物及び権利者の登録，並びに徴収し，分配した金額，及び徴収し，一時的に未分配となっている債権，その原因及び保留の理由を公開し，透明性のあるものとすること。

3－管理費の削減，権利者への使用料の分配期間の短縮その他の手段により，業務効率の向上に努めること。

4－権利者に対し，技術的状況の中で最も効果的な方法により，貸借対照表を閲覧できるよう，技術的手段を提供すること。

5－実施された公衆への実演をその都度より完全なものへ洗練するためのシステムを改良し，毎年，検証，見本化及び評価の方法を公表すること。

6－会員に対し，守秘義務の条項を伴う契約，合意又は協定の締結はしないものとして，権利者についての著作物に関する情報及びそれぞれの著作権につき評価を受けた実演の利用を保証すること。

7－利用者に対し，その者が実施した利用に関する情報の利用を保証すること。

補項　本条第1号及び第2号の情報は，6ヶ月を超えない間隔で，定期的に更新しなければならない。

第98条のC　著作権集団的管理団体は，その会員に対し，定期的に，直接の方法により，債権債務に関する計算書類を提出しなければならない。

補項1　会員は，計算書類の提出を求める権利を直接行使することができる。

補項2　補項1において，計算書類が提出されない場合，会員は，文化省に対し，その請求をすることができ，文化省は，政令に従い，審査を経て，団体に計算書類の提出を命じることができる。

第99条　演奏もしくは歌唱の音楽の著作物及び音声記録著作物の公衆への演奏に関する権利についての徴収及び分配は，その権利者によって集団的管理の目的で設立される団体を介して行い，これらの団体は，徴収及び分配のための，唯一の主たる事業所において徴収事務を集約しなければならず，この事業所は，独自の法人格を有して徴収機関として機能し，第98条補項1から補項12まで，及び第98条のA，第98条のB，第98条のC，第99条のB，第100条，第100条のA並びに第100条のBに従うものとする。

補項1　本条本文の規定により組織される徴収機関は，営利目的を有さず，加入するそれぞれの団体の議決権の行使を通じて，運営し，管理する。

補項2　本編にいう徴収機関及び団体は，その加入する権利者の訴訟代理人として，それぞれの固有の名において，裁判上又は裁判外の行為を行う。

補項3　徴収機関によるいかなる金員の徴収も，銀行振込によってのみ行う。

補項4　著作者その他権利者への分配に充てられる金員の額は，この法律の公布の日から1年間においては，徴収金額の77,5%未満であってはならず，その額は，この法律の公布の日から4年間においては，徴収金額の85%未満となることがないよう，年間2,5%の割合で増額する。

補項5　徴収機関は，監査委員を選任することができ，監査委員は，いかなる名目であるかにかかわらず，利用者から金員を受けてはならない。

補項6　補項5の規定に反した場合，監査委員の職務は，その資格を失うこととなり，検察庁への事実の通知並びに適当な民事上及び刑事上の制裁の適用は妨げられない。

補項7　徴収機関及び集団的管理団体は，徴収が継続するよう管理しなければならず，いずれかの団体がその資格を失った場合においては，権利者にいかなる損害も生じることがないよう，権利について徴収及び分配の手続に必要となるすべての情報を移転して，団体間の移行に協力しなければならない。

補項8　団体は，第98条補項3の規定に反することなく，徴収のための徴収機関とともに，その演目の使用料を定めて統一しなければならず，徴収機関は，使用料を統合した団体の代理人としてその業務を行う。

補項9　徴収機関は，統一した方式により利用者から使用料を徴収し，この法律の規定，特に第98条補項3及び補項4に定める基準に従い，団体へ徴収した使用料の分配をすべき義務を負う。

第99条のA　第99条本文に定める徴収機関は，それを組織した団体のほか，その業務分野と関連があり，第98条のAに基づき連邦行政機関において資格付与を得た著作権の権利者の団体を加入させなければならない。

補項　徴収した金員の分配基準に関する議決は，徴収機関を構成するそれぞれ加入団体が個々に有する議決権の行使を通じて行う。

第99条のB　本編にいう団体は，経済秩序の侵害に対しその予防及び抑制のための特別法において定める競争に関する規定に従わなければならない。

第100条　著作権集団的管理団体が加入するその職種の組合又は協会は，年に1回，自らの費用をもって，8日前の通知により，外部会計監査人を介して，その著作権団体がこれに代理される者に提出した決算報告書を，検査することができる。

第100条のA　著作権集団的管理団体の役員は，目的からの逸脱，又は故意もしくは過失による会員に対する義務の不履行に関し，その固有の財産をもって連帯して責任を負う。

第100条のB　支払の不履行，徴収基準，項目の提供方法及び徴収金額に関する利用者と著作権の権利者もしくはその代理人との紛争，並びに分配の金額及びその基準に関する権利者とその所属団体との紛争は，規則で定める調停又は仲裁による連邦行政機関の紛争解決の対象とすることができ，この場合，その性質に反しない限り，ブラジル競争保護制度の諸機関及び裁判所による審査を妨げない。

第7編　著作権侵害に対する制裁

第1章　総則

第101条　本章が定める民事上の制裁は，適当な刑事処罰を妨げない。

第2章　民事上の制裁

第102条　著作権者は　その著作物が，複製，公表その他の方法により不当に利用された場合，複製品の差押又は公表の差止を申し立てることができ，正当な損害の賠償は妨げられない。

第103条　著作権者の許諾なく，文芸，美術又は学術の著作物を出版した者は，著作権者に対し，その書冊を引き渡さなければならず，販売済み部数の価額相当の金額を償還しなければならない。

補項　不正に出版された書冊の部数が不明の場合，加害者は，その書冊を引き渡すほか，3000部に相当する金額を支払う。

第104条　自ら又は第三者のために，販売，利得，便宜，利潤，直接又は間接の営利を得ることを目的として，不当に複製された著作物又は音声記録物を販売し，販売に供し，隠匿し，取得し，頒布し，保管し，又は利用した者は，本章前条の規定により，偽造者と連帯して責任を負い，国外における複製の場合においては，輸入者及び頒布者が偽造者としての責任を負う。

第105条　著作権者の権利を侵害して行われる，文芸，美術もしくは学術の著作物，翻案の著作物及び音声記録著作物の，その手段又は方法を問わない放送及び再送信並びに公衆伝達については，権限を有する司法当局が，直ちにこれを停止又は中止し，適用できる刑事上の制裁のほか，違法行為に対する日割りの懲罰金その他の適当な損害の賠償は妨げられない。違反者が，著作権及び著作隣接権の侵害を再度ひき起こした者であることが証明された場合，懲罰金の価額は，2倍まで増額することができる。

第106条　違反を認める判決においては，すべての違法な部及び原盤，鋳型，原板その他の民事上の違法行為の実行に使用された物の廃棄を命じることができ，並びにその目的に供された機器，設備及び資材を没収し，又はこれらが違法目的にのみ使用された場合には，その廃棄を命じることができる。

第107条　次に掲げる行為をした者は，その使用機器を没収するほか，その損害を賠償すべき責任を負い，これは，第103条及び補項の適用による価額を下回ることができない。

1－保護される著作物の部及び製品において，その複製を防止し，又は制限するために用いられている技術的装置を，その方法にかかわらず，変更し，除去し，改変し，又は使用不能にすること。

2－保護される著作物の部，製品又は発信の公衆伝達を抑止し，又はその複製を防止するために，符号化された信号を，その方法にかかわらず，変更し，除去し，又は使用不能にすること。

3－権利の管理業務に関する情報を，承諾なく，除去し，又は変更すること。

4－著作物，翻案もしくは実演，音声記録に固定された実演及び発信を，権利の管理業務に関する情報，符号化された信号又は技術的装置が承諾なく除去され，又は変更されたことを知りながら，承諾なく，頒布し，頒布のために輸入し，送信し，公衆に伝達し，又は公衆に提供すること。

第108条　著作物を使用する者が，その態様にかかわらず，著作者及び翻案家の氏名，変名その他取り決められた記号を適正に表示し，又は告示しない場合，それにより生じた精神的損害を賠償すべき責任を負うとともに，その著作物の権利者が，次に掲げるいずれかの者であるかにより，それぞれの方法で，公表をしなければならない。

1－放送事業者の場合，違反発生と同一の時間帯に，3日間連続して。

2－印刷又は音声による発表の場合，未頒布の部数に正誤表を入れるとともに，著作者，翻案家，出版権者又は制作者の居住地において流通の多い新聞に，目立つ方法で，3回連続して。

3－その他の利用の形態の場合，印刷媒体で，前号の方法により。

第109条　公衆への実演が，この法律第68条，第97条，第98条及び第99条に反して行われた場合，本来支払うべき価額の20倍の懲罰金を支払う責任を負う。

第109条のA　第68条補項6及び第98条補項9に定めるところにおいて，報告を行なわない場合，又は虚偽の情報を報告した場合，権限を有する機関の決定及びこの法律の規定に従い，本来支払うべき価額の10%から30%までの懲罰金を支払う責任を負い，損害賠償の請求は妨げられない。

補項 利用者が，本編にいう団体とともに，その法令上及び契約上の義務を履行しない場合，その義務の不履行については民法の規定を準用する。

第 110 条 興行及び音楽公演において著作権が侵害された場合，それが第 68 条が定める場所又は施設で行われたときは，その所有者，経営者，支配人，興行主及び賃借人が，その興行の主催者と連帯して責任を負う。

第 3 章 出訴期間の満了

第 111 条（大統領拒否）。

第 112 条 著作物が，1973 年 12 月 14 日付法律第 5988 号第 42 条補項 2 による従前の保護期間が満了したことにより公共に属することとなった場合，その著作物には，この法律第 41 条の定めにより延長となった著作財産権の保護期間は適用しない。

第 113 条 音声記録著作物，書籍及び音声映像著作物は，効力を有する法令の遵守の証明を目的として，政令（2002 年 12 月 19 日付大統領令第 4533 号）の定めに基づき，制作者，頒布者又は輸入者の責任において，消費者に負担させることなく，識別のためのシール又は記号を付けなければならない。

第 114 条 この法律は，公布後 120 日で施行する。

第 115 条 民法第 649 条から第 673 条まで，及び第 1346 条から第 1362 条までの規定，1966 年 4 月 6 日付法律第 4944 号，1973 年 12 月 14 日付法律第 5988 号中第 17 条並びに同条補項 1 及び補項 2 の規定以外の規定，1980 年 6 月 25 日付法律第 6800 号，1983 年 9 月 12 日付法律第 7123 号，1995 年 5 月 18 日付法律第 9045 号，並びにこの法律に反するその他の規定は廃止する。ただし，1978 年 5 月 24 日付法律第 6533 号及び 1978 年 12 月 16 日付法律第 6615 号を有効として維持する。

於ブラジリア，1998 年 2 月 19 日，独立から 177 年，共和制制定から 110 年

フェルナンド・エンリケ・カルドーゾ

フランシスコ・ヴェフォールド

●コンピュータ・プログラム保護法

1998年2月19日付法律第9609号

コンピュータ・プログラムの知的財産権保護及び国内商品化に関する法規並びにその他の措置を定める。

共和国大統領は，議会が制定し，私が裁可した次の法律を，ここに公布する。

第1章　総則

第1条　コンピュータ・プログラムとは，デジタル又はアナログの技術に基づき，定めた方法及び目的で機能させるため，あらゆる種類の物理的媒体に記録され，装置，器機又は端末機器その他の情報を処理する自動機器を動作させるために必要な，自然言語又は符号化された言語による指令の組合せの表現をいう。

第2章　制作者の権利の保護及び登録

第2条　コンピュータ・プログラムの知的財産権の保護については，この法律の定めるところによるほか，国内において効力を有する著作権及び著作隣接権に関する法律により文芸の著作物について定めるところによる。

補項1　コンピュータ・プログラムには，著作者人格権に関する規定は適用しない。ただし，制作者は，いかなるときも，コンピュータ・プログラムの制作者であることを主張し，及びコンピュータ・プログラムの不正な動作，損壊，その他改変が，制作者の声望又は名誉を毀損するおそれのある場合，それが許諾なく行われた変更であるときは，これを争うことができる。

補項2　コンピュータ・プログラムに関する権利の保護期間は，公表し，又は公表しない場合は制作した年の翌年の1月1日から50年とする。

補項3　この法律に定める権利は，その登録にかかわらず，保護を受ける。

補項4　この法律に定める権利は，そのコンピュータ・プログラムの原制作国がブラジル人及びブラジル国内に住所を有する外国人に同等の権利を認める場合に限り，ブラジル国外に住所を有するその国の国民に保障する。

補項5　この法律並びに国内において有効な著作権及び著作隣接権の法律により保障されている権利には，商事賃貸借を許可し，又は禁止する排他的な権利が含み，この権利は，コンピュータ・プログラムの複製の販売，使用許諾その他の方法の移転によって消滅しない。

補項6　前項の規定は，コンピュータ・プログラム自体が商事賃貸借の目的物でない場合，適用しない。

コンピュータ・プログラム保護法

第3条　コンピュータ・プログラムは，科学及び技術の政策を所管する官庁の立案に基づき連邦行政府の定め（規則）が指定する機関又は組織において，権利者が任意に登録することができる。

補項1　本条の登録出願においては，少なくとも，次の各号の情報を提出しなければならない。

1－コンピュータ・フログラムの制作者に関する情報，及び制作者のほかに権利者が存する場合，自然人であるか法人であるかにかかわらず，その権利者に関する情報。

2－コンピュータ・プログラムの識別及び機能に関する情報。

3－コンピュータ・フログラムを識別し，独創性を特徴づけるに足りるプログラムの一部分その他の情報，ただし，第三者の権利及び政府の責任に関わる情報を除く。

補項2　前補項第3号の情報は，秘密の性質を有するものであり，裁判所の命令又は権利者自らの申立てによる場合を除き，開示することができない。

第4条　従業者，役務提供者又は公務員が，その契約の有効期間中又は任用中に，明示された研究及び開発の目的に従い，もしくはその業務の遂行において，開発及び制作したコンピュータ・プログラム，又はその業務の特質に由来するコンピュータ・プログラムに関する権利は，別段の定めがある場合を除き，排他的に，使用者，役務受領者又は官公庁に帰属する。

補項1　労働又は役務提供の対価は，別段の定めがある場合を除き，契約に定める報酬又は賃金を限度とする。

補項2　コンピュータ・プログラムに関する権利は，雇用契約，役務提供契約又は公務任用にかかわらず，使用者，役務提供契約もしくはこれに類する契約を締結する使用者と契約している企業もしくは団体，役務受領者又は官公庁の援助，技術情報，工業及び商業の秘密，資材，設備又は機器を使用せずに制作された場合，排他的に，従業者，役務提供者又は公務員に帰属する。

補項3　本条の規定は，奨学生，研修生その他これに類する者が開発したコンピュータ・プログラムの場合に準用する。

第5条　コンピュータ・プログラムの権利者が許諾した改変に関する権利は，契約に別段の定めがある場合を除き，その経済的利用を含め，改変の許諾を受けた者に帰属する。

第6条　次の各号に掲げる場合は，コンピュータ・プログラムの制作者の権利を侵害しない。

1－原プログラムを保守に用いる目的で，保守又は電子的保存の複製のため，適法に取得された複製を，1部のみ複製する場合。

2－教材にする目的で，コンピュータ・プログラム及び各権利者を明示して，その一部分を引用する場合。

3－その使用における機能上の特徴，仕様上及び技術上の規格の遵守，又は代替しうる表現の方法の限定の結果，既存の他のプログラムと類似することとなった場合。

4－ユーザーの要求にとって技術的に不可欠なプログラムを，その本質的な特徴を維持して，アプリケーション又はオペレーション・システムに，もっぱらこれを行った者が使用するために，組み込む場合。

第3章　コンピュータ・プログラムのユーザーに対する保護

第7条　コンピュータ・プログラムの使用許諾契約，これに該当する課税文書，プログラムの記憶媒体又はその包装材には，ユーザーが容易に判読できる方法で，販売するバージョンの技術的有効期間を記載しなければならない。

第8条　プログラムの権利者であれ，販売権者であれ，コンピュータ・プログラムを販売する者は，ユーザーに対し，国内において，そのバージョンの技術的有効期間の間，その仕様に即して，プログラムが適切に機能するため，更新及び保守の技術的サービスの提供を保証しなければならない。

補項　本条本文の有効期間の間にコンピュータ・プログラムを流通から回収する場合であっても，第三者に生じる損失に対し正当な補償をする場合を除き，本条本文の義務は存続する。

第4章　使用許諾，販売及び技術移転の契約

第9条　国内におけるコンピュータ・プログラムの使用は，使用許諾契約の対象となる。

補項　本条本文の契約が存在しない場合，複製の取得又は使用許諾に関する課税文書は，その使用が適法であることを証明することができる。

第10条　外国で制作されたコンピュータ・プログラムに関する販売の許諾及びその契約は，必要である租税その他負担金の支払いの責任について定めなければならず，外国に居住し，又は住所を有するコンピュータ・プログラムの権利者の受ける対価を定める。

補項1　次の各号に掲げる条項を無効とする。

1－現行の法令の規定に違反して，制作，頒布又は販売を制限する条項。

2－瑕疵，欠陥又は制作者の権利侵害を原因とする第三者との訴訟において，契約当事者の責任を免除する条項。

補項2　本条本文の対価の支払いにおいて，その価額を外貨で送金する者は，送金の適法性及び本条本文に違反しないことの証明のために必要なすべての書類を5年間保管する。

第11条　コンピュータ・プログラムの技術移転の場合，第三者に対抗する効力を生じさせ

るため，工業所有権院（INPI）は契約の登録を行う。

補項　本条本文の登録のため，技術譲渡者は，譲受者に対して，すべての書類，特に注釈付きソース・コード，要件定義書，内部機能の設計，ダイヤグラム，フローチャートその他の技術移転に必要な技術的情報に関する書類を提供しなければならない。

第5章　権利侵害及び罰則

第12条　コンピュータ・プログラムの制作者の権利を侵害すること。

刑罰－6月以上2年以下の禁錮又は罰金。

補項1　制作者又はその代理人の明示の許諾なく，営利を目的として，その手段にかかわらず，コンピュータ・プログラムの全体又は一部を複製すること。

刑罰－1年以上4年以下の懲役及び罰金。

補項2　制作者の権利を侵害して制作されたコンピュータ・プログラムの原プログラム又は複製を，営利を目的として，販売し，販売のために展示し，国内に搬入し，入手し，隠匿し，又は保管する者は，前項と同様の刑罰に処する。

補項3　本条の罪は，次の各号に掲げる場合を除き，告訴がなければ公訴を提起することができない。

1－公法上の団体，独立行政法人，公営企業，官民共同会社又は公権力により設立された財団に損害を加えて実行する場合。
2－不正の行為により，脱税し，徴税を阻害し，その他課税秩序又は消費関係に反する罪を実行する場合。

補項4　前補項第2号の場合，公租公課，社会負担金，その他付加的な賦課金の徴収は，告訴にかかわらず，するものとする。

第13条　コンピュータ・プログラムの制作者の権利を侵害する場合，刑事訴訟並びに捜索及び差押を行う起訴前の捜査に，査察は先行し，この場合，裁判官は，犯人又はそれを陳列し，保管し，複製し又は販売する者が所持する，制作者の権利を侵害して制作され，又は販売された複製物，そのバージョン及び改変物の押収を命じることができる。

第14条　刑事訴訟にかかわらず，被害者は加害者の侵害行為を禁じるための訴訟を提起することができ，この場合，この法律に違反の場合の罰金を科すことは妨げられない。

補項1　侵害行為の禁止を求める訴訟は，侵害行為により生じた損害の賠償を請求する訴訟と併合することができる。

補項2　裁判所は，訴訟前の保全処分にかかわらず，本条の侵害行為を加害者に禁じる仮処分を決定することができる。

補項3　民事訴訟において，捜索及び差押の保全処分については，前条の規定を準用する。

補項4　訴訟手続において，当事者のいずれかの利益を防御するために，秘密とされる情報を開示する場合，裁判所は，非公開で手続を進行することを決定し，他方の当事者に，他の目的のためにその情報を使用することを禁止する。

補項5　害意，敵対意識，不合理な理由又は虚偽の事実により，第12条，第13条及び本条が定める措置を申し立て，これを行う者は，民事訴訟法典第16条，第17条及び第18条に基づき，損害賠償の責任を負う。

第6章　付則

第15条　この法律は，公布の日から施行する。

第16条　1987年12月18日付法律第7,646号は，その効力を失う。

ブラジリア，1998年2月19日，独立から177年，共和制制定から110年

フェルナンド・エンリケ・カルドーゾ
ジョゼ・イスラエル・バルガス

用語例索引

この用語例索引は，重要と思われる用語についてポルトガル語および日本語の対訳を一覧できるようにしたものであり，各用語が現行法（LPI），現行著作権法および現行コンピュータ・プログラム保護法の主要な三法律のいずれの条文の定めに関わるものか整理したものである。

〈凡　例〉

LPI　工業所有権法〔1996年5月14日付法律第9279号〕

LDA　著作権法〔1998年2月19日法律第9610号〕

LPP　コンピュータ・プログラム保護法〔1998年2月19日法律9609号〕

A

abuso de poder econômico　経済的地位の濫用

特許の強制実施許諾　LPI68条

特許の強制実施許諾の請求　LPI73条補項2

ação de nulidade　無効確認の訴え

特許　LPI56条，57条

意匠登録　LPI118条

商標登録　LPI158条補項2，173条－175条

ação para reparação de dano　損害賠償請求の訴え

工業所有権の侵害に対する

損害賠償請求の訴えの

出訴期間　LPI225条

侵害行為禁止の訴えとの併合　LPP14条補項1

→ indenização

acessório　従たるもの／部品／賦課金（公租公課に付随する）

発明追加証明の効力　LPI77条

商標権者の権利の制限　LPI130条2号

公租公課等の徴収　LPP12条補項4

acordo　協定／合意

国際特許の優先権の主張　LPI16条

特許出願明細書に代わる物質の提出 LPI24条補項
特許実施料のINPIの裁定 LPI65条
特許の強制実施許諾の設定 LPI70条3号
従業者等による発明等の特許の実施 LPI91条補項3
商標登録を受けられないもの LPI124条23号
国際商標の優先権の主張 LPI127条
INPIによる分類 LPI227条
法律第5648号の改正 LPI240条
外国人の保護 LDA2条
共同著作者の権利行使 LDA23条
放送事業者等の契約書等の保管義務 LDA68条補項7
著作物変更の興行主の合意 LDA71条
翻案家等の交替 LDA73条
徴収業務の実施手続 LDA98条のA第2号e，3号

a critério　任意に
コンピュータ・プログラムの登録 LPP3条

adaptação　適合／改作
特許出願の実体審査 LPI35条2号
著作権の保護を受ける創作 LDA7条11号
公共に属する著作物の利用 LDA14条
著作者の許諾を要する使用 LDA29条3号
演劇の著作物の許諾 LDA74条
データベースの著作財産権 LDA87条2号

adquirente　取得者
原著作物等の取得 LDA37条
有形美術の著作物の譲渡 LDA77条

afim　同種の
商標の意義 LPI123条1号
商標登録を受けられないもの LPI124条19号，23号

商標の先使用者による登録 LPI129条補項1
登録商標の移転 LPI135条

alegação de nulidade 無効の主張（訴訟上の）
特許無効確認の訴え LPI56条補項1
意匠登録無効確認の訴え LPI118条
刑事訴訟における特許無効の主張の効力 LPI205条

alienação 譲渡
特許対象の先使用者の権利 LPI45条補項1
特許の強制実施許諾による実施 LPI74条補項3
意匠の先使用者による実施 LPI110条補項1
商標の先使用権の移転 LPI129条補項2
原作品等の譲渡 LDA38条
有形美術の譲渡 LDA77条

aluguel comercial 商事賃貸借
コンピュータ・プログラムの商事賃貸借 LPP2条補項5，補項6

anotação 付記登録
特許の付記登録 LPI59条，60条
意匠登録の付記登録 LPI121条
商標登録の付記登録 LPI136条－138条1号，175条補項2

anotação 評釈
公共に属さない著作物の複製 LDA33条

antecipação de publicação 早期出願公告
国際特許の優先権の主張 LPI16条補項8
出願の秘密保持 LPI30条補項1

antologia 選集
著作権の保護を受ける創作 LDA7条13号

anúncio 発表

不正競争の罪	LPI195条13号
著作者の表示等をする者の権利	LDA13条
共同著作物に対する著作者人格権の行使	LDA17条補項1
著作者人格権	LDA24条2号
著作者名の不当表示	LDA108条

aplicação industrial　産業上の利用性

発明・実用新案の産業上の利用性	LPI8条，9条，15条
特許を受けられない発明・実用新案	LPI18条3号

aproveitamento　利用

著作権の保護を受けないもの	LDA8条7号
複製の部数の管理	LDA30条補項2
音声映像著作物の参加者の死亡	LDA92条補項

armazenamento　保存

用語の意義	LDA5条6号
著作者の許諾を要する使用	LDA29条9号
保守等のための複製	LPP6条1号

arquivamento　保管処分／保存

国内特許の優先権の主張	LPI17条補項2
特許出願の分割	LPI26条補項
特許出願の審査請求	LPI33条，34条
特許の回復	LPI87条
登録商標の移転	LPI135条，138条2号
団体商標登録の出願	LPI147条補項
証明商標登録の出願	LPI148条補項
手数料を納付しない場合	LPI38条補項2，86条，162条補項
補正命令に応じない場合	LPI21条，36条1項，106条補項3，159条補項1

保管処分に対する審査請求の
申立て　LPI212条補項2
当事者の行為　LPI216条補項2
旧法下での広告の標語等の
登録の出願　LPI233条
著作物の使用　LDA29条9号

arranjo　編成
公共に属する著作物の利用　LDA14条
著作者の許諾を要する使用　LDA29条3号

arrecadação　徴収
親告罪の例外　LPP12条補項3第2号
公衆伝達に利用した著作物の
一覧　LDA68条補項6
権利団体の著作料の管理　LDA98条補項9，補項11
管理団体の資格喪失等　LDA98条のA補項5
管理団体の義務　LDA98条のB第1号，2号
音楽の著作物等の徴収機関　LDA99条，99条のA
著作権料徴収等の紛争の解決　LDA100条のB

arrendamento　貸与
特許対象の先使用者の権利　LPI45条補項1
特許の強制実施許諾による
実施　LPI74条補項3
意匠の先使用者による実施　LPI110条補項1
商標の先使用権の移転　LPI129条補項2

artigo assinado　署名記事
新聞記事等の著作権の帰属　LDA36条
著作権保護の例外　LDA46条1号a

artista intérprete　翻案家
用語の意義　LDA5条13号，14号
音声映像著作物の複製の表示
事項　LDA81条補項2第4号
音声映像制作契約　LDA82条1号，3号
著作隣接権への準用　LDA89条

翻案家又は実演家の権利　LDA90条－92条
→ intérprete

associação de gestão coletiva de direitos autorais　著作権集団的管理団体
団体による著作権の管理　LDA97条－100条のB

atividade inventiva　進歩性（発明の）
特許の要件　LPI8条，13条
特許を受けられない発明・
実用新案　LPI18条3号
発明追加証明　LPI76条

ato　行為
優先権の主張　LPI16条補項1，127条補項1
商標登録出願の書類提出　155条補項
連邦行政府の命令　LPI71条補項1
税関による押収　LPI198条
侵害行為等の差止めの仮処分　LPI209条補項1
当事者の行為　LPI216条－220条
権利が行使できる期間　LPI221条
INPIの行為の効力　LPI226条
用語の意義　LDA5条5号
著作権の保護を受けないもの　LDA8条2号
著作権の登録手数料の納付　LDA20条
著作者人格権　LDA24条4号
原作品等の譲渡　LDA38条補項
公衆伝達に利用した著作物の
一覧　LDA68条補項6
権利団体の著作料の管理　LDA98条
資格付与行為の意義　LDA98条のA補項2
外国で制作されたプログラム
の販売等　LPP10条
親告罪の例外　LPP12条補項3第2号
侵害行為禁止の訴え　LPP14条
→ ato do Poder Executivo
→ ato inventive

ato inventivo　進歩性（実用新案の）
特許の要件　LPI9 条，14 条

ato official　公文書
著作権の保護を受けないもの　LDA8 条 4 号

ato do Poder Executivo　連邦行政府の命令／連邦行政府の定め（規則）
強制実施許諾の設定命令　LPI71 条
コンピュータ・プログラムの登録　LPP3 条

atualização　更新／改訂
共同著作者でない補助者　LDA15 条補項 1
著作権者による更新の拒否　LDA67 条
管理団体の徴収業務　LDA98 条の A 第 2 号 k，補項 6
管理団体の情報開示義務　LDA98 条の B 補項

autarquia　独立行政法人
強制実施許諾に対する意見の申出　LPI73 条補項 4
親告罪の例外　LPP12 条補項 3 第 1 号

autor　著作権者
用語の意義　LDA5 条 1 号，8 号 a－c，e，h，14 号
有形な美術の著作物の保護　LDA9 条
標題の保護　LDA10 条
著作権者　LDA11 条－17 条
著作権者による登録　LDA19 条
著作権者の権利　LDA22 条－52 条
著作物等の利用　LDA53 条－88 条
著作者の権利団体の結成　LDA97 条
著作権侵害に対する制裁　LDA101 条－110 条

autor　製作者（プログラムの）
登録すべき情報　LPP3 条補項 1 第 1 号
制作者の権利を侵害する罪　LPP12 条

autor　創作者

特許権者　LPI6条，7条
従業者等による特許の経済的利益の参加　LPI89条
意匠権者　LPI94条
意匠登録証の記載事項　LPI107条
意匠登録の訴え　LPI112条補項2
商標登録を受けられないもの　LPI124条17号

averbação　登録
特許の実施許諾契約　LPI62条
特許実施権の開示　LPI64条補項2
意匠の実施許諾契約　LPI121条
商標の使用許諾契約　LPI140条，141条
著作権の譲渡　LDA50条補項1

B

base de dados　データベース
著作権の保護を受ける創作　LDA7条13号，補項2
著作者の許諾を要する使用　LDA29条9号
データベースの利用　LDA87条

bens móveis　動産
動産の擬制　LPI5条
動産の擬制　LDA3条

boa fé　善意
先使用者　LPI45条，110条，129条補項1

busca de anterioridade　先願の調査
特許出願の審査　LPI34条1号，35条

busca e apreensão　捜索及び押収
工業所有権侵害の罪に関する捜査　LPI200条－204条
制作者の権利を侵害する罪の捜査　LPP13条
権利侵害禁止の訴えの保全処分　LPP14条補項3

C

cabo　ケーブル
　　用語の意義　LDA5 条 2 号
　　著作者の許諾を要する使用　LDA29 条 7 号，8 号 i

caducidade　消滅
　　特許権の消滅　LPI78 条 3 項，80 条，83 条
　　商標権の消滅　LPI143 条－146 条
　　団体商標の取消し　LPI153 条

campo de aplicação　実施分野
　　意匠登録出願の提出書類　LPI101 条 5 号

cancelamento　取消し
　　特許の実施許諾　LPI67 条
　　登録商標の移転　LPI135 条，138 条 2 号
　　管理団体の資格付与取消し等　LDA98 条の A 補項 4

carta missiva　信書
　　信書の保護　LDA34 条

certificado de adição de invenção　発明追加証明（書）
　　発明追加証明の無効　LPI55 条
　　発明追加証明書　LPI76 条，77 条
　　保管処分に対する審査請求の申立て　LPI212 条補項 2

certificado de registro　登録証
　　意匠登録の登録証　LPI106，107 条
　　商標登録の取消し　LPI143 条 2 号
　　商標登録の登録証　LPI161 条－164 条
　　商標登録の無効手続の開始　LPI169 条

cessão　移転（権利の）
　　国際特許の優先権の主張　LPI16 条補項 6
　　特許対象の先使用者の権利　LPI45 条補項 1
　　特許の移転及び付記登録　LPI58 条－60 条
　　特許の強制実施許諾による実施　LPI74 条補項 3

国防上の利害にかかわる特許　LPI75 条補項 3
従業者等による発明等の特許の移転　LPI91 条補項 4
意匠の先使用者による実施　LPI110 条補項 1
意匠の移転　LPI121 条
国際意匠の優先権の主張　LPI127 条補項 4
商標権者の権利　LPI130 条 1 号
登録商標の移転・付記登録　LPI134 条－138 条
著作権の移転　LDA49 条－52 条

cinematográfico　映画の
著作権の保護を受ける創作　LDA7 条 6 号
著作者の許諾を要する使用　LDA29 条 8 号 g
公衆への映画の上映　LDA68 条補項 2，補項 3，補項 7

circulação　流通
特許により保護されないもの　LPI43 条 6 号
商品の流通　LPI132 条 3 号
著作者人格権　LDA24 条 6 号
著作物の販売価格の決定　LDA60 条
出版権者による著作物の流通排除　LDA63 条補項 1
著作者名等の不正表示の訂正　LDA108 条 2 号
保守等のサービスの提供義務　LPP8 条補項

citação　引用
商標の引用　LPI132 条 4 号
著作権保護の例外　LDA46 条 3 号
教育目的の引用　LPP6 条 2 号

citação　呼び出し
侵害行為等の差止めの仮処分　LPI209 条補項 1
外国に居住する当事者の行為　LPI217 条

classificação　分類
INPI による分類　LPI227 条

codificação　符号化／エンコード

意義　LPP1条
用語の意義　LDA5条12号
情報機器の使用による著作権侵害　LDA107条2号，4号

código-fonte　ソースコード
技術移転の登録事項　LPP11条補項

coletânea　抄録／選集
著作権の保護を受ける創作　LDA7条13号

comercialização　販売／商業化
特許により保護されないもの　LPI43条6号
特許の強制実施許諾　LPI68条補項1第2号，69条第3号
商業者等による商標の利用　LPI132条1号
不正競争の罪　LPI195条14号，補項2
技術的有効期間の明示　LPP7条
外国で制作されたプログラムの販売契約等の無効条項　LPP10条補項1第1号
制作者の権利を侵害する罪の捜査　LPP13条
→ direito de comercialização

compilação　編集物
著作権の保護を受ける創作　LDA7条13号

comprovante do pagamento　納付証明書
特許出願の提出書類　LPI19条6号
意匠登録出願の提出書類　LPI101条6号
意匠登録の更新　LPI108条
商標登録の更新　LPI133条補項1
商標登録出願の提出書類　LPI155条3号
商標登録の登録証の交付　LPI161条，162条
願書等の不受理　LPI218条2号，219条3号

comunicação ao publico　公衆伝達
用語の意義　LDA5条5号
公衆伝達　LDA68条－76条

データベースの利用　LDA87条3号，4号
音声記録著作物の製作者の権利　LDA93条3号
放送事業者の権利　LDA95条
著作権侵害に対する制裁　LDA105条
情報機器の使用による著作権侵害　LDA107条2号，4号

condutor　伝導体
用語の意義　LDA5条2号

conservação　保持／維持／保管
著作者人格権　LDA24条3号
放送事業者による翻案等の固定　LDA91条
外貨送金書類の保管　LPP10条補項2

contestação　反論
実体審査の意見書に対する意見の申出　LPI36条補項2
強制実施許諾に対する意見の申出　LPI73条補項4
商標登録出願に対する補正命令　LPI159条補項2

contrato de franquia　フランチャイズ契約
技術移転契約等の登録　LPI211条

contrafação　偽作／偽造
起訴前の捜索・押収の捜査　LPI201条
用語の意義　LDA5条7号
不正複製物販売等の責任　LDA104条

contrato de licença　許諾契約
特許の実施許諾　LPI61条－63条
特許実施権の開示請求　LPI64条補項2
意匠の実施許諾　LPI121条
登録商標の使用許諾　LPI139条－141条
技術的有効期間の明示　LPP7条
コンピュータ・プログラムの

使用許諾　LPP9 条

contrato de transferência de tecnologia　技術移転契約
技術移転契約等の登録　LPI211 条
コンピュータ・プログラムの技術移転の登録　LPP11 条

contribuição social　社会負担金
公租公課等の徴収　LPP12 条補項 4

convenção　協約
本法の適用範囲　LPI3 条 1 号
新規性の審査　LPI11 条補項 3
化学物質等の特許出願　LPI230 条，232 条
法律第 5648 号の改正　LPI240 条
外国人の保護　LDA2 条
著作権の保護を受けないもの　LDA8 条 4 号
→ Convenção da União de Paris para Proteção da Propriedade Industrial
→ convenção em contrário

Convenção da União de Paris para Proteção da Propriedade Industrial　工業所有権の保護に関するパリ条約
周知商標　LPI126 条
訴訟による商標登録の請求　LPI166 条

特約　convenção em contrário
共同著作者の権利行使　LDA23 条
新聞記事等の著作権の帰属　LDA36 条
原作品等の取得　LDA37 条
出版すべき期間　LDA62 条
有形美術の譲渡　LDA77 条

concorrência desleal　不正競争
不正競争の防止　LPI2 条 5 号
不正競争の罪　LPI195 条
侵害行為等に対する損害賠償請求　LPI209 条

cópia　複製／コピー／謄本
特許出願の公告　LPI30条補項2
委任状の要件　LPI216条補項1
用語の意義　LDA5条4号，6号
有形美術の著作物の複製　LDA9条
公共に属する著作物の利用　LDA14条
放送事業者等の保管義務　LDA68条補項7
演劇の翻訳等に対する異議　LDA74条補項
音声映像著作物の複製の表示事項　LDA81条補項2
データベースの利用　LDA87条3号
情報機器の使用による著作権侵害　LDA107条1号，2号
コンピュータ・プログラムの商事賃貸借　LPP2条補項5
保守等のための複製　LPP6条1号
課税文書による許諾契約の証明　LPP9条補項
権利侵害して制作されたコンピュータ・プログラムを販売等する罪　LPP12条補項2
制作者の権利を侵害する罪の捜査　LPP13条

crime contra propriedade industrial　工業所有権に対する罪
特許権侵害の罪　LPI183条－186条
意匠権侵害の罪　LPI187条，188条
商標権侵害の罪　LPI189条，190条
広告表示等による罪　LPI191条
地理的表示等に対する罪　LPI192条－194条
不正競争の罪　LPI195条
刑の加重等　LPI196条－198条
親告罪　LPI199条
工業所有権侵害の罪に関する捜査　LPI200条－204条
民事訴訟の提起　LPI207条

critério　基準
工業所有権侵害の逸失利益　LPI210条
化学製品等の特許出願　LPI229条補項
管理団体の徴収方法の公開　LDA98条のB第1号
徴収機関の使用料分配義務　LDA99条補項9
徴収機関加入団体の議決権　LDA99条のA補項
著作権料徴収等の紛争解決　LDA100条のB
→ a critério

D

dado identificador do pedido　出願を識別できる情報
国際特許の優先権の主張　LPI16条補項2
特許出願の公告　LPI30条補項2

decisão administrativa　審決／行政上の決定
特許の強制実施許諾　LPI73条補項7
特許取消しの審決　LPI82条，83条
意匠登録の行政上の無効手続　LPI113条
商標登録取消しの審決　LPI146条
技術移転契約等の登録　LPI211条補項
審査請求に対する決定　LPI212条補項3，214条補項，215条
INPIの行為の効力　LPI226条2号

decisão deferindo o pedido　出願を認容すべき旨の査定
特許出願の査定　LPI37条
商標登録出願の査定　LPI160条

decisão indeferindo o pedido　出願を拒絶すべき旨の査定
特許出願の査定　LPI37条

declaração de notoriedade　著名であることの表明
旧法下での広告の標語等の登録の出願　LPI233条

decodificação　複号／デコード
用語の意義　LDA5条12号

deficiente visual　視覚障害者
著作権保護の例外　LDA46 条 1 号 d

denominação de origem　原産地の名称
地理的表示の意義　LPI176 条
原産地の名称　LPI178 条
地理的名称等の商標としての
使用　LPI181 条
地理的表示の使用　LPI182 条
商標登録を受けられないもの　LPI124 条 10 号

derivação　改変
コンピュータ・プログラムの
改変　LPP5 条
制作者の権利を侵害する罪の
捜査　LPP13 条
→ obra derivada

descrição funcional　機能設計書／仕様書
登録すべき情報　LPP3 条補項 1 第 2 号

desenho　図面
国際特許の優先権の主張　LPI16 条補項 2
特許出願の提出書類　LPI19 条 4 号
特許出願の公告　LPI30 条補項 2
特許証の記載事項　LPI39 条
特許権の保護の範囲　LPI41 条
意匠登録出願の提出書類　LPI101 条 4 号
意匠登録出願の条件　LPI104 条補項
意匠登録証の記載事項　LPI107 条
商標登録を受けられないもの　LPI124 条 3 号，22 号

desenho　図画
著作権の保護を受ける創作　LDA7 条 8 号
音声映像著作物の共同著作者　LDA16 条補項
公共の場所に常設される
著作物の利用　LDA48 条

desenho industrial　意匠

意匠の保護	LPI2条2号
意匠の登録	LPI94条－121条
意匠権侵害の罪	LPI187条，188条
不正競争の罪	LPI195条13号
委任状の提出	LPI216条補項2
工業用ひな形等の経過措置	LPI236条，237条

desistência　取下げ

特許実施権の開示	LPI64条補項2，補項4
特許の強制実施許諾の取消し	LPI80条補項2
化学物質等の特許出願	LPI230条補項5，231条補項4

despacho　決定

INPIの行為の効力	LPI226条3号

detenção　禁固

特許権侵害の罪	LPI183条－186条
意匠権侵害の罪	LPI187条，188条
商標権侵害の罪	LPI189条，190条
広告表示等による罪	LPI191条
地理的表示等に対する罪	LPI192条－194条
不正競争の罪	LPI195条
刑の加重	LPI196条
制作者の権利を侵害する罪	LPP12条

diagrama　ダイヤグラム

技術移転の登録事項	LPP11条補項

difusão　伝播

用語の意義	LDA5条2号

→ radiodifusão

diligência preliminar　起訴前の捜査

工業所有権に対する罪の捜査	LPI200条－203条

direitos autorais　著作権／製作者の権利

商標登録を受けられないもの	LPI124条17号
意義	LDA1条

相互主義　LDA2 条補項
動産の擬制　LDA3 条
著作権に関する法律行為　LDA4 条
データベース等の著作権の範囲　LDA7 条補項 2
著作権保護の例外　LDA46 条－48 条
著作権の移転　LDA49 条－52 条
著作物等の利用　LDA53 条－87 条
管理団体の結成　LDA97 条
著作権侵害　LDA101 条－110 条
製作者の権利の侵害する罪　LPP12 条
制作者の権利を侵害する罪の捜査　LPP13 条
→ autor

direito conexo　著作隣接権
意義　LDA1 条
著作隣接権の内容　LDA89 条－96 条
管理団体の結成　LDA97 条
著作隣接権の侵害　LDA105 条

direito de comercialização　販売権
保守等のサービスの提供義務　LPP8 条
外国で制作されたプログラムの販売　LPP10 条
→ comercialização

direito de perda e dano　損害賠償請求権
捜査に対する損害賠償責任　LPI204 条
侵害行為等に対する損害賠償請求　LPI209 条
著作者人格権　LDA24 条 7 号
変更された建築計画の建築主の責任　LDA26 条補項
共同著作物の公表　LDA32 条
出版契約の解除　LDA62 条
再販売の通知　LDA65 条

著作権侵害　LDA107条－109条のA
侵害行為禁止の訴え　LPP14条補項1，補項5

direito de reprodução　複製権
用語の意義　LDA5条10号
複製権　LDA30条
有形美術の著作物の利用　LDA77条，78条
写真の著作物の利用　LDA79条
データベースの利用　LDA87条1号，4号
翻案家等の権利　LDA90条2号，補項2
音声記録著作物の製作者の権利　LDA93条1号
放送事業者の権利　LDA95条
→ reprodução

direito de sequência　追及権
原作品等の譲渡　LDA38条

direito moral do autor　著作者人格権
共同著作物に対する
著作者人格権の行使　LDA17条補項1
著作者人格権　LDA22条，24条－27条
著作物等の利用　LDA53条－88条
著作権侵害に対する制裁　LDA102条－110条
著作者人格権の規定の
適用除外　LPP2条補項1

direito patrimonial do autor　著作財産権
共同著作物全体の著作財産権
の帰属　LDA17条補項2
著作者の権利　LDA22条
著作財産権及びその存続期間　LDA28条－45条
著作物等の利用　LDA53条－88条
著作権侵害に対する制裁　LDA102条－110条

dispositivo　装置
意義　LPP1条
情報機器の使用による著作権
侵害　LDA107条

distribuição　頒布／分配

用語の意義	LDA5 条 4 号，5 号
著作者の許諾を要する使用	LDA29 条 6 号，7 号
データベースの利用	LDA87 条 3 号，4 号
音声記録著作物の製作者の権利	LDA93 条 2 号
管理団体の管理手数料	LDA97 条補項 12
管理団体の徴収事務	LDA98 条の A 第 2 号 h，補項 5
管理団体の義務	LDA98 条の B 第 1 号−3 号
徴収団体による徴収事務	LDA99 条，99 条の A 補項
著作権料徴収等の紛争解決	LDA100 条の B
著作権の侵害	LDA104 条，107 条 4 号
法令遵守の表示	LDA113 条
外国で制作されたプログラムの販売契約等の無効条項	LPP10 条補項 1 第 1 号

Distrito Federal　連邦区

商標登録を受けられないもの	LPI124 条 14 号
連邦，州等への著作権の帰属	LDA6 条

divulgação　公開／宣伝／公表

発明者の氏名	LPI6 条補項 4
先行技術でない発明及び実用新案	LPI12 条
特許対象の先使用者の権利	LPI45 条補項 2
国防上の利害にかかわる特許の公開禁止	LPI75 条補項 2
先行技術でない意匠	LPI96 条補項 3
意匠の先使用者による実施	LPI110 条補項 2
補正用語の使用の罪	LPI193 条
標題の保護	LDA10 条
音声映像著作物等の著作財産権の保護期間	LDA44 条
著作権の譲渡	LDA50 条−52 条
出版契約	LDA53 条，54 条
著作権侵害	LDA102 条，108 条

→ publicação

documento fiscal　課税文書
技術的有効期間の明示　LPP7条
保守等のサービスの提供義務　LPP8条補項

documento hábil da origem　原出願国において有効な文書
国際特許の優先権の主張　LPI16条補項2
国際商標の優先権の主張　LPI127条補項2

domínio público　公共（いずれの者にも属さない）／パブリックドメイン
特許権の消滅　LPI78条補項
公共に属する著作物の利用　LDA14条
著作者人格権　LDA24条補項2
公共に属さない著作物の複製　LDA33条
公共に属する著作物　LDA45条
公共に属する著作物の保護期間　LDA112条

E

edição　出版／発行
共同著作者でない補助者　LDA15条補項1
著作者の許諾を要する使用　LDA29条2号
出版　LDA53条−67条
承諾のない出版　LDA103条
→ editor

editor　出版権者／発行者
用語の意義　LDA5条10号
新聞記事等の著作権の帰属　LDA36条
著作者名等の不正表示の訂正　LDA108条2号
→ edição

emissão　発信
用語の意義　LDA5条2号，3号
翻案等の固定　LDA91条
放送事業者の権利　LDA95条
著作隣接権の保護期間　LDA96条

著作権侵害行為の責任　LDA107条2号，4号

empregado　従業者
従業者等による発明・実用新案　LPI88条－93条
従業者等の意匠に関する権利　LPI121条
不正競争の罪　LPI195条9号
刑の加重　LPI196条1号
コンピュータ・プログラムに関する従業者等の権利　LPP4条

empresa　事業（者）
特許対象の先使用者の権利　LPI45条補項1
従業者等による特許の経済的利益への参加　LPI89条
従業者等による発明等に関する規定の準用　LPI92条
意匠の先使用者による実施　LPI110条補項1
商標登録を受けられないもの　LPI124条5号
私法上の法人の商標登録の出願　LPI128条補項1
商標の先使用権の移転　LPI129条補項2
不正競争の罪　LPI195条補項1
用語の意義　LDA5条3号，14号
放送事業者等の契約書等の保管義務　LDA68条補項7，補項8
コンピュータ・プログラムに関する従業者等の権利　LPP4条補項2
親告罪の例外　LPP12条補項3第1号
→ empresa pública
→ empresa de radiodifusão

empresa pública　公営企業
親告罪の例外　LPP12条補項3第1号

empresa de radiodifusão　放送事業者
契約書等の保管義務　LDA68条補項7，補項8

著作者隣接権の性質　LDA89 条
実演等の固定　LDA91 条
放送事業者の権利　LDA95 条
著作者隣接権の期間　LDA96 条
著作者名等の不正表示の訂正　LDA108 条 1 号

equipamento periférico　端末機器
意義　LPP1 条

especificação funcional interna　内部機能設計
技術移転の登録事項　LPP11 条補項

estabelecimento　営業所／施設
商標登録を受けられないもの　LPI124 条 5 号
広告表示等による罪　LPI191 条
真正でない原産地の表示の罪　LPI194 条
不正競争の罪　LPI195 条 4 号，5 号
起訴前の捜索・押収の捜査　LPI203 条
著作権保護の例外　LDA46 条 5 号
人の集来が頻繁な場所　LDA68 条補項 3
音楽等の演奏の対価　LDA86 条
著作権侵害に対する連帯責任　LDA110 条

estabelecimento de ensino　教育施設
著作権保護の例外　LDA46 条 4 号，6 号

estado　州／国
商標登録を受けられないもの　LPI124 条 14 号
連邦，州等への著作権の帰属　LDA6 条
著作者人格権　LDA24 条補項 2
徴収業務実施の手続　LDA98 条の A 第 3 号

estado da técnica　先行技術／技術的状況
発明・実用新案の新規性　LPI11 条
先行技術でない発明・
実用新案　LPI12 条
発明・実用新案の進歩性　LPI13 条，14 条
意匠の新規性　LPI96 条

管理団体による情報提供　LDA98条のB第4号

etiqueta　ラベル／図面
商標登録出願の提出書類　LPI155条2号
商標登録の複製等の差押え　LPI209条補項2

exame de mérito　実体審査
特許権の存続期間　LPI40条補項
登録された意匠の実体審査　LPI111条

exame de pedido　出願の審査
特許出願の審査手続　LPI30条－37条
発明追加証明　LPI76条補項2
意匠登録出願の審査手続　LPI106条
商標登録出願の審査手続　LPI158条－160条
審査請求の申立て　LPI212条補項1

exame formal preliminar　方式の先決審査
特許の出願　LPI20条
意匠登録の出願　LPI102条
商標登録の出願　LPI156条

exame técnico　実体審査（専門的な観点からの）
特許出願の審査請求　LPI33条

execução　実施／履行／実演／施工
特許出願明細書に代わる物質の提出　LPI24条補項
特許により保護されないもの　LPI43条3号
従業者等による発明・実用新案　LPI88条
LPIの施行　LPI243条
用語の意義　LDA5条4号，9号，13号，14号
著作権の保護を受ける創作　LDA7条4号
共同著作物の各参加者の権利履行の条件　LDA17条補項3
建築物の著作権　LDA26条
実演家等の権利　LDA90条－91条

権利者団体の使用料の徴収　LDA98 条補項 4
著作権集団的管理団体の義務　LDA98 条の B 第 5 号，6 号
著作権の侵害対する制裁　LDA107 条 4 号

execução musical　演奏
著作者の許諾を要する使用　LDA29 条 8 号 b
著作権保護の例外　LDA46 条 6 号
公衆伝達の権利　LDA68 条－70 条，72 条
音声映像著作物に関する対価　LDA86 条
音声映像著作物の製作者の権利　LDA93 条
著作隣接権の保護期間　LDA96 条
演奏に関する使用料の分配等　LDA99 条

executante　実演家
用語の意義　LDA5 条 13 号，14 号
音声映像制作契約の内容　LDA82 条 3 号
著作者隣接権の性質　LDA89 条
翻案家又は実演家の権利　LDA90 条－92 条

exemplar　部
用語の意義　LDA5 条 5 号，6 号
複製の部数の管理　LDA30 条補項 2
原作品等の取得　LDA37 条
著作権保護の例外　LDA46 条 2 号
著作物に表示すべき事項　LDA53 条補項，80 条，88 条
出版部数の管理　LDA56 条補項，63 条補項 2，64 条
音声記録著作物の製作者の権利　LDA93 条 2 号
著作権侵害　LDA102 条，103 条，106 条，107 条，108 条 2 号
保守等のための複製　LPP6 条 1 号
→ exemplar único e raro

exemplar único e raro　唯一で希少な残存部（書籍，文書等の）
著作者人格権　LDA24 条 7 号

exigência　補正命令

出願に対する補正命令　LPI21条，36条，103条，157条
商標登録出願の審査に対する異議申立て　LPI159条
審査請求申立ての補正　LPI214条
当事者の行為　LPI216条
管理団体の資格取消し　LDA98条のA補項3

exploração　実施／利用

特許により保護されないもの　LPI43条7号
特許侵害に対する損害賠償請求　LPI44条
特許対象の先使用者の権利　LPI45条
特許の実施許諾　LPI61条－74条
国防上の利害にかかわる特許　LPI75条補項3
特許の強制実施許諾の取消し　LPI80条補項1，81条
従業者等による発明等の特許の実施　LPI89条，91条
意匠の先使用者による実施　LPI110条，121条
特許権侵害の罪　LPI185条
化学物質等の特許出願　LPI230条－232条
共同著作者による共同著作物の利用　LDA15条補項2
許諾を要する著作物の利用等　LDA29条7号
著作物を複製する者の監督義務　LDA30条補項2
著作財産権の夫婦共有　LDA39条
著作権保護の例外　LDA46条8号
音声映像著作物の共同制作者による利用　LDA85条補項
コンピュータ・プログラムの改変　LPP5条

exposição　展示

著作者の許諾を要する使用　LDA29条8号j
写真の著作物の利用　LDA79条

expressão ou sinal de propaganda　広告の表示又は標語
商標登録を受けられないもの　LPI124 条 7 号
広告表示等による罪　LPI191 条
真正でない原産地の表示の罪　LPI194 条
不正競争の罪　LPI195 条 4 号
旧法下での広告の標語等の登録の出願　LPI233 条

extinção　消滅／失効
特許の無効手続の続行　LPI51 条補項
特許権の消滅　LPI78 条－83 条，86 条
特許の回復　LPI87 条
意匠登録の無効手続の続行　LPI117 条
意匠登録の失効　LPI119 条
商標権の消滅　LPI142 条，151 条
消滅した団体商標・証明商標　LPI154 条
商標登録の無効手続の続行　LPI172 条
技術移転契約等の登録　LPI211 条

F

falsa indicação　虚偽表示
地理的表示に関する権利の保護　LPI2 条 4 号
商標登録を受けられないもの　LPI124 条 10 号
地理的表示等に対する罪　LPI192 条
税関による押収　LPI198 条

fibra ótica　光ファイバー
著作者の許諾を要する使用　LDA29 条 7 号

fim de comércio　営利目的
制作者の権利を侵害する罪　LPP12 条

fluxograma　フローチャート
技術移転の登録事項　LPP11 条補項

fonograma　音声記録著作物
用語の意義　LDA5 条 4 号，6 号，9 号，11 号

著作者の許諾を要する使用　LDA29条5号
電子的手段により認識可能とする複製　LDA30条補項1
使用許諾の関連性　LDA31条
著作権保護の例外　LDA46条5号
音声記録著作物の利用　LDA68条，80条，86条
製作者の権利　LDA93条
著作隣接権の期間　LDA96条
権利者団体による管理　LDA98条補項2，補項4，補項6，補項9
権利者団体の義務　LDA98条のB
権利者団体による徴収等　LDA99条
民事上の制裁　LDA104条，105条，107条4号
識別シールの貼付義務　LDA113条

fotocópia autenticada　原本証明付謄本
委任状の要件　LPI216条補項1

fundação　財団
親告罪の例外　LPP12条補項3第1号

G

genoma ou germoplasma　遺伝子又は生殖質
特許能力のない発明・実用新案　LPI10条9号

H

honra　名誉
登録を受けられない意匠　LPI100条1号
商標登録を受けられないもの　LPI124条3号
著作者人格権の規定の適用除外　LPP2条補項1
著作者人格権　LDA24条4号

I

idéia　思想／着想
登録を受けられない意匠　LPI100 条 1 号
商標登録を受けられないもの　LPI124 条 3 号
著作権の保護を受けないもの　LDA8 条 1 号，7 号

idêntico　同一の
商標の意義　LPI123 条 1 号
商標登録を受けられないもの　LPI124 条 19 号，23 号
商標の先使用者による登録　LPI129 条補項 1
登録商標の移転　LPI135 条
補正用語の使用の罪　LPI193 条

imprensa diária　日刊紙
新聞記事等の著作権の帰属　LDA36 条
著作権保護の例外　LDA46 条 1 号 a

imprensa periódica　定期刊行紙
標題の保護　LDA10 条
新聞記事等の著作権の帰属　LDA36 条
著作権保護の例外　LDA46 条 1 号 a

indeferido　却下
発明追加証明の請求　LPI76 条補項 3
意匠登録出願　LPI106 条補項 4
周知商標　LPI126 条補項 2
登録商標の付記登録　LPI138 条 1 号
使用許諾契約の登録　LPI141 条
法改正時に継続中の特許等の保護　LPI229 条－229 条の A
権利者団体を欠く場合　LDA98 条の A 補項 4
→ decisão indeferindo o pedido de patente

indenização　損害賠償／補償
特許侵害に対する損害賠償請求　LPI44 条
国防上の利害にかかわる特許　LPI75 条補項 3
損害賠償の額　LPI208 条

著作者人格権　LDA24条7号，補項3
著作権侵害に対する損害賠償
請求　LDA102条，105条
保守等のサービスの提供義務　LPP8条補項
→ ação para reparação de dano

indicação　表示
特許出願の明細書　LPI24条
特許の強制実施許諾　LPI73条
商標登録を受けられないもの　LPI124条9号，10号
商品の仕向け先の表示のため
の商標の使用　LPI132条2号
化学物質等の特許出願　LPI230条補項1
用語の意義　LDA5条8号b
著作者の表示等をする者の
権利　LDA13条
著作者人格権　LDA24条2号
著作権保護の例外　LDA46条3号
→ indicação de procedência
→ indicação geográfica

indicação de procedência　原産地の表示
商標登録を受けられないもの　LPI124条10号
原産地の表示の意義　LPI176条，177条
地理的名称等の商標としての
使用　LPI181条
税関による押収　LPI198条

indicação geográfica　地理的表示
地理的表示に関する権利の
保護　LPI2条4号
商標登録を受けられないもの　LPI124条9号
地理的表示の保護　LPI176条－182条
地理的表示等に対する罪　LPI192条－194条

informação da identificação　識別情報
登録すべき情報　LPP3条補項1

Instituto Nacional da Propriedade Industrial（INPI） 国家工業所有権院

先行技術でない発明・実用新案	LPI12 条 2 号，補項
特許の出願・審査	LPI19 条，21 条，24 条補項，LPI30 条補項 2
特許権の存続期間	LPI40 条補項
特許の無効確認の訴え	LPI56 条，57 条
特許の付記登録	LPI59 条
特許の実施許諾契約の登録	LPI62 条
特許実施権の開示	LPI64 条－66 条
特許の強制実施許諾	LPI73 条補項 4，補項 5，補項 7，80 条補項 2
国防上の利害にかかわる特許	LPI75 条補項 1
年間特許料	LPI84 条補項 1
意匠登録の出願・審査	LPI101 条，103 条，111 条補項
意匠登録の行政上の無効手続	LPI115 条，116 条
意匠登録の付記登録・実施許諾	LPI121 条
周知商標	LPI126 条補項 2
商標登録の付記登録	LPI136 条
商標の使用許諾契約の登録	LPI140 条
団体商標の使用規約の変更	LPI149 条
商標登録の出願	LPI155 条，157 条
商標登録の無効確認の訴え	LPI173 条，175 条
地理的表示の使用	LPI182 条補項
技術移転契約等の登録	LPI211 条
審査請求申立ての補正	LPI214 条
当事者申立ての受理	LPI220 条
権利が行使できる期間	LPI221 条補項 2，223 条
INPI の行為の効力	LPI226 条
INPI による分類	LPI227 条
手数料	LPI228 条
法改正時に継続中の特許等の保護	LPI229 条－229 条の A
INPI の講じる必要な措置	LPI239 条

instrumento　器機
意義　LPP1条

instrumento　文書
委任状の要件　LPI216条補項1
著作権の譲渡　LDA50条

instrução　指令
著作権の保護を受けないもの　LDA8条3号
意義　LPP1条

integridade da obra　著作物の一体性同一性保持
著作者人格権　LDA24条4号．補項2
翻案の著作者人格権　LDA92条

interpretação　翻案
用語の意義　LDA5条4号，9号
電子的手段により認識可能とする複製　LDA30条補項1
翻案家等の権利　LDA90条－92条
著作権侵害行為への制裁等　LDA105条，107条4号

intérprete　翻案家
用語の意義　LDA5条13号
翻案家等の交替　LDA73条
音声記録著作物の表示事項　LDA80条2号
音声映像著作物の利用　LDA81条
翻案の著作者人格権の帰属　LDA92条
翻案家等の不当な表示　LDA108条
→ artista intérprete

interesse à defesa nacional　国防上の利害
国防上の利害にかかわる特許　LPI75条
特許出願の秘密保持　LPI30条

invenção　発明／考案
発明・実用新案の特許の保護　LPI2条1号，6条，7条
特許の要件　LPI8条，10条－13条，15条
国内特許の優先権の保障　LPI17条

特許出願の単一性　LPI22 条
特許権の存続期間　LPI40 条，43 条 7 号
従業者等による発明・
実用新案　LPI88 条－93 条
特許権侵害の罪　LPI183 条－186 条，201 条
化学物質等の特許　LPI231 条
著作権の保護を受ける創作　LDA7 条
著作者の許諾を要する使用　LDA29 条 10 号
音声記録著作物の製作者の権
利　LDA93 条 5 号

inventor　発明者
特許の出願　LPI6 条
先行技術でない発明　LPI12 条
発明者の記載　LPI21 条，39 条
特許権付与の訴え　LPI49 条
従業者等による発明　LPI93 条補項

L

legalização consular　領事認証
国際特許の優先権の主張　LPI16 条補項 6
委任状の要件　LPI216 条補項 1

licença compulsória　強制実施許諾
特許の強制実施許諾　LPI68 条－74 条
特許の強制実施許諾の取消し　LPI80 条

licença para exploração　実施許諾
特許の実施許諾　LPI61 条－63 条
特許の強制実施許諾　LPI68 条－74 条
従業者等による発明等の特許
の報酬　LPI91 条補項 2

licença para uso　使用許諾
登録商標の使用許諾　LPI139 条－141 条
登録商標の使用許可　LPI150 条

logradouro público　公共の場所／公共空間

公共の場所に常設される
著作物の利用　LDA48条

M

manuscrito　自筆原稿
原作品等の譲渡　LDA38条

máquina automática　自動機器
意義　LPP1条

marca　商標
商標の保護　LPI2条3号，122条－175条
地理的名称等の商標としての
使用　LPI181条
商標権侵害の罪　LPI189条，190条
広告表示等による罪　LPI191条
真正でない原産地の表示の罪　LPI194条
模倣商標を付した商品等の
押収　LPI198条，202条，209条補項2
商標登録出願書類の終局的
保管処分　LPI159条補項1，169条補項，
212条補項2，216条補項2
用語の意義　LDA5条8号h

marca coletiva　団体商標
用語の意義　LPI123条3号
商標登録を受けられないもの　LPI124条12号
登録出願人　LPI128条補項2
商標権の取得　LPI129条
団体商標の保護　LPI147条，149条－154条
刑の加重　LPI196条2号

marca de alto renome　著名商標
著名商標　LPI125条
刑の加重　LPI196条2号

marca de certificação　証明商標
用語の意義　LPI123条2号

商標登録を受けられないもの　LPI124 条 12 号
登録出願人　LPI128 条補項 3
商標権の取得　LPI129 条
証明商標の保護　LPI148 条，151 条，154 条
刑の加重　LPI196 条 2 号

marca falsificada　偽造商標
偽造した商標の押収等　LPI202 条，209 条補項 2

marca de produto　商品商標
用語の意義　LPI123 条 1 号

marca de serviço　役務商標（サービスマーク）
用語の意義　LPI123 条 1 号
周知商標の保護　LPI126 条補項 1

marca notoriamente conhecida　周知商標
周知商標　LPI126 条
刑の加重　LPI196 条 2 号

material biológico　生物学的材料
特許能力のない発明・実用新案　LPI10 条 9 号
特許出願明細書に代わる物質の提出　LPI24 条補項，30 条補項 3
特許侵害に対する損害賠償請求　LPI44 条補項 3

meio ótico　光学的手段
用語の意義　LDA5 条 2 号

memorial descritivo　要件定義書
技術移転の登録事項　LPP11 条補項

Mercado commun do sul（MERCOSUL）　南米南部共同市場（メルコスール）
メルコスール諸国との工業所有権政策の調整　LPI242 条

microfilmagem　マイクロフィルム化
著作者の許諾を要する使用　LDA29 条 9 号

microorganismo transgênico　遺伝子導入微生物
特許を受けられない発明・
実用新案　LPI18 条補項

ministério responsável　所管官庁
コンピュータ・プログラムの
登録　LPP3 条

modelo de utilidade　実用新案権
発明・実用新案の特許の保護　LPI2 条 1 号
特許権者　LPI6 条，7 条
実用新案の特許　LPI9 条－12 条，14 条－18 条
特許権の出願　LPI19 条－21 条，23 条
特許権の存続期間　LPI40 条
従業者等による発明・
実用新案　LPI88 条－93 条
特許権侵害の罪　LPI183 条－186 条

modificação　改変
特許を受けられない発明・
実用新案　LPI18 条 2 号
商標登録の取消し　LPI143 条 2 号
化学製薬用製品の特許　LPI229 条，230 条，232 条
著作者人格権　LDA24 条 4 号，5 号
著作者人格権の規定の
適用除外　LPP2 条補項 1

multa　罰金
→ pena de multa

município　市郡
商標登録を受けられないもの　LPI124 条 12 号
連邦，州等への著作権の帰属　LDA6 条

músico　演奏家
用語の意義　LDA5 条 13 号

N

nome abreviado　略称
著作者の識別のための氏名等の使用　LDA12条

nome civil　氏名
商標登録を受けられないもの　LPI124条15号
著作者の識別のための氏名等の使用　LDA12条

nome comercial　商号
広告表示等による罪　LPI191条
真正でない原産地の表示の罪　LPI194条
不正競争の罪　LPI195条5号，6号

nome completo　正称／フルネーム
著作者の識別のための氏名等の使用　LDA12条

notícia　報道／ニュース
著作権保護の例外　LDA46条1号a

novidade　新規性
特許の要件　LPI8条，11条
意匠登録の要件　LPI96条，111条

nulidade　無効
特許の無効　LPI46条－49条1，77条補項
意匠登録の無効　LPI111条補項－118条
商標登録の無効　LPI158条補項2，165条－175条
刑事訴訟における特許無効の主張の効力　LPI205条

O

objeção　異議
他国における特許査定　LPI34条1号

obra　創作物
特許能力のない発明・

実用新案	LPI10 条 4 号
意匠でない創作物	LPI98 条
商標登録を受けられないもの	LPI124 条 17 号
商標の引用	LPI132 条 4 号

obra　著作物

用語の意義	LDA5 条 5 号，8 号，10 号
連邦，州等への著作権の帰属	LDA6 条
著作権の保護を受ける創作	LDA7 条
著作権の保護を受けないもの	LDA8 条 7 号
公共に属する著作物の利用	LDA14 条
著作権者による登録	LDA19 条
著作者の権利	LDA22 条，23 条
著作者人格権	LDA24 条
著作財産権及びその存続期間	LDA28 条－45 条
著作権保護の例外	LDA46 条 3 号，8 号
公共の場所に常設される著作物の利用	LDA48 条
著作権の譲渡	LDA50 条－52 条
翻案の著作者人格権	LDA92 条
権利者団体による管理	LDA98 条補項 2－補項 4，補項 6，補項 9
徴収事務実施の資格付与	LDA98 条の A 第 2 号
権利者団体の義務	LDA98 条の B
権利者団体による徴収等	LDA99 条
著作権侵害	LDA102 条，107 条，108 条 2 号
旧法下の保護期間の満了	112 条

→ obra anônima
→ obra artística
→ obra audiovisual
→ obra científica
→ obra coletiva
→ obra de arte figurativa
→ obra de arte plástica
→ obra derivada
→ obra em co-autoria

→ obra inedita
→ obra intelectual
→ obra literária
→ obra originária
→ obra póstuma
→ obra pseudônima

obra anônima　無名著作物
用語の意義　LDA5 条 8 号 b
無名・変名の著作物の著作財産権　LDA40 条，43 条

obra artística　美術の著作物
特許能力のない発明・実用新案　LPI10 条 4 号
意匠でない創作物　LPI98 条
→ obra cientifica

obra audiovisual　音声映像著作物
用語の意義　LDA5 条 8 号 i，9 号，11 号
著作権の保護を受ける創作　LDA7 条 6 号
音声映像著作物の共同著作者　LDA16 条
著作者人格権　LDA25 条
音声映像著作物等の音声映像著作物の利用　LDA68 条，81 条－86 条
参加者の死亡　LDA92 条補項
識別シールの貼付義務　LDA113 条

obra científica　学術の著作物
特許能力のない発明・実用新案　LPI10 条 4 号
商標登録を受けられないもの　LPI124 条 17 号
商標の引用　LPI132 条 4 号
用語の意義　LDA5 条 1 号，4 号，6 号，13 号
著作権の保護を受ける創作　LDA7 条 1 号，補項 3
著作権者　LDA11 条
著作者の識別のための氏名等

の使用　LDA12条
共同著作者でない補助者　LDA15条補項1
著作物の使用等の権利　LDA28条
著作者の許諾を要する使用　LDA29条8号
使用許諾の関連性　LDA31条
共同著作物の存続期間　LDA42条
著作権保護の例外　LDA46条1号d，5号，7号
出版契約における著作者の義務　LDA54条
人の集来が頻繁な場所　LDA68条補項3
音声映像著作物の利用　LDA81条
著作者人格権　LDA89条
著作権侵害　LDA103条，105条

obra coletiva　共同著作物
用語の意義　LDA5条8号h
共同著作物の各参加者の権利　LDA17条
共同著作物の利用　LDA88条

obra de arte figurativa　具象的な美術の著作物
著作者の許諾を要する使用　LDA29条8号j

obra de arte plástica　有形美術の著作物
有形な美術の著作物の保護　LDA9条
著作者の許諾を要する使用　LDA29条8号j
有形美術の著作物の利用　LDA77条，78条

obra derivada　二次的著作物
用語の意義　LDA5条8号g
→ derivação

obra em co-autoria　共同著作物
用語の意義　LDA5条8号a
共同著作権　LDA15条
音声映像著作物の利用　LDA82条1号，84条，85条

obra inécita　未公表著作物
用語の意義　LDA5条8号d

obra intelectual　著作物

用語の意義	LDA5 条 14 号
著作物	LDA7 条－21 条
共同著作者の権利行使	LDA23 条
著作物の利用	LDA53 条－88 条
著作権侵害	108 条

obra literára　文芸の著作物

コンピュータ・プログラムの知的財産権の保護	LPP2 条
→ obra cientifica	

obra originária　原著作物

用語の意義	LDA5 条 8 号 f，g
パロディー等の保護	LDA47 条

obra póstuma　遺作

用語の意義	LDA5 条 8 号 e
遺作の保護期間	LDA41 条補項

obra pseudônima　変名著作物

用語の意義	LDA5 条 8 号 c
無名・変名の著作物の著作財産権	LDA40 条，43 条

obra teatral　演劇の著作物

著作物の使用	LDA68 条
翻訳・改作の許諾の場合	LDA74 条
共同著作物の場合	LDA75 条

oferta de licença　実施権の開示

特許実施権の開示	LPI64 条－67 条

onda radioelétrica　電波

用語の意義	LDA5 条 2 号
著作者の許諾を要する使用	LDA29 条 7 号

oposição　異議申立て／反対の意思表示

商標登録出願の審査	LPI158 条，159 条

申立ての不受理　LPI219条
著作権保護の例外　LDA46条1号c

organizador　全体的形成をする者
共同著作物全体の著作財産権の帰属　LDA17条補項2，補項3
共同著作物の利用　LDA88条
著作権侵害　LDA110条

origem da obra　出典
著作権保護の例外　LDA46条3号

original　原作品
用語の意義　LDA5条4号
有形美術の著作物の複製の保護　LDA9条
原作品等の取得　LDA37条
原作品と一致しない写真の複製　LDA79条補項2
データベースの頒布等　LDA87条3号
保守等のための複製　LPP6条1号
権利侵害して制作されたコンピュータ・プログラムを販売等する罪　LPP12条補項2

originalidade　創作性／独創性
登録された意匠の実体審査　LPI111条
標題の保護　LDA10条
登録すべき情報　LPP3条補項1

orquestração　編曲（オーケストラのための）
公共に属する著作物の利用　LDA14条

P

país de origem　原出願国（特許の）／原制作国（プログラムの）
国際特許の優先権の主張　LPI16条補項6
化学物質等に関する外国の特許の保護　LPI230条補項3

相互主義　LPP2条補項4

parāfrase　パラフレーズ／言い換え
パロディー等の保護　LDA47条

parecer　意見書
特許出願の実体審査　LPI35条，36条
特許無効の行政手続　LPI53条
登録された意匠の実体審査　LPI111条補項
意匠登録の行政上の無効手続　LPI115条
INPIの行為の効力　LPI226条3号

paródia　パロディー
パロディー等の保護　LDA47条

patente　特許／特許権
発明・実用新案の特許の保護　LPI2条1号
本法の適用範囲　LPI3条1号
特許権の保護　LPI6条－93条
意匠の新規性　LPI96条補項2
特許権侵害の罪　LPI183条－186条
不正競争の罪　LPI195条13号
起訴前の捜索・押収の捜査　LPI201条
刑事訴訟における特許無効の主張の効力　LPI205条
審査請求の申立て　LPI212条
委任状の提出　LPI216条補項2
法改正時に継続中の特許等の保護　LPI229条－232条
→ patente de invenção
→ patente de modelo de utilidade

patente de invenção　発明特許
発明・実用新案の特許の保護　LPI2条1号

patente de modelo de utilidade　実用新案特許
発明・実用新案の特許の保護　LPI2条1号

patenteabilidade　特許可能性

特許可能性 LPI8条－18条
出願の実体審査 LPI35条1号
出願人への通知 LPI36条

pedido de patente 特許出願
優先権の主張 LPI16条，17条
提出書類 LPI19条
方式の先決審査 LPI20条
出願に対する補正命令 LPI21条
出願の条件 LPI22条－25条
出願の公告 LPI29条
出願の手続及び審査 LPI30条－37条
特許の譲渡 LPI58条，59条

pedidos de patente de modelo ou de desenho industrial 工業用ひな型及び産業デザインの特許の出願
意匠登録の出願への改正 LPI237条

pedido de prorrogação 更新の出願
意匠登録の更新 LPI108条
商標登録の更新 LPI133条

pedido de registro 登録出願
意匠登録の出願 LPI101条－106条
国際商標の優先権の主張 LPI127条
商標登録の出願人の要件 LPI128条
登録商標の移転 LPI134条，135条
商標登録の出願 LPI155条－157条
登録すべき情報 LPP3条補項1

pedido de retirada 取下げの申立て
特許出願の取下げ LPI29条補項1
意匠登録出願の取下げ LPI105条

pedido dividido 分割出願
特許の分割出願 LPI26条－28条

pena de multa 罰金刑
罰金刑の定めのある犯罪 LPI183条－195条

罰金額　LPI197条
制作者の権利を侵害する罪　LPP12条

perito　鑑定人
起訴前の捜索・押収の捜査　LPI201条

pessoa física　自然人
国際条約の効力　LPI4条
商標登録の出願人の要件　LPI128条
用語の意義　LDA5条8号h，10号，11号
著作権者　LDA11条
登録すべき情報　LPP3条補項1第1号

pessoa jurídica　法人
国際条約の効力　LPI4条
商標登録の出願人の要件　LPI128条
用語の意義　LDA5条8号h，10号，11号
著作権者　LDA11条
登録すべき情報　LPP3条補項1第1号

petição　願書／出願／申立て
団体商標の使用規約の変更　LPI149条
願書等の不受理　LPI218条，219条

prazo de validade　有効期間
技術的有効期間の明示　LPP7条
保守等のサービスの提供義務　LPP8条
→ prazo de vigência

prazo de vigência　存続期間
特許権の存続期間　LPI40条
意匠登録証の記載事項　LPI107条
意匠登録の更新　LPI108条
意匠登録の失効　LPI119条1号
商標登録の更新　LPI133条
商標権の消滅　LPI142条1号
コンピュータ・プログラムに関する従業者等の権利　LPP4条

→ prazo de validade

precedência　先使用権
商標の先使用者による登録　LPI129条補項1，補項2
→ usuário anterior

prescrição　処方箋
特許により保護されないもの　LPI43条3号

prescrição da ação　出訴期間の満了
商標登録の無効確認の訴え　LPI174条
工業所有権の侵害に対する損害賠償請求の訴えの出訴期間　LPI225条

prestador de serviço　役務提供者
従業者等による発明・実用新案　LPI88条－93条
従業者等の意匠に関する権利　LPI121条
地理的表示の使用　LPI182条
侵害行為等に対する損害賠償請求　LPI209条

primígeno　原作品の
用語の意義　LDA5条8号f

prioridade reivindicada　優先権の主張
新規性の審査　LPI11条補項2
国際特許の優先権の主張　LPI16条
国内特許の優先権の主張　LPI17条
特許出願の分割　LPI27条
特許出願の秘密保持　LPI30条
特許出願の追完　LPI34条1号
意匠の優先権　LPI99条
意匠登録証の記載事項　LPI107条
国際商標の優先権の主張　LPI127条，128条補項4，129条補項1

processo administrativo de nulidade　無効の行政手続

特許　LPI50 条－55 条
意匠登録　LPI113 条－117 条
商標登録　LPI168 条－172 条

processo de nulidade do registro　登録無効手続
登録された意匠の実体審査　LPI111 条補項
意匠登録の行政上の無効手続　LPI113 条－117 条

processo eletromagnético　電磁的手段
用語の意義　LDA5 条 2 号

processo patenteaco　特許を受けた方法
特許による保護を受けるもの　LPI42 条 2 号
特許の強制実施許諾　LPI68 条補項 1
特許権侵害の罪　LPI184 条，185 条
起訴前の捜索・押収の捜査　LPI201 条

procuração　委任状
当事者の行為　LPI216 条

procurador　代理人
代理人への委任　LPI216 条，217 条

produção　製造（物）／派生（物）／生成（物）
特許出願の取下げの効力　LPI7 条補項，29 条補項 2
特許により保護されないもの　LPI43 条 7 号
意匠登録出願の取下げの効力　LPI105 条補項
商標登録を受けられないもの　LPI124 条 6 号
原産地の表示の意義　LPI177 条
化学物質等の特許出願　LPI232 条
共同著作者でない補助者　LDA15 条補項 1
著作者の許諾を要する使用　LDA29 条 5 号，7 号
外国で制作されたプログラムの販売契約等の無効条項　LPP10 条補項 1 第 1 号

produto químico-farmacêutico　化学製薬用製品
法改正時に継続中の特許等の保護　LPI229 条－232 条

produtor　生産者／制作者
地理的表示の使用　LPI182 条
用語の意義　LDA5 条 11 号，14 号
使用許諾の関連性　LDA31 条

programa de computador　コンピュータ・プログラム
特許能力のない発明・実用新案　LPI10 条 5 号
著作権の保護を受ける創作　LDA7 条 12 号，補項 1
コンピュータ・プログラムの保護　LPP1 条－16 条

projeto arquitetônico　建築計画
著作権の保護を受ける創作　LDA7 条 10 号
建築物の著作権　LDA26 条

pseudônimo　変名
著作者の識別のための氏名等の使用　LDA12 条
共同著作権者　LDA15 条
著作者の氏名等の表示　LDA108 条

publicação　公告／公布
新規性の審査　LPI11 条補項 2
特許出願の取下げ　LPI29 条
特許出願の秘密保持　LPI30 条
意匠登録出願の審査手続　LPI106 条
商標登録出願の公告　LPI158 条
著作者等への分配額　LDA99 条補項 4
現行著作権法の施行　LDA114 条
LPP の施行　LPP15 条

publicação　公表／出版
用語の意義　LDA5 条 1 号，8 号 d，h
新聞等の標題の保護期間　LDA10 条補項
共同著作物の公表　LDA32 条
公共に属さない著作物の複製　LDA33 条補項
信書の保護　LDA34 条

新聞記事等の著作権の帰属　LDA36条
無名・変名の著作物の著作財産権の保護期間　LDA43条
著作権保護の例外　LDA46条1号a，4号
出版の権利義務　LDA53条補項3号，54条，55条補項，65条
音声記録著作物の利用　LDA80条
音声映像著作物公表時の記載事項　LDA81条補項2第5号
共同著作物の利用　LDA88条
実施された公衆への実演の公表　LDA98条のB第5号
著作者等の不適正表示　LDA108条2号
コンピュータ・プログラムに関する権利の保護期間　LPP2条補項2
→ divulgação

Q

queixa　告訴
親告罪　LPI199条
親告罪　LPP12条補項3

R

radiodifusão　放送
用語の意義　LDA5条12号
著作者の許諾を要する使用　LDA29条13号d，e
→ empresa de radiodifusão

reciprocidade　相互主義
相互主義　LPI3条2号，LDA2条補項
商標登録を受けられないもの　LPI124条23号

recurso　不服申立て／審査請求
特許の強制実施許諾の決定　LPI73条補項8
発明追加証明請求の特許出願への変更　LPI76条補項4

商標移転の付記登録の却下等　LPI138 条
使用許諾契約の登録の却下　LPI141 条
商標登録取消しの審決　LPI146 条
審査請求　LPI212 条－215 条，238 条
願書等の不受理　LPI219 条

recurso　援助／財源
従業者等による発明等の特許の帰属　LPI90 条，91 条
INPI 独自の財源会計の充当　LPI239 条補項
権利者団体による共益行為への充当　LDA98 条補項 16
徴収した金員の分配基準に関する議決　LDA99 条の A 補項
コンピュータ・プログラムに関する従業者等の権利　LPP4 条補項 2

registro das obras intelectuais　著作権の登録
著作権の登録　LDA18 条－21 条
譲渡契約書の登録　LDA50 条補項 1

registro de desenho industrial　意匠登録
意匠の保護　LPI2 条 2 号，94 条－121 条

registro de marca　商標登録
商標の保護　LPI2 条 3 号，122 条－175 条

regulamento de utilização　使用規約
団体商標の使用規約の変更　LPI149 条
登録商標の使用許可　LPI150 条
団体商標・証明商標の消滅事由　LPI151 条 2 号

reivindicação de prioridade　優先権の主張
→ prioridade reivindicada

reivindicações　請求の範囲
特許出願の提出書類　LPI19 条 3 号
請求の範囲　LPI25 条

特許出願の実体審査　LPI35条2号
特許権の保護の範囲　LPI41条
特許の無効の範囲　LPI47条
特許の行政上無効の要件　LPI50条2号
意匠登録出願の審査手続　LPI106条
意匠登録証の記載事項　LPI107条
意匠登録出願の提出書類　LPI101条3号

relatório　明細書
特許出願の提出書類　LPI19条2号
特許出願の明細書　LPI24条
特許権の保護の範囲　LPI41条
特許の行政上無効の要件　LPI50条2号
意匠登録出願の提出書類　LPI101条2号
意匠登録証の記載事項　LPI107条

renúncia　放棄（権利の）
特許権の消滅　LPI78条2号
特許権の放棄　LPI79条
意匠登録の失効　LPI119条2号
商標権の消滅　LPI142条2号
団体商標の放棄　LPI152条
共同著作者の利益分配参加の
放棄　LDA32条補項2

representação　表現物／上演
地理的表示の保護　LPI179条
用語の意義　LDA5条9号，12号
著作者の許諾を要する使用　LDA29条8号a
著作権保護の例外　LDA46条1号c，6号
公共の場所に常設される
著作物の利用　LDA48条
演劇の著作物等の上演　LDA68条－76条
著作隣接権の保護期間　LDA96条

representação　告訴
公租公課等の徴収　LPP12条補項4

→ queixa

reproduҫão　複製

意匠登録出願の条件	LPI104条補項
商標登録を受けられないもの	LPI124条5号，11号，12号，16号，19号，23号
周知商標に関する出願の却下	LPI126条補項2
国際商標の優先権の主張	LPI127条補項2
商標権侵害の罪	LPI189条1号，190条1号
広告表示等による罪	LPI191条
刑の加重	LPI196条2号
商標登録の複製等の差押え	LPI209条補項2
用語の意義	LDA5条6号，7号，8号i，10号
著作者の許諾を要する使用	LDA29条1号
複製権の行使	LDA30条
公共に属さない著作物の複製	LDA33条
版の確定	LDA35条
著作権保護の例外	LDA46条1号，2号，8号
パロディー等の保護	LDA47条
出版	LDA53条
有形美術の著作物の利用	LDA77条，78条
写真の著作物の利用	LDA79条
データベースの複製	LDA87条
固定された翻案等の複製	LDA90条2号，補項2
音声記録著作物の製作者の権利	LDA93条1号，2号
放送事業者の権利	LDA95条
著作権侵害	LDA102条，104条
保守等のための複製	LPP6条1号
コンピュータ・プログラムを承諾なく複製する罪	LPP12条補項1
制作者の権利を侵害する罪の捜査	LPP13条

reputaҫão　声望

著作者人格権	LDA24条4号，6号

出版物の変更 LDA66条補項

requerente 出願人
特許権者の資格 LPI6条補項1
国内特許の優先権の主張 LPI17条
特許無効の行政手続 LPI53条
特許の強制実施許諾の請求 LPI73条補項2
特許の強制実施許諾の取消し LPI80条補項1
意匠登録の行政上の無効手続 LPI115条
商標登録を受けられないもの LPI124条23号
商標登録の出願人の要件 LPI128条

requerimento 願書／申立て
特許出願の提出書類 LPI19条1号
意匠登録出願の提出書類 LPI101条1号
商標登録出願の提出書類 LPI155条1号
著作物不正使用差止等の申立 LDA102条
登録情報の開示 LPP3条補項2
虚偽の事実による申立て等に
対する損害賠償 LPP14条補項5

resposta 答弁書
特許の無効確認の訴え LPI57条補項1
商標登録の無効確認の訴え LPI175条補項1

restauração 回復
特許の回復 LPI87条

resultado visual 視覚的効果
意匠登録の要件 LPI95条
意匠の独創性 LPI97条

resumo 要約書
特許出願の提出書類 LPI19条5号

retirada de pedido 出願の取下げ
先出願の取下げの効力 LPI7条補項
特許出願の取下げ LPI29条
意匠登録出願の取下げ LPI105条

retransmissão　再送信

用語の意義	LDA5 条 3 号
放送事業者の権利	LDA95 条

retribuição　手数料／登録料／出願料

特許出願の提出書類	LPI19 条 6 号
特許出願の分割	LPI28 条
発明追加証明	LPI76 条
特許権の消滅	LPI78 条 4 号
年間特許料	LPI84 条
意匠登録出願の提出書類	LPI101 条 6 号
意匠登録の更新	LPI108 条補項 1
意匠登録の失効	LPI119 条 3 号
5 年の登録料の納付	LPI120 条
商標登録出願の提出書類	LPI155 条 3 号
著作権の登録手数料の納付	LDA20 条
著作権使用料	LDA57 条，61 条

→ retribuição adicional.

→ retribuição específica

retribuição adicional.　割増手数料

意匠登録の更新	LPI108 条補項 2
5 年の登録料の納付	LPI120 条補項 3

retribuição específica　特定手数料

手数料を納付しない場合	LPI162 条補項

revisão　改訂／校閲

版の確定	LDA35 条

S

salvaguarda　保守

保守等のための複製	LPP6 条 1 号

satélite　人工衛星／通信衛星

用語の意義	LDA5 条 2 号，12 号
著作者の許諾を要する使用	LDA29 条 7 号，8 号 h

semelhante　類似の

商標の意義　LPI123 条 1 号
商標登録を受けられないもの　LPI124 条 19 号，23 号
商標の先使用者による登録　LPI129 条補項 1
登録商標の移転　LPI135 条
商標登録の取消し　LPI144 条
補正用語の使用の罪　LPI193 条

serviço técnico complementar　更新及び保守の技術的サービス

保守等のサービスの提供義務　LPP8 条

sigilo　秘密

特許出願の秘密保持　LPI30 条
国防上の利害にかかわる特許　LPI75 条
意匠登録出願の取下げ　LPI105 条
意匠登録出願の補正　LPI106 条補項 3
登録情報の開示　LPP3 条補項 2

sinal　標章

商標登録の要件　LPI122 条
商標登録を受けられないもの　LPI124 条 3 号，5 号－7 号，9 号，10 号，12 号，23 号
商標権者の権利　LPI130 条 1 号
商標登録の出願　LPI155 条
意匠登録出願の補正　LPI157 条
広告表示等による罪　LPI191 条
真正でない原産地の表示の罪　LPI194 条
不正競争の罪　LPI195 条 4 号
旧法下での広告の標語等の登録の出願　LPI233 条

sinal　信号

用語の意義　LDA5 条 2 号，12 号
著作物保護のための信号の除去等　LDA107 条 2 号，4 号
著作者の不適正表示等　LDA108 条
著作者の識別表示　LDA113 条

sinal convencional　常用する記号
著作者の識別のための氏名等の使用　LDA12条
共同著作権　LDA15条
著作者人格権　LDA24条2号

sinal de reserva　権利保護の記号
新聞記事等の著作権の帰属　LDA36条

sistema aplicativo　アプリケーション・システム
他のプログラムへの組み込み　LPP6条4号

sistema Braille　ブライユ式点字
著作権保護の例外　LDA46条1号d

sistema operacional　オペレーション・システム／ＯＳ
他のプログラムへの組み込み　LPP6条4号

sociedade de economia mista　官民合同会社
親告罪の例外　LPP12条補項3第1号

som　音声
用語の意義　LDA5条2号，9号，12号

som e imagem　音声映像
用語の意義　LDA5条2号，12号
翻案家等の保護範囲の拡大　LDA90条補項2

sonegação fiscal　脱税
親告罪の例外　LPP12条補項3第2号

sublicenciamento　再許諾
強制実施許諾の再許諾の禁止　LPI72条

T

técnica análoga　アナログ技術
意義　LPP1条

técnica digital　デジタル技術
意義　LPP1条

técnico no assunto　その分野における専門的知識を有する者
発明・実用新案の進歩性　LPI13条，14条
特許出願の明細書　LPI24条

titular do órgão da administração pública federal　連邦行政機関の長
著作権の登録手数料の納付　LDA20条

titular originário　本来的権利者
用語の意義　LDA5条14号
権利者団体における議決権行使等　LDA97条補項5，補項6

título de estabelecimento　営業所の名称
商標登録を受けられないもの　LPI124条5号
広告表示等による罪　LPI191条
真正でない原産地の表示の罪　LPI194条

tradução　翻訳
国際特許の優先権の主張　LPI16条補項2，補項4，補項5
特許出願の追完　LPI34条3号
国際商標の優先権の主張　LPI127条補項2
商標登録の出願の提出書類　LPI155条補項
著作権の保護を受ける創作　LDA7条11号
公共に属する著作物の利用　LDA14条
著作者の許諾を要する使用　LDA29条4号
著作物の表示事項　LDA53条補項2号，87条2号
演劇の著作物の著作者の許諾　LDA74条

transcrito　出典の
著作権保護の例外　LDA46条1号a

transferência de tecnologia　技術移転
技術移転契約等の登録　LPI211条
コンピュータ・プログラムの技術移転契約の登録　LPP11条

transformação de obra　翻案
用語の意義　LDA5条8号g
著作権の保護を受ける創作　LDA7条11号

著作者の許諾を要する使用　LDA29 条 3 号

transformação do núcleo atômico　原子核の変換
特許を受けられない発明・
実用新案　LPI18 条 2 号

transmissão　移転（権利の）
著作権の移転　LDA49 条 1 号，2 号
有形美術の著作物の移転　LDA77 条

transmissão　送信
用語の意義　LDA5 条 2 号，3 号，12 号
著作者の許諾を要する使用　LDA29 条 8 号 e
著作権保護の例外　LDA46 条 5 号
公衆伝達の意義　LDA68 条補項 1－補項 3
音声映像著作物に関する対価　LDA86 条
著作隣接権の保護期間　LDA96 条
著作隣接権の侵害　LDA105 条
→ transmissão sem fio

transmissão sem fio　無線送信
用語の意義　LDA5 条 12 号

tratado　条約
本法の適用範囲　LPI3 条 1 号
国際条約の効力　LPI4 条
新規性の審査　LPI11 条補項 3
国際特許の優先権の主張　LPI16 条補項 4
年間特許料の納付　LPI85 条
INPI による分類　LPI227 条
化学物質等の特許出願　LPI230 条－232 条
法律第 5648 号の改正　LPI240 条
外国人の保護　LDA2 条
著作権の保護を受けないもの　LDA8 条 4 号

tributo　公租公課
外国で制作されたプログラム
の販売等　LPP10 条

公租公課等の徴収　LPP12 条補項 4

U

um grupo de inverções　一群の発明
特許出願の単一性　LPI22 条

União　連邦
商標登録を受けられないもの　LPI124 条 14 号
連邦，州等への著作権の帰属　LDA6 条
→ Convenção da União de Paris para Proteção da Propriedade Industrial

uso privado　私的使用
特許により保護されないもの　LPI43 条 1 号
著作権保護の例外　LDA46 条 2 号

usuário　ユーザー／利用者
著作者の許諾を要する使用　LDA29 条 7 号
利用した著作物等の一覧　LDA68 条補項 6
使用料の徴収　LDA98 条補項 4，補項 9
徴収業務の資格付与　LDA98 条の A 第 2 号 b，補項 4
集団的管理団体の職務遂行　LDA98 条の B 第 1 号，7 号
徴収機関の管理事務　LDA99 条補項 5，補項 9
権利者と利用者の紛争　LDA100 条の B
利用者の義務の不履行　LDA109 条の A 補項
他のプログラムへの組み込み　LPP6 条 4 号
ユーザーの保護　LPP7 条，8 条

usuário anterior　先使用者
先使用者の権利　LPI45 条
→ precedência

utilização　使用／利用
産業上の利用可能性　LPI15 条
特許により保護されないもの　LPI43 条 6 号
依存関係にある特許　LPI70 条補項 1
従業者等による発明等の帰属　LPI90 条

証明商標の意義	LPI123 条 2 号
団体商標の保護	LPI147 条，149 条－152 条
特許権侵害の罪	LPI184 条 2 号，186 条
意匠権侵害の罪	LPI188 条 1 号
不正競争の罪	LPI195 条 8 号，11 号，12 号，14 号
偽造した商標の押収等	LPI202 条
化学物質等の特許出願	LPI232 条
用語の意義	LDA5 条 8 号 i，11 号
著作者の表示等をする者の権利	LDA13 条
共同著作権	LDA15 条，16 条補項
著作者人格権	LDA24 条 2 号，5 号，6 号
著作財産権	LDA28 条，29 条，31 条，36 条
著作権保護の例外	LDA46 条 5 号，7 号
著作権の移転	LDA49 条 5 号，6 号
各種の著作物の利用	LDA53 条－88 条
翻案等の利用	LDA90 条 5 号，91 条
音声記録著作物の製作者の権利	LDA93 条
使用料の徴収	LDA98 条補項 2－補項 4，補項 9
権利者団体の管理	LDA98 条の A 第 2 号 h，補項 5
集団的管理団体の職務遂行	LDA98 条の B 第 1 号，7 号
著作権侵害	LDA102 条，104 条，106 条－108 条
コンピュータ・プログラムに関する従業者等の権利	LPP4 条補項 2

V

versão　版／バージョン

ユーザーの保護	LPP7 条，8 条
→ versão definitiva	

versão definitiva　確定版

版の確定	LDA35 条

violação de direito　権利侵害

方法の特許の侵害	LPI42 条補項 2
特許権侵害の罪	LPI184 条 1 号，186 条
侵害行為に対する損害賠償	LPI208 条－210 条
著作権侵害	LDA101 条－111 条
外国で制作されたプログラムの販売契約等の無効条項	LPP10 条補項 1 第 2 号
制作者の権利を侵害する罪	LPP12 条
制作者の権利を侵害する罪の捜査	LPP13 条

あとがき

このたび本著『ブラジル知的財産法概説』を日本における厳しい出版事情の下で上梓できたことにつき，旧知の袖山貴信山社社長に謝意を表したい。また，ご多忙のところ，序文をいただいた中山信弘明治大学教授（東京大学名誉教授），ルーカス・ホッシャ・フルタード前ブラジル会計検査院法務部長（ブラジリア大学教授・1996年工業所有権法立法作業における報告担当国会議員補佐官），マサミ・ウエダ元ブラジル連邦司法高等裁判所判事に厚く御礼申し上げる。本著は2013年4月に元ブラジル国国家工業所有権院総裁で，サンパウロにおける二宮法律事務所のシニア・パートナーであるヒサオ・アリタ氏が，東京の金融財務研究所・経営財務研究会で講演を行った際に配布した資料に加筆したものである。また，資料作成および技術面の解説は，二宮法律事務所のパートナーであるマルセロ・マノエル・バルボザ弁護士と技術顧問であるエンジニアのアカシオ・アサノ・シブヤ氏が，ブラジルにおける知的財産に関わる手続きの図の作成は，愚息マサヨシ・ベルナルド・ロンギ・ニノミヤが協力した。記して感謝する。

ブラジルのみならず，外国語の法律の翻訳が困難であることは，多くの先達の業績を拝見しても，また過去半世紀近くにわたる自らの経験からも明らかである。これまでにも多くの先輩の方々に教えを受けつつ，ブラジルの法律・論文の邦訳，日本の法律・論文のポルトガル語訳を行ってきたが，なかでも東京大学大学院生時代に故藤井幸四郎弁護士と共同作業で起訳を行い，藤井弁護士逝去後にサンパウロで出版した，「ブラジル民事訴訟法」，慶應義塾大学非常勤講師として「ラテンアメリカ法」の講義のかたわら，森征一教授（当時同大教授，現常磐大学学長）との共編著で上梓できた『ポ日法律用語集』（有斐閣）については，それぞれ尽きない思い出があるが，紙幅の関係で詳細は別の機会に譲ることにする。

本著におけるブラジル工業所有権法の条文翻訳は，1996年，当時の江崎方教氏の起訳を改訂し，アジア経済研究所からサンパウロ大学法学部客員研究員としてブラジルに滞在中であった故矢谷通朗氏の協力を得て刊行したものである。また，著作権法およびコンピュータ・プログラム保護法の条文翻訳，ならびにブラジルにおける知的財産法に関わる手続きや運用に関する解説の翻訳については，田尻瑞穂氏の起訳に負うところが大きい。これらの翻訳をふくむ本著の日本語の監修は，サンパウロにおける国外就労者情報援護センター（CIATE）専務理事として赴任中であった大嶽達哉弁護士（愛知県弁護士会所属）の労を多とし，改めて感謝する。

本著をアリタ弁護士とともに執筆することになった動機は，ブラジルに進出する日本企業を法律面で支援するうちに，両国がパリ条約の締結国であるにもかかわらず，商標，特許，意匠のほか，技術移転に関わる送金等の手続き面に関する認識について，多くの盲点が存在することが判明したことによる。本著の内容が多少なりとも進出企業のお役に立つことがあれば，望外の幸せである。

2015年夏，卒業後45年目を迎えるサンパウロ大学法学部校舎の一隅にて

二宮正人

索　引

【あ行】

アプリケーション提供事業者……*118*
異議申立て……*63–65, 68, 121–122*
育成権者……***123**, 124, 125*
育成者権……***123**, 124, 125*
育成種……*123, **124**, 125*
育成種保護法（LPC）……*10, **123–***
意　匠……*6, 7, **39–***
——の実体審査……*39–40, **41***
——の実施許諾（LEDI）……*74*
意匠登録……*6, 7, **39–***
——の登録拒絶事由……*45–47*
——の更新……*41*
——の存続期間……*41*
——の登録料……*40, 44*
いずれの者にも属さないもの……*28, 31, 93, 137*
一般役務税（ISS）……***81–83***
遺伝子組換微生物……*15, 16, 20*
インターネット……*98, 99, 117–122*
—— 接続事業者……*117, 118*
—— 紛争管理システム（SACI-Adm）……***121–122***
インターフェースの複製……*109*
営業秘密……***131–***
演劇の著作物……*94*
音声映像著作物……*91, 93, 94, 96*
音声記録著作物……*91, 94, 96*

【か行】

外国に居所又は住所を有する者……*78–80, 82*
外国に住所を有する者……*22, 59–60*
海賊行為……*87*
回路配置……*127–129*
——の登録……*128–129*
GATT……*5, 14*
神の仕業……*59*
為替取引における金融取引税（IOF）……*82*
簡易会社……*113–114*
願　書……*25, 26, 40, 44, 52, 61*
企業名……***113–***
技術・科学支援役務提供契約（SAT）……*74*
技術移転契約……*57, **71–**, 107–108, 131*
——の登録……*74–76, 107–108*
技術輸入……***78–***
行政審判による無効……*115*
グレース・ピリオド……*15, 16, 40*
経済領域参画分担金（CIDE-TECNOLOGIA）……***78–82***
刑法典……*95–97, 133–134*
原育成種……*124*
源泉所得税（IRFON）……*82*
権利の消尽……*20–21, 57, **85–***
工業所有権法（現行法（LPI））……*5, 6–7, 10, **13–**, 97, 98, 108, 114, 121, 132–133, 137*
工業所有権法（1971年旧法）……*5, 7, 10, 13, 19, 21, 39, 54, 55, 57, 59, 60*
工業秘密……*131*
工業用ひな型……*6, 39*
更新及び保守サービスの提供……*108*
国際消尽……*87*
国内遺伝子資源……*8*
国内消尽……***86**, 87*
個人情報の保護……*117*
国家工業所有権院（INPI）……*10, 16, 19–, 39–, 49–, 72–77, 86, 107, 120–121, 128–129*
——広報誌（RPI）……*29, 47, 73*
——長官に対する審判請求……*33–38, 65, 67, 69,*
——長官による審決……*32, 34–36, 38, 42, 66, 67, 69*
国家植物育成種保護サービス局（SNPC）……*123, 125*
混合商標……*61, 67*
混成主義……*56*
コンピュータ・プログラム……*19–20, 78,*

91, **105**–
――の登録……106
――の使用許諾……107
――の保護期間……106
コンピュータ・プログラム保護法（現行プログラム保護法）……5, 10, 91, **105**–, 128
先使用権……56
先願主義……19

【さ行】

産業上の利用性……19, 29, 35
視覚的識別性……49
実演家……91, 95, 96
失効の審決……22
実用新案……19, 25, 46
実用新案権……6, 21, 31
――の存続期間……15, 21
社会統合計画および公務員財形計画（PIS/PASEP）……**79**–
社会保険融資負担金（COFINS）……**79**–
写真の著作物……93, 94
集積回路……127
集積回路配置保護法……10, **127**–
従属品種……124
周知商標……**55–56**, 121
種　子……124
商業登記所……54, 113–116
商業秘密……131
商業法人登記所……113
商　人……113
商　標……6, **49**–, 86, 97–98, 114–115
――の偽造……55
――の実体審査……62–63
――の使用許諾（LUM）……72, 74, 76, 86
――の先使用権……56
――の登録主義……56
――の不使用……59
商標権……6, 9, **49**–, 114
――の消滅事由……**58**–
――の存続期間……58
――の放棄……58, 60
商標登録……49, 52, 53, 58, 98, 114, 120–121
――すべき旨の査定……62, 65, 69
――の更新……57
――の消滅……60
――の登録料……61–62, 65, 66, 68
――の不登録事由……49, **50**–, 98
――の割増登録料……58, 62, 66
――を拒絶すべき旨の査定……64–69
証明商標……49, 53
植物の新品種の保護に関する国際条約（UPOV 条約）……123
新規性……19, 29, 35, 39, 41, 46
新品種……124
進歩性……19, 29, 35
請求の範囲……20, 25, 27, 29, 32, 35, 40, 44
全体的な印象……137, 138
早期出願公告……27
創作性……39–41, 46, 50, 129
ソフトウェアの使用許諾……74–75, 131
ソフトウェアの保護……108–109
損金算入可能な費用……72
損金算入上限額……77
損金算入できない利益に対する法人税（IRPJ）……83

【た行】

団体商標……**49**, 55
知的創作……50, 91–92, 97, 99
著作権……7, 9, 51, 75, **91**–, 118
――の使用許諾……74
――の侵害……**95**–
著作権法（現行著作権法）……7, 10, 71, **91**–, 105–109
著作権法（旧著作権法）……92
著作財産権……51, 92, **93**, 97
――の保護期間……93
著作者人格権……51, 71, 91, **93**, 97, 105
著作物……51, 91–101, 105
――の登録……94
著作隣接権……91, 96, 99, 101, 105, 118
著名商標……52, **54**–, 56, 98
地理的表示……6, 7, 120
データベース……93, 94–95
電子的手段……99

統合労働法（CLT）……133
特　許……6, 7, 9, 14, **19**-, 39, 46, 86, 131
——出願の公告……27
——出願の優先的審査……27
——すべき旨の査定……20, 21, 29, 36
——の実体審査……21, 28, 29, 32
——の実施許諾（LEP）……22, 72, 74, 86
——の先使用者の権利……21
——の対象……15, 26, 27, 108
——の取消……22
——の不実施……15, 16, 22
——の消滅……**21**-
——を拒絶すべき旨の査定……33-38
特許協力条約（PCT）……23, 28, 29
特許権……8, **19**-, 39
——の存続期間……15, 21, 22, 31
——の放棄……22
特許証……20, 31
——の交付……20, 29-31, 33
特許料，特許出願料……20, 30-31, 33
——の納付証明書……22, 25
特別——……22, 29
年間——……22, 28
割増——……28, 30
ドメイン名……**118**-
TRIPs 協定……5, 10, 13-15, 21, 49, 52, 55, 135
トレード・ドレス……**137**-

【な行】

内外人平等の原則……7
二重課税防止条約……83-84
納付証明書……25

【は行】

パイプライン……15-16
パリ条約……5, 9, 15, 45, 55-56, 58, 59, 114-115, 135
繁　殖……124, 125
秘密保持……45, 131
品種改良者……123
付記登録……73, 74, 94
不正競争の禁止……132, 134, 137
不正競争の防止……6, 9
不服の審判請求……33-34, 37, 46-47, 66-67, 69
プライバシーの保護……117
ブラジル・インターネット管理委員会（CGI.br）……118, 120
“.br” 情報調整センター（NIC.br）……**119**, 121, 122
フランチャイズ契約……73, 74, **76-77**
文書登記所……94
並行輸入……20, **85**-
ベルヌ条約……5, 91, 94
変　名……93, 95
方式審査……40, 44, 128
方式の先決審査……25, 27, 61, 68
法人民事登記所……113
方法の発明……20
保管処分……22, 26, 28, 29, 53, 60, 66
終局的——……28, 30, 31, 33, 36, 62, 66, 128
補正命令……22, 26, 27, 29, 32-35, 37, 44-45, 47-48, 62-63, 64, 128
翻案家……91, 96

【ま行】

民法（2002 年民法）……59, 86, 95, 109, 113-114, 134, 138
無効の行政審判（PAN）……30, 31, 41-42, 54-56, 67-69
無　名……93

【や行】

有形美術の著作物……94
優先権の主張……21, 25, 28, 40, 42, 44, 53, 56

【ら行】

立体商標……49, 61
連邦憲法（1988 年連邦憲法）……6, 7, 80, 83, 86, 87, 97, 100, 113, 117, 118, 132, 138
ロイヤリティ……77, 78, 82, 83
——の支払い……71-72, 76

【わ行】

WIPO……13, 14, 23, 122

本書は，1996年5月ブラジルにて刊行した工業所有権法（法律第9279号）の条文翻訳に，2013年4月日本において講演資料として配布した知的財産法全般の概説と，著作権法（法律第9610号）及びコンピュータ・プログラム保護法（法律第9609号）の条文翻訳を合わせ，加筆修正の上，一冊としたものである。

［著者］

ヒサオ・アリタ

二宮正人法律事務所シニア・パートナー
元ブラジル国国家工業所有権院（INPI）長官

二宮正人（にのみや まさと）

サンパウロ大学法学部　博士教授
明治大学法学部　客員教授
弁護士（ブラジル）
連絡先　Advocacia Masato Ninomiya／二宮正人法律事務所
Av. Dr. Arnaldo, 1980 - CEP 01255-000 - São Paulo - SP - Brasil
TEL：55 11 3866-2400／FAX：55 11 3675 6755
http://www.masatoninomiya.com.br/
e-mail　ninomiya@masatoninomiya.com.br

［日本語訳監修］

大嶽達哉（おおたけ たつや）

弁護士（日本 愛知県弁護士会）
二宮正人法律事務所客員弁護士
連絡先　事務所
名古屋市中区錦二丁目17番11号伏見山京ビル503号
http://www.advogado.jp/
e-mail　otake@advogado.jp

信山社ブックス8

ブラジル知的財産法概説

2015(平成27)年8月30日　第1版第1刷発行

著　者　ヒサオ・アリタ
　　　　二　宮　正　人
発行者　今井 貴　稲葉文子
発行所　株式会社 信 山 社

〒113-0033　東京都文京区本郷6-2-9-102
Tel 03-3818-1019　Fax 03-3818-0344
info@shinzansha.co.jp
笠間才木支店　〒309-1611　茨城県笠間市笠間515-3
笠間来栖支店　〒309-1625　茨城県笠間市来栖2345-1
Tel 0296-71-0215　Fax 0296-72-5410
出版契約 2015-8638-0-01011　Printed in Japan

©信山社, 2015
印刷・製本／ワイズ書籍・渋谷文泉閣
ISBN978-4-7972-8638-0 C3332
P304/328.500-c008 知的財産法・外国法
8638-2-01011:012-010-020
《禁無断複写》

JCOPY〈㈳出版者著作権管理機構委託出版物〉

本書の無断複写は著作権法上での例外を除き禁じられています。複写される場合は，そのつど事前に，㈳出版者著作権管理機構（電話03-3513-6969，FAX03-3513-6979，e-mail: info@jcopy.or.jp）の許諾を得て下さい。また，本書を代行業者等の第三者に依頼してスキャニング等の行為によりデジタル化することは，個人の家庭内利用であっても，一切認められておりません。

◆ヨーロッパ人権裁判所の判例
戸波江二・北村泰三・建石真公子・小畑郁・江島晶子 編集代表
・ボーダーレスな人権保障の理論と実際。解説判例80件に加え、概説・資料も充実。来たるべき国際人権法学の最先端。

◆ヨーロッパ人権裁判所の判例Ⅱ〔近刊〕
戸波江二・北村泰三・建石真公子・小畑郁・江島晶子 編集代表

◆フランスの憲法判例
フランス憲法判例研究会 編　辻村みよ子編集代表
・フランス憲法院(1958～2001年)の重要判例67件を、体系的に整理・配列して理論的に解説。フランス憲法研究の基本文献として最適な一冊。

◆フランスの憲法判例Ⅱ
フランス憲法判例研究会 編　辻村みよ子編集代表
・政治的機関から裁判的機関へと揺れ動くフランス憲法院の代表的な判例を体系的に分類して収録。『フランスの憲法判例』刊行以降に出されたDC判決のみならず、2008年憲法改正により導入されたQPC（合憲性優先問題）判決をもあわせて掲載。

◆ドイツの憲法判例〔第2版〕
ドイツ憲法判例研究会 編　栗城壽夫・戸波江二・根森健 編集代表
・ドイツ憲法判例研究会による、1990年頃までのドイツ憲法判例の研究成果94選を収録。ドイツの主要憲法判例の分析・解説、現代ドイツ公法学者系譜図などの参考資料を付し、ドイツ憲法を概観する。

◆ドイツの憲法判例Ⅱ〔第2版〕
ドイツ憲法判例研究会 編　栗城壽夫・戸波江二・石村修 編集代表
・1985～1995年の75にのぼるドイツ憲法重要判決の解説。好評を博した『ドイツの最新憲法判例』を加筆補正し、新規判例を多数追加。

◆ドイツの憲法判例Ⅲ
ドイツ憲法判例研究会 編　栗城壽夫・戸波江二・嶋崎健太郎 編集代表
・1996～2005年の重要判例86判例を取り上げ、ドイツ憲法解釈と憲法実務を学ぶ。新たに、基本用語集、連邦憲法裁判所関係文献、１～３通巻目次を掲載。

◆国際私法年報　国際私法学会 編
16号 2015.3刊行 最新刊

◆国際人権　国際人権法学会 編
25号 2014.10刊行 最新刊

◆ヨーロッパ地域人権法の憲法秩序化
小畑 郁 著

◆現代フランス憲法理論　山元 一 著

信山社

村瀬信也先生古稀記念
◆国際法学の諸相―到達点と展望　江藤淳一 編　2015.1新刊

町野朔先生古稀記念
◆刑事法・医事法の新たな展開〔上・下〕　2014.6新刊
編集代表　岩瀬徹・中森喜彦・西田典之

毛塚勝利先生古稀記念
◆労働法理論変革への模索　2015.3新刊
山田省三・青野覚・鎌田耕一・浜村彰・石井保雄 編

◆〔講座〕憲法の規範力〈全5巻〉ドイツ憲法判例研究会 編

- 第1巻　規範力の観念と条件　編集代表 古野豊秋・三宅雄彦（既刊）
- 第2巻　憲法の規範力と憲法裁判　編集代表 戸波江二・畑尻　剛（既刊）
- 第3巻　憲法の規範力と市民法　編集代表 小山　剛（近刊）
- 第4巻　憲法の規範力とメディア法　編集代表 鈴木秀美（2015.3最新刊）
- 第5巻　憲法の規範力と行政　編集代表 嶋崎健太郎（近刊）

◆国際私法論集　森田博志 著

◆新ＥＵ論　植田隆子・小川英治・柏倉康夫 編

◆ヨーロッパ「憲法」の形成と各国憲法の変化
中村民雄・山元 一 編

2015.3新刊
◆ＥＵとは何か ― 国家ではない未来の形　中村民雄 著

信山社

〔最新刊〕

ある比較法学者の歩いた道
— 五十嵐清先生に聞く

五十嵐清 / 山田卓生・小川浩三・山田八千子・内田貴 編集

民法学と比較法学の諸相 1 ～ 3
山畠正男先生・五十嵐清先生・藪重夫先生古稀記念

藤岡康宏 著

民法講義Ⅰ **民法総論**

民法講義Ⅴ **不法行為法**

法の国際化と民法

ヴェルンハルト・メーシェル 著／小川浩三 訳

ドイツ株式法

ハンス=ユルゲン・ケルナー 著／小川浩三 訳

ドイツにおける刑事訴追と制裁

〔新刊〕

◇ **破産法比較条文の研究** 竹下守夫 監修
加藤哲夫・長谷部由起子・上原敏夫・西澤宗英 著

信山社

法律学の森シリーズ

変化の激しい時代に向けた独創的体系書

新　正幸　憲法訴訟論〔第２版〕
大村敦志　フランス民法
潮見佳男　債権総論Ⅰ〔第２版〕
潮見佳男　債権総論Ⅱ〔第３版〕
小野秀誠　債権総論
潮見佳男　契約各論Ⅰ
潮見佳男　契約各論Ⅱ
潮見佳男　不法行為法Ⅰ〔第２版〕
潮見佳男　不法行為法Ⅱ〔第２版〕
潮見佳男　不法行為法Ⅲ（続刊）
藤原正則　不当利得法
青竹正一　新会社法〔第４版〕
泉田栄一　会社法論
小宮文人　イギリス労働法
高　翔龍　韓国法〔第２版〕
豊永晋輔　原子力損害賠償法

信山社

◆ 学術世界の未来を拓く研究雑誌 ◆

憲法研究　樋口陽一 責任編集 (近刊)
行政法研究　宇賀克也 責任編集
民法研究　広中俊雄 責任編集　第2集 大村敦志 責任編集
環境法研究　大塚 直 責任編集
社会保障法研究　岩村正彦・菊池馨実 責任編集
国際法研究　岩沢雄司・中谷和弘 責任編集
ジェンダー法研究　浅倉むつ子 責任編集
消費者法研究　河上正二 責任編集 (近刊)
医事法研究　甲斐克則 責任編集 (近刊)
法と社会研究　太田勝造・佐藤岩夫 責任編集 (近刊)
ＥＵ法研究　中西優美子 責任編集 (近刊)
法と哲学　井上達夫 責任編集

高見勝利先生古稀記念
憲法の基底と憲法論
―思想・制度・運用―
岡田信弘・笹田栄司・長谷部恭男 編
総約1200ページ、計48論稿が揃い、幅広く時代の要請に応える

ロジスティクス知的財産法
◆Ⅰ特許法◆田村善之・時井真 著
◆Ⅱ著作権法◆田村善之・高瀬亜富・平澤卓人 著

信山社